"十四五"职业教育国家规划教材

互联网金融
（第三版）

主编 彭明强 马春晓

中国财经出版传媒集团
中国财政经济出版社
北京

图书在版编目（CIP）数据

互联网金融／彭明强，马春晓主编． -- 3 版． --北京：中国财政经济出版社，2024.4
"十四五"职业教育国家规划教材
ISBN 978 - 7 - 5223 - 2403 - 6

Ⅰ.①互… Ⅱ.①彭… ②马… Ⅲ.①互联网络-应用-金融-高等职业教育-教材 Ⅳ.①F830.49

中国国家版本馆 CIP 数据核字（2023）第 148957 号

责任编辑：王佳欣　　　　责任校对：胡永立
封面设计：卜建辰　　　　通　读：杨　波

互联网金融（第三版）
HULIANWANG JINRONG（DISANBAN）

中国财政经济出版社 出版

URL：http：//www.cfeph.cn
E - mail：cfeph@ cfeph.cn

（版权所有　翻印必究）

社址：北京市海淀区阜成路甲 28 号　邮政编码：100142
营销中心电话：010 - 88191522
天猫网店：中国财政经济出版社旗舰店
网址：https：//zgczjjcbs.tmall.com
北京鑫海金澳胶印有限公司印刷　各地新华书店经销
成品尺寸：185mm×260mm　16 开　13.75 印张　346 000 字
2024 年 4 月第 3 版　2024 年 4 月北京第 1 次印刷
定价：41.00 元
ISBN 978 - 7 - 5223 - 2403 - 6
（图书出现印装问题，本社负责调换，电话：010 - 88190548）
本社质量投诉电话：010 - 88190744
打击盗版举报热线：010 - 88191661　　QQ：2242791300

编写 说明

2013年以来，随着我国电子商务的快速发展，以余额宝为代表的互联网金融风起云涌，国内互联网巨头腾讯、百度、京东等纷纷布局。同时，第三方支付、众筹融资、互联网金融门户等互联网金融模式不断出现并迅猛发展。凭借着自身低成本、高效率、覆盖广的优势，互联网金融逐渐渗透到社会生产的各个领域，深刻影响与改变着人们的生活方式。但由于金融创新层出不穷和监管的缺失，早期的互联网金融处于野蛮生长时期，机遇与风险并存。2015年7月央行等十部委发布的《关于促进互联网金融健康发展的指导意见》和各部委监管细则的相继出台，互联网金融迎来了规范有序发展的新时代。

本次教材修订坚持以习近平新时代中国特色社会主义思想为指导，深入贯彻习近平总书记关于教材工作的重要指示，认真落实党的二十大精神，立足专业及课程特点，坚持育人导向，将培根铸魂与启智增慧有机统一起来，在传道授业解惑的同时，培养学生爱党爱国爱社会主义的情感。教材从项目设计、案例导入、任务驱动等各个环节，精雕细琢，努力确保习近平新时代中国特色社会主义思想和党的二十大精神全面、系统、有机融入教材。

当前，国内外经济金融环境发生深刻变化，不稳定、不确定、不安全因素明显增多，金融风险诱因和形态更加复杂。我国发展进入战略机遇和风险挑战并存时期，现代科技的广泛应用使金融业态、风险形态、传导路径和安全边界发生了重大变化。本教材通过讲述互联网金融行业的发展历史、国内外主要模式和风险管理，激发学生增强学好互联网金融知识的积极性、主动性，树立科学的创新意识和风险管控意识，以专业技能为中国式现代化的实现增砖添瓦。

在互联网金融发展的大背景下，本书从理论与现实相结合的角度，阐明互联网金融的基本原理，并在此基础上，通过导入国内外的前沿典型案例，对互联网金融的运营模式、风险监管等内容进行详尽阐述，从而形成一套完整的互联网金融教学理论体系。本书的出版既符合当前高等院校开设互联网金融新专业与新课程的迫切需要，同时也将对整个互联网金融人才培养和行业规范发展起到积极作用。

互联网金融在我国得到了快速的发展，但同时也暴露出了风险隐患。近三年，互联网金融经历了巨大的变化，随着一系列整治行动的开展和多项政策措施的出台，互联网金融行业监管日益完善，行业发展日趋规范。第三版修订在保持该教材原有优势和特色的基础上，根据高等职业教育教学的需要和互联网金融行业的发展进行了内容的更新，修订原则如下：

（1）继续保持教材原有的章节安排和知识特色。在每章的开始，将最新的行业案例作为导入案例或案例分析引入,激发学生对本章内容的兴趣和思考,有利于实现学习目标。对一些新颖性和综合性较强的概念、资讯,书中附有二维码,读者扫一扫即可获取配套资源。每章设有技能训练,以帮助学生巩固所学知识点。

(2) 全面更新内容和学习资源。根据互联网金融行业的发展变化,本次修订力争吸纳最新的内容,将行业数据、导入案例和法律法规等多方面内容予以更新,以突出内容的时效性。通过对本教材的学习,读者不仅能够了解互联网金融的产生背景和发展历程,还能认识到目前互联网金融在我国的发展状况和趋势。

(3) 始终坚持服务高职院校财经类师生的原则。本教材在修订的过程中,紧紧围绕高职高专教育对财经类专业复合型、技能型人才的培养目标,突出内容的操作性、针对性,从形式到内容都力争服务于高职人才的培养。

本书共分为3大模块10章内容。模块1 互联网金融的缘起(第1章、第2章),主要介绍互联网金融的产生与发展,互联网金融的基本概念、主要模式和原理,感悟从传统金融到互联网金融的跨越;模块2 互联网金融的模式(第3章至第8章),主要介绍互联网金融的业务模式,包括第三方支付、P2P网贷、互联网众筹、大数据金融、互联网金融门户与信息化金融机构、互联网基金、互联网保险等常见的互联网金融运营模式、风险与防范;模块3 互联网金融安全(第9章、第10章),主要介绍互联网金融中的主要风险与风险控制、互联网金融监管以及互联网金融下的机遇与挑战。

本书内容全面、案例新颖。对当前纷繁复杂的互联网金融理论和实践进行了全面而系统的梳理与总结,同时,将最新的行业案例作为导入案例或案例分析引入,进一步突出了时效性、操作性和针对性。另外,对一些新颖性和综合性较强的概念、资讯,书中还附上二维码,读者扫一扫即可获取配套资源,能够帮助读者更加熟练地掌握所学内容。每章末尾还附有扩展阅读指南,便于读者进行相关的扩展学习。

本书的参考学时为72学时,建议采用理论与案例相结合的教学模式。各章的参考学时分配见下表:

学时分配参考表

章	第1章	第2章	第3章	第4章	第5章	第6章	第7章	第8章	第9章	第10章	总学时
学时(理论+实践)	6(4+2)	6(5+1)	8(6+2)	8(6+2)	8(6+2)	8(6+2)	8(6+2)	8(6+2)	6(4+2)	6(5+1)	72

本书由彭明强、马春晓担任主编,具体分工如下:第1章由马春晓编写并修订;第2章由马利园编写并修订;第3章和第7章由赵歌编写并修订;第4章和第5章由梁月编写并修订;第6章由郭会芳编写并修订;第8章由王晨梦和马利园编写并修订;第9章由高彦梅编写并修订;第10章由王晨梦编写并修订。彭明强和马春晓对本书进行了设计和统稿。北京

编写说明

中软国际教育科技股份有限公司阎赫给予专业指导。

  本书在编写过程中，得到了诸多领导、同事的帮助和支持，同时借鉴了大量国内外相关教材、报刊和网站文献，在此表示衷心感谢！

  本书配套资源可以电子邮件的形式向中国财政经济出版社索取（请注明：学校、全书名、版次），Email：caijingjiaocai@163.com，也可通过如下网站下载：http：//jiaocai.cfeph.cn。

  限于编者水平，问题和错误在所难免，恳请读者批评指正。

编 者

2024 年 4 月

目录

模块1　互联网金融的缘起

第1章　走进互联网金融 …………………………………………………………（3）
　　第1节　了解互联网金融的产生与发展 …………………………………………（4）
　　第2节　理解互联网金融的概念及特点 …………………………………………（11）
　　第3节　掌握互联网金融的基本原理 ……………………………………………（18）

第2章　感悟传统金融到互联网金融的跨越 …………………………………（27）
　　第1节　区分金融业务互联网化和互联网业务金融化 …………………………（28）
　　第2节　理解互联网金融的影响 …………………………………………………（34）

模块2　互联网金融的模式

第3章　认知第三方支付 …………………………………………………………（49）
　　第1节　了解第三方支付 …………………………………………………………（50）
　　第2节　熟悉第三方支付的运营模式和盈利模式 ………………………………（54）
　　第3节　掌握第三方支付的风险和防范 …………………………………………（59）

第4章　认识P2P网贷 ……………………………………………………………（67）
　　第1节　揭开P2P网贷的面纱 ……………………………………………………（68）
　　第2节　掌握P2P网贷的运作模式 ………………………………………………（75）
　　第3节　掌握P2P网贷的主要风险 ………………………………………………（78）

第5章　知晓互联网众筹 …………………………………………………………（86）
　　第1节　了解互联网众筹 …………………………………………………………（87）
　　第2节　熟悉众筹平台运营模式 …………………………………………………（93）
　　第3节　掌握众筹平台风险与防范 ………………………………………………（99）

第6章　探求大数据金融 …………………………………………………………（105）
　　第1节　认识大数据金融 …………………………………………………………（106）
　　第2节　熟悉大数据金融的模式和运作 …………………………………………（110）

第 3 节　掌握大数据金融的风险与防范 ……………………………………（116）

第 7 章　解析互联网金融门户 …………………………………………………（124）
第 1 节　概述互联网金融门户 ……………………………………………（125）
第 2 节　分析互联网金融门户的运营模式 ………………………………（129）
第 3 节　熟知互联网金融门户的风险与防范 ……………………………（134）

第 8 章　把握其他互联网金融模式 ……………………………………………（141）
第 1 节　理解信息化金融机构 ……………………………………………（142）
第 2 节　从"宝宝"类产品熟悉互联网基金 ……………………………（149）
第 3 节　感受互联网保险 …………………………………………………（157）

模块 3　互联网金融安全

第 9 章　熟知互联网金融风险 …………………………………………………（169）
第 1 节　识别互联网金融风险 ……………………………………………（170）
第 2 节　把握互联网金融风险控制 ………………………………………（179）

第 10 章　审视互联网金融的监管 ………………………………………………（189）
第 1 节　熟知互联网金融监管的理论基础 ………………………………（190）
第 2 节　对比各国互联网金融监管的现状 ………………………………（194）
第 3 节　直面互联网金融下的机遇与挑战 ………………………………（203）

参考文献 ……………………………………………………………………………（211）

模块 1
互联网金融的缘起

第 1 章
走进互联网金融

【知识脉络图】

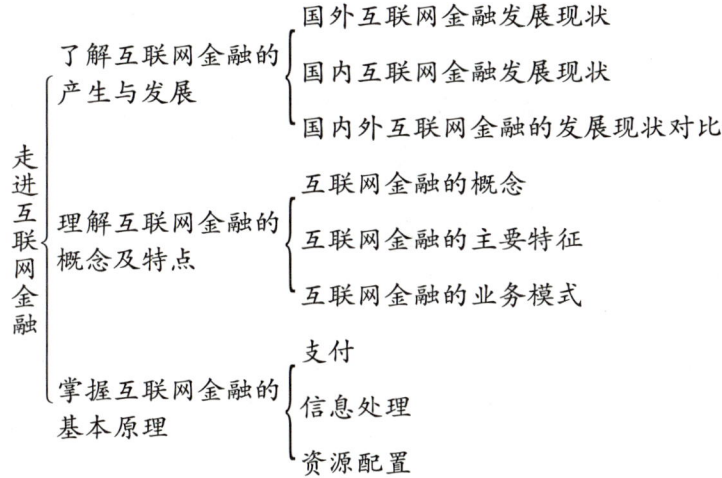

【学习目标】

1. 知识目标

（1）了解互联网金融产生和发展的历史。

（2）理解互联网金融的概念、特征。

（3）掌握互联网金融的主要业务模式。

（4）熟练掌握互联网金融的基本原理。

2. 能力目标

（1）能够对国内外互联网金融的发展现状进行对比分析。

（2）能够根据所学知识初步判断主流互联网金融网站的业务模式类别。

第1节　了解互联网金融的产生与发展

【导入案例】

"互联网+"创造美好生活

1994年4月20日，中国通过一条64k的国际专线，全功能接入国际互联网，正式开启了互联网时代。今天，中国网民规模已近10亿人。网络信号全天候覆盖、随处可"扫"的二维码、大量涌现的智能终端……勾勒出当前中国互联网蓬勃发展的生动图景。你和我，既是参与者也是见证者。

新中国成立70多年来，我国经济社会发展取得巨大成就，人民生活发生翻天覆地的变化。特别是党的十八大以来，网络、信息等技术加速向产业渗透，平台经济、共享经济蓬勃发展，线上线下快速融合，互联网以不可阻挡之势，与各领域、各行业迅速融合。互联网+零售、互联网+餐饮、互联网+医疗、互联网+教育……现代互联网科技手段的广泛运用，为我们开启了全新的生活。

新业态百舸争流。"支付刷手机，扫码乘公交，网上选美食"，现在，人们手机里的App越装越多，消费越来越便利。2021年，全国网上零售额达13.1万亿元。其中，实物商品网上零售额10.8万亿元，首次突破10万亿元。电商零售、社交联络、娱乐互动、网上理财，这些基于互联网的新产业、新服务，已成为与个人生活密不可分的"公共基础设施"。

新感受如沐春风。在线教育蓬勃兴起，求学者不用到教室，就能学到新知识；远程医疗跨越时空，哪怕地处偏远，坐在家里也能享受到先进的医疗服务；网上订票省时省心，景区门口，轻刷手机就能通过闸机，再也不用到售票处排长队。在服装、家电等领域，一些企业已从大规模生产向小众化定制转变，实现了个性设计、柔性制造。

从全球看，我国互联网经济已处于领先地位，"互联网+"为何在中国如此耀眼？

中国有广阔的市场、巨大的人口规模，为互联网经济成长提供了丰沃的市场土壤。而从根本上看，我国"互联网+"的蓬勃发展，有着更深层、更强大的推动力。

此推动力源于党中央的高瞻远瞩和战略谋划。党的十八大作出了实施创新驱动发展战略的重大部署，强调科技创新是提高社会生产力和综合国力的战略支撑，必须摆在国家发展全局的核心位置。党的十九大提出，创新是引领发展的第一动力，是建设现代化经济体系的战略支撑，并要求"加快建设创新型国家"。我国发布的《国家创新驱动发展战略纲要》，吹响了技术创新的"集结号"。全球定位导航、高性能计算、新型显示等基础产业相继取得重大突破，物联网、大数据、云计算等新兴产业生机盎然。正是坚持创新、厚积薄发，才结出了互联网经济的丰硕成果。

> 放眼未来，技术手段持续进步，"互联网+"仍有巨大的发展空间。把握经济转型升级大趋势，着眼进一步优化创新创业创造环境，用政策呵护，拿汗水浇灌，靠市场支撑，互联网经济一定能绽放出更加灿烂的光芒，创造出更多意想不到的新奇迹！
>
> （资料来源：中华人民共和国国家互联网办公室。）
>
> **讨论**：伴随着互联网的产生及普及，互联网在改变人们生活的同时，带来了哪些新的金融服务需求？这些新的需求有哪些特点？

随着互联网的普及和新兴商业模式的出现，在生产生活中，越来越多的信息流和资金流通过互联网应用来完成。放眼全球，以 Amazon、eBay 为代表的全球电子商务的快速发展，带来了大量互联网支付、跨境支付以及第三方支付；以 Facebook 为代表的社区网络的发展，催生社区网络间的融资需求；移动商务的快速发展使手机支付、二维码支付等移动支付需求爆发。这些新兴商业模式带来了基于互联网的新金融服务需求，并且引领着全球互联网应用和商务活动的发展。大批非金融企业看重这一良好契机，陆续涉足互联网金融业务并不断推动互联网金融的发展，使金融业更加完善。同时，传统金融企业为谋求生存，也不得不进行变革，不断进行金融产品创新。这样，非金融企业的主动涉入与传统金融企业的被迫改变，使互联网金融的发展空间不断扩大。

一、国外互联网金融发展现状

（一）互联网银行业务走向成熟

20 世纪 90 年代，西方发达国家的商业银行，为了满足电子商务的飞速发展而产生的客户网上支付需求，开始尝试提供基于互联网的支付、结算服务。1994 年 4 月，美国三家银行联合在互联网上创建了美国安全第一网络银行（Security First Network Bank，SFNB），并于 1995 年 10 月在网络上开业，其所有业务都通过互联网处理，这标志着全球第一家互联网银行诞生。1995 年 5 月，美国富国银行成为世界上第一个提供 Web 通道的银行，随后越来越多的银行开始支持在线小额贷款、实时抵押贷款、个人金融服务等功能。1999 年，纯网络银行 NetBank 宣布实现盈利，并多次被评为"最佳互联网银行"。1995 年以来，美国互联网银行大规模创新，促使美国网上银行业务迅速增加。数据显示，截至 2011 年第 1 季度，美国拥有 6 360 万互联网银行用户，其中 68% 的用户使用互联网支付功能。

案例：美国安全第一网络银行

在欧洲，互联网银行是由早期的自助银行发展而来，业务相对比较发达。但由于用户使用习惯和安全意识等方面的差异，欧洲互联网银行的发展在各个国家的差异较大，挪威、冰岛、芬兰等北欧国家的互联网用户网上银行使用率远高于其他欧洲国家。总体而言，欧洲超过 50% 的网络用户已经在使用互联网银行，并且使用率还在逐年上升，但在 2010 年之后上升速度逐渐放缓。

（二）互联网证券业务取得长足发展

美国既是最早开展互联网证券交易的国家，也是互联网证券交易经纪业务最为发达的国家。美国互联网证券交易始于20世纪90年代初,当时主要向机构投资者实时提供行情。1995年,嘉信理财推出Charles Schwab,使投资者可以在网上交易,成为第一家开展证券电子商务的经纪商。1996年,亿创理财(E-Trade)成立,成为美国首家无传统经营场所的新型经纪公司。1996年4月,Yahoo公司上市,引发相当一批证券经纪商开始重视并涉足证券电子商务。1999年,美林证券开始为投资者提供网络证券交易服务,标志着美国传统证券经纪商的交易方式开始发生根本性转变。到2010年,所有证券投资者都通过网络进行证券交易。

日本互联网证券的发展始于20世纪90年代后期,2003年前后,日本互联网证券公司的社会认知度得以确认,业务进入快速发展轨道。日本主要的互联网证券公司有SBI证券、乐天证券、松井证券、Monex证券等,目前,互联网交易已经占日本个人投资者股票交易量的90%左右。

(三) 互联网保险业务稳步前进

最先出现互联网保险的是美国,其次是英国。美国国民第一证券银行首创通过互联网来销售保险单。1995年2月,美国第三方网络保险平台Ins Web创立,其用户数是66万人;2009年,超过1 000万人。2007—2009年,Ins Web网站连续三年被评为美国"最佳汽车保险网站"。

1997年,意大利KAS保险公司用微软技术建立了一套造价为110万美元的网络保险服务系统,并在网络上提供最新报价。该公司月售保单从当初的170套快速上升到了1 700套。英国于1999年建立的"屏幕交易"网站提供了7家本国保险商的汽车和旅游保险产品,用户数量每个月以70%的速度递增。1999年6月,日本的American Family保险公司开始提供可以在网上申请及结算的汽车保险,到2000年6月19日通过因特网签订的合同数累计已突破1万件。2000年4月7日,日本朝日生命保险公司设立合资网络公司,专门从事保险销售活动,并于2001年1月正式营业。

时至今日,美国部分险种网上交易额已经占到30%~50%。英国作为世界上公认的网络保险最为发达的国家之一,其在线保险产品不仅局限于汽车保险,而且还包括借助互联网以及电话实施营销的意外伤害、健康、家庭财产等一系列个人保险产品,2010年英国车险和家财险的网络销售保费占到销售总额的47%和32%。韩国网上车险销售已经占到总体市场20%以上,日本车险业务占比41%,互联网保险在各国都以相当可观的速度增长。

(四) 第三方支付业务受到青睐

1995年,英国西敏斯银行和米兰银行开发了以智能卡为基础的"MODEEX电子货币系统",大大推动了第三方支付的应用。1998年12月成立的PayPal是目前全球范围内最成功的在线支付平台,截至2012年年底,在跨国交易中超过90%的卖家和超过85%的买家认可并使用PayPal电子支付业务,目前拥有超过1.23亿活跃用户,支持25种货币,客户源遍布全球。除PayPal之外,还有许多第三方支付公司,如World Pay、Amazon Payments、PayDirect等公司。2014年9月,苹果推出Apple Pay服务,使NFC支付从SIM卡模

NFC支付

式、机卡一体模式向全终端模式演进。总体来看，第三方支付平台结算支付以其安全、快捷等优势正逐渐发展为目前欧美发达国家电子商务中广为采用的一种支付模式。

（五）P2P 网贷平台兴起

2005 年 3 月，全球首家 P2P 网贷平台 Zopa 在英国正式上线运营，截至 2016 年 9 月底，Zopa 已累计撮合成交 17.5 亿英镑，每月成交额占全英国新增个人贷款总额的 1%～2%，平均借入利率 7.2%，平均借出利率 5.6%，平均筹资成本比银行低 20% 左右，成立以来 Zopa 为客户提供的平均年化收益率高达 5.6%。2006 年 2 月，美国首个 P2P 借贷平台 Prosper 成立。目前，美国的 P2P 网络平台逐渐分化为营利性和非营利性两种类型，其中，营利性 P2P 平台以 Prosper 公司和 Lending Club 公司为代表，非营利性 P2P 平台以 Kiva 公司为代表。由于 P2P 结款方式比银行贷款更加方便灵活，所以在全球范围内日益得到投资者和融资者的欢迎。

（六）众筹模式风生水起

众筹作为一种商业模式最早起源于美国，2009 年，美国一家创业众筹网站 Kickstarter 用捐赠资助或预购产品的形式为中小企业或小微企业在线募集资金，开启了大众化的融资新时代。2014 年 4 月，美国通过 JOBS 法案（Jump – Start Our Business Start – ups Act，即工商初创企业推动法案），增加了对众筹的豁免条款，允许小企业通过众筹融资获得股权投资，为创业公司通过众筹方式向一般公众进行股权融资提供了法律依据，众筹模式逐步趋向合法化和规范化。此后，众筹模式呈现爆炸式增长，成功募资的项目和募资额屡创新高，众筹模式在全球迎来了黄金上升时期，尤其是从 2010 年到 2016 年，每年同比增长都在 60% 以上。而且众筹模式在欧美国家的发展尤为突出。在欧洲，众筹融资市场约占全球市场规模的 1/3，其中约 50% 的众筹活动属于报酬类，捐助类与权益类各占不到 25%，剩余份额属于借贷类。

二、国内互联网金融发展现状

如果说 2011 年以前国内互联网金融还只是处于孕育的状态，那么，2012 年可谓是中国互联网金融的元年。

（一）传统金融业务线互联网化发展迅速

互联网给传统金融机构造成了新的冲击，传统金融机构纷纷设立电商部门，建立电商网站来销售金融产品，目前，网络营销已经成为金融机构必不可少的营销方式，从早期的初级应用发展到全面利用互联网技术，通过优化整合内部业务流程及网络销售渠道，建立基于互联网技术的核心竞争优势。

1. 银行业互联网化

我国银行业的互联网金融创新已有不短的历史。早在 1997 年招商银行率先推出"一网通"，首次开设网上银行业务，成为传统渠道的有效补充，随后各大商业银行也陆续推出网上银行业务。2011 年，民生银行针对网上银行专门设计收益率高于柜台销售的理财产品并获得可观收益。2013 年 9 月，北京银行正式推出其与境外战略合作伙伴荷兰 ING 集团合作研发的直销银行服务。2014年2月，中国首家直销银行民生银行直销银行正式上线。2014年12月，我国第一家互联网银行——微众银行成立，标志着一个全新的互联网银行时代的开启。据中国银行业协会发布的《2021年中国银行业服务报告》显示，2021年，银行共处理电子支付业务2 749.69亿笔，金额2 976.22万亿元，同比分别增长16.90%和9.75%。其中，网上支付业务1 022.78亿笔，金额2 353.96万亿元，同比分别增长16.32%和8.25%；移动支付业务1 512.28亿笔，金额526.98万亿元，同比分别增长22.73%和21.94%。

2. 证券业互联网化

国内互联网的普及，给易于电子化的证券业带来了巨大革命。1990年，上海证券交易所通过计算机进行了第一笔交易；1992年，深圳证券交易所复合系统正式启用；1998年，国内网上证券交易开始起步。2000年4月，证监会颁布《网上证券委托暂行管理办法》，规范了网上证券委托业务。投资者使用证券公司提供的交易终端软件，通过互联网足不出户实现证券买卖。同时，随着新型网络媒体的兴起，彻底颠覆了投资者获取信息的方式。继而，互联网以其方便快捷、高效安全等特点，使证券交易完成了从实体场所到虚拟网络的转移。

我国证券App用户规模逐年增长，从0.4亿人增长至1.8亿人，平均增速为31.2%。2023年2月中国互联网证券公司共拥有App数量319个，超四成（46.3%）投资者在手机下载2个证券App。在证券App众多功能中，看K线图、资金流向等技术指标的日常使用率仅次于浏览行情、资讯，64.6%的投资者表示经常使用该功能。

3. 保险业互联网化

1997年，第一份通过互联网促成的保单在新华人寿保险公司诞生，标志着保险业在互联网方面的探索取得了初步成果。2002年，中国人保电子商务平台（e-PICC）正式上线，用户不仅可以通过e-PICC投保中国人保的车险、家财险、货运险等保险产品，还可以享受保单验真、保费试算、风险评估、保险箱等一系列实时服务。随着2005年《电子签名法》的颁布，互联网保险步入快速发展的轨道。随着太平洋保险电子商务网站的上线，各大保险公司网络平台在2008—2013年相继上线，建立了自家的网络销售平台，依托互联网提供保险产品和服务信息，实现网上投保、承保等业务。2013年，第一家互联网保险公司——众安在线财产保险股份有限公司成立，开启了一个全新的互联网保险时代。

（二）各种互联网金融业务模式竞相发展

近年来，国内以第三方支付、P2P网络贷款平台和众筹平台等为代表的互联网金融异军突起，各种模式竞相发展，迅速改变金融业面貌，成为金融创新的主力军。

1999年，随着易趣网、当当网相继成立，为了满足用户网上支付需求，我国第一家第三方支付公司首信易支付诞生，但它仅局限于指令传递功能，把用户的支付需求告知银行，从而转接到银行的网上支付页面。2003年，淘宝网设立支付宝业务部，开始推行"担保交易"，2004年12月，支付宝正式独立上线运营，标志着在阿里巴巴的电子商务圈中，信息流、资金流和物流开始明晰。随后腾讯旗下的支付公司"财付通"成立，全球最大的支付公司PayPal进入中国，第三方支付平台在我国逐步起步。2010年，央行颁布《非金融机构支付服务管理办法》，确定了通过申请、审核、发放支付牌照的方式把第三方支付正式纳入国家的监管体系。2015年12月28日，央行发布《非银行支付机构网络实时业务管理办法》，并于2016年7月1日起正式实施，强调了互联网支付的小额、快捷、便民、小微支付服务的宗旨，明确第三方支付的业务边界。随着苹果公司的Apple Pay与三星的Samsung Pay相继落地中国，第三方支付市场竞争愈演愈烈。第三方支付体系日趋完善成熟。据统计，截至2020年1月央行已发放10批共271张第三方支付牌照。近三年，新牌照发放基本停滞，存量牌照进入清理整合阶段，现存有效牌照233张。在网络支付规模方面，根据中国互联网络信息中心（CNNIC）发布的第52次《中国互联网络发展状况统计报告》显示，截至2023年6月，我国网民规模达10.79亿人，互联网普及率达76.4%。同期，我国网络支付用户规模达9.43亿人，较2022年12月增长3 176万人，占网民整体的87.5%。

中国第一家网贷平台是成立于2007年的拍拍贷，它效仿美国的Prosper模式，在引入中国后并没有产生大的影响。直到2009年，红杉创投推出本金保障制度后，凭借其强大的拓展和业务能力，发展迅速。2010年开始，P2P网贷公司如雨后春笋般迅速增多，如人人贷、E速贷等。2012年和2013年P2P网贷进入野蛮爆发期，网贷平台以每天3~4家上线的速度快速增长。数据显示，截至2016年年底，我国网贷平台累计已达5 354家，2016年全年网贷行业成交量达到了20 638.72亿元，同比增长了110%。但是在P2P网贷行业野蛮生长的过程中，非法吸存、裸条借贷、跑路及倒闭事件频频出现。2016年4月，国务院印发《互联网金融风险专项整治工作实施方案》，P2P网贷行业就成为监管重点整治的对象，标志着监管层加大力度严肃整治互联网金融行业，在最新的官方表述中，截至2020年6月底，累计已有5 000多家P2P机构退出，只有29家平台在运营，到11月中旬完全归零。

此外，众筹、互联网金融门户、大数据金融等新金融形态也不断涌现，并得到了快速发展。

（三）互联网金融投资兴起

随着互联网金融企业的不断规范，以及其技术、商业模式逐步成熟，其投资价值已得到更多认可。2022年第四季度，全球互联网投融资案例数3 549笔，披露投融资金额294亿美元，其中我国互联网投融资案例数346笔，占比9.75%；披露的投融资金额为12.3亿美元，占比4.18%。从市场表现来看，P2P、第三方支付、互联网理财平台等领域投资案例呈快速增长态势；从地域分布来看，互联网金融投资案例集中于京、沪地区，原因主要是两地互联网金融产业聚集效应明显，并且政策、人才与地域优势兼备，为互联网金融搭建了良好的平台，具备更多的业务和市场空间。

三、国内外互联网金融的发展现状对比

（一）互联网金融对传统金融业的影响不同

互联网与金融的结合源于欧美发达国家，后来传入中国。虽然欧美发达国家的互联网金融起步较早并取得了较大发展，但与我国蓬勃发展的互联网金融相比，发达国家并未出现互联网金融对传统金融模式的颠覆，实际上，互联网金融对欧美发达国家传统融资体系和金融服务方式的冲击并不大，传统金融业的地位并未被撼动。一方面，在互联网融资业务方面，虽然P2P最早出现在英国并在美国得到了更大的发展，但并没有像在我国这样，在短时间内涌现出了大量的 P2P 公司，同时又有大量的平台退出市场；另一方面，在互联网支付等领域，移动支付及第三方支付虽然弱化了传统支付体系的功能，但要达到取代传统支付体系的程度还需要很长时间。

（二）互联网金融发展环境差异较大

在国外成熟而自由的市场经济环境下，"看不见的手"在经济发展中起到了强有力的调节作用，使各行业能得到健康均衡的发展。特别是金融行业与互联网行业都非常成熟，虽有交叉但仍专注于自己的领域，互联网金融难以独立喧宾夺主。比如，BAT 在美国的模板 GAF（Google，Amazon，Facebook），尚没有一家涉猎金融领域。反观国内，市场经济中"看得见的手"干预过多，难以完全按照市场动态合理配置资源，导致部分传统行业灵活性不足，创新乏力。而作为新兴行业的互联网，近几年得益于经济环境的逐渐开放，如脱缰的野马挣脱旧环境的桎梏迅猛发展，并对传统金融行业发起猛烈冲击，导致互联网金融全面井喷式的爆发。

（三）监管套利空间不同

国外成熟市场的相关制度较为完善，各种法律法规协调较好，大体上涵盖接纳互联网金融新形势，使之平稳有序发展。而国内法律法规、监管体系相对不够完善，特别是互联网金融相关的法律法规几乎是一片空白，使互联网金融进入门槛低、套利空间大，给国内互联网金融企业提供了野蛮生长的空间。比如，国内 P2P 的迅猛发展就是在监管空白的情况下，大量的 P2P 以互联网的方式从事金融业务，对 P2P 进行异化所导致的。

金融科技概述

（四）市场发展周期不同

经过几百年的发展，国外发达国家金融业发展成熟，能够提供多样化、全方位的产品，消费者的投资需求均能通过各种投资理财渠道得到满足。这导致国外互联网金融缺乏足够的发展空间，比如，欧美第三方支付在成熟的信用卡市场环境下发展缓慢。而国内金融市场尚不成熟，国民可选择的投资理财渠道不多、产品有限。互联网金融以独有的普惠、方便、快捷的特点，满足并激发了国内民众极大的投资理财需求。

■ 技能训练 ■

请通过网络搜集美国第三方网络保险平台 Ins Web 的相关资料，分析其兴起与没落的原因分别是什么？Ins Web 的兴衰对我国第三方网络保险平台发展的启示有哪些？

第 2 节 理解互联网金融的概念及特点

【导入案例】

进入 21 世纪以来，随着互联网技术的快速发展，金融与互联网之间的关系越发密切。借助于互联网的思维方法和计算技术，金融大大提升了自身的功能和效率。特别是大数据、云计算、搜索引擎和移动支付等技术的发展，为互联网企业与金融行业相结合打开了通道。

2021 年，互联网金融"野蛮生长"的发展环境已不复存在，P2P 业务的消亡，网络小贷、互联网存款和贷款等业务均已经纳入监管序列，央行、原银保监会、证监会和国家外汇局对蚂蚁金服等多家互联网平台金融企业进行了专项整治，国内监管部门不仅仅有针对互联网平台企业的纲领性、规范性制度和文件的密集颁布，还有具体对互联网金融生态上下游产业的关联，诸如金融大 V、直播相关、数据管理等细分领域的治理规范。可以说，针对互联网平台金融领域监管政策整体来看是自上而下，全面铺开；针对数字化生态业务是由点成片，体系化管理。2022 年 1 月，国家发改委、央行等九部门联合印发的《关于推动平台经济规范健康持续发展的若干意见》中再次重申，完善金融领域监管规则体系，坚持金融活动全部纳入金融监管，金融业务必须持牌经营。

（资料来源：资产信息网.2022 年互联网金融行业研究报告.）

讨论：互联网金融在我国从最开始的野蛮生长到现在的合规发展，经历了较长的一段历程。互联网金融具有哪些特征和主要模式呢？

一、互联网金融的概念

目前，"互联网金融"在全球还没有统一的定义。但一般认为，互联网金融并不是互联网和金融两个概念的简单加总，而是传统金融行业与互联网精神相结合的新兴业态。2015 年 7 月 18 日，人民银行等十部门发布的《关于促进互联网金融健康发展的指导意见》（银发〔2015〕221 号）中指出，所谓互联网金融，是传统金融机构与互联网企业利用互联网技术和信息通信技术实现资金融通、支付、投资和信息中介服务的新型金融业务模式。这是我国官方首次对互联网金融进行定义。互联网金融是互联网"开放、平等、协作、分享"精神与传统金融行业相互渗透形成的新的领域，不仅包含了互联网金融对互联网技术和媒介的应用，也更加注重互联网金融精神的精髓在传统金融领域中的应用。

走进互联网金融

二、互联网金融的主要特征

(一) 成本低

互联网金融模式下，资金供求双方可以通过互联网平台自行完成信息甄别、匹配、定价和交易，不仅省去了消费者的中介费用、交易成本，还减少了金融机构设立运营网店的成本和人力成本。除此之外，互联网金融的出现，在一定程度上解决了传统金融信息不对称的问题，让金融交易更透明。如第三方支付的出现使结算成本大幅降低，众筹模式开拓了低成本的新融资渠道，互联网金融门户让客户以更低的成本搜索比价更多的优质金融服务产品等。

(二) 效率高

互联网金融带来了全新的渠道，其业务主要由计算机处理，操作流程完全标准化，在线交易、转账等一系列业务都可以实现当天到账，不仅省去了排队等候的时间，而且让用户体验更佳，极大地提高了现有金融体系的效率。例如，我爱卡网推出的信用卡业务，一般7～10天，就能收到信用卡。

(三) 范围广

一般的实体店，其经营活动往往会有区域限制，一般都是在自己范围的城市里从事经营。而在互联网金融模式下，可以突破时间和地域上的限制，让远隔千里的人们能够相聚在一起，满足了人们在互联网上寻找资金的需求，覆盖了传统金融的服务盲区，让金融服务范围更加广泛，金融交易更加直接。理论上在互联网上N个供给者和N个需求者交易可能性边界无穷大，是N的N次方，而金融机构、金融市场的边界是永远有限的。

(四) 风险大

互联网金融的风险大主要体现在互联网金融体系本身的不完善和相应监管体系缺失。一方面，由于信用体系尚不完善，以及网络安全隐患等互联网金融本身所具有的特征因素，导致互联网金融违约成本较低，容易诱发恶意骗贷、卷款跑路等风险问题，如图1-1所示。诸如2015年出现的MMM金融互助平台诈骗案、泛亚400亿元骗局、e租宝380亿元非法集资案等事件，每个平台都通过讲述自己玄之又玄的故事，吸纳大量投资者的血汗钱，然而，这些巨量资金最后都以相似的方式被涡流悉数吞噬。另一方面，对互联网金融相应的监管法律法规及相应的监管措施的缺失导致对互联网金融的管理薄弱。并且由于互联网金融的新生性，目前仍然缺乏明晰的准入门槛和行业规范，导致整个互联网金融行业面临着诸多政策和法律风险。

详解MMM金融互助平台盈利模式与3M理财神秘性

2018年8月，全国P2P网贷整治办下发《关于开展P2P网络借贷机构合规检查工作的通知》，以12月末为限，要求P2P走完"机构自查、自律检查、行政核查"三道程序，整改全面提速。再后来，在严格监管约束下，头部平台加速转型，中小平台持续退出，在此起彼伏的清退潮中，P2P慢慢退出了历史舞台。

第 1 章 走进互联网金融

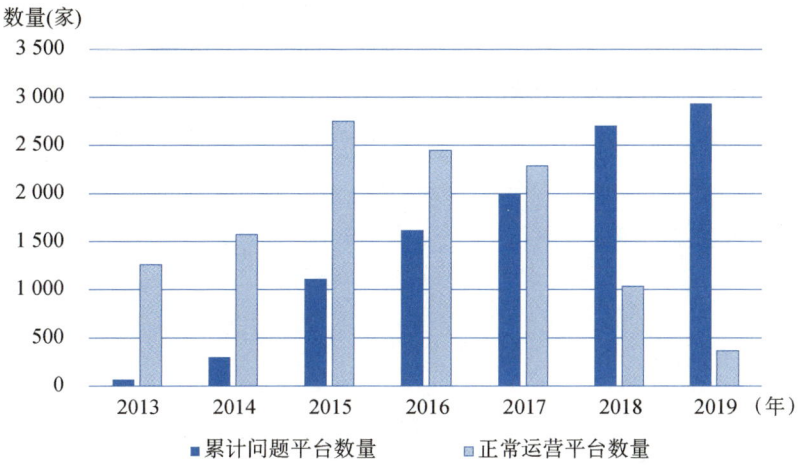

图 1-1　2013—2019 年 P2P 网贷累计问题平台数量和正常运营平台数量

（资料来源：作者根据网贷之家提供的数据绘制．）

（五）服务长尾化

与传统的金融服务偏向"二八定律"里的 20% 客户不同，互联网金融争取的更多的是 80% 的"长尾"小微客户。这些小微客户的金融需求既小额又个性化，在传统金融体系中往往得不到满足，而互联网金融在服务小微客户方面有着先天的优势，可以高效率地解决用户的个性化需求。例如，余额宝截至 2022 年年末用户数达到 7.44 亿人，资金规模为 6 892.74 亿元，仍然是持有人数量最多、资金规模最大的"国民理财神器"。其中个人投资者占比高达 99%，1 000 元以下的投资者占比 70%，与传统基金理财户均七八万的投资额相比，余额宝用户的人均投资额仅为 927 元左右，有效地满足了"小白"用户（知道线上理财产品，但考虑到风险因素，不敢投资还在观望中，从而没有在线上购买过理财产品的人）的小额理财需求。

【知识拓展】

二八定律与长尾理论

二八定律（The 80/20 Rule）也称为帕累托定律，是 19 世纪末 20 世纪初意大利经济学家帕累托发现的。他认为，在任何事物中，最重要的、起决定性作用的只占其中一小部分，约 20%；其余 80% 尽管是多数，却是次要的、非决定性的，因此又称二八定律。

长尾理论由美国《连线》杂志总编辑克里斯·安德森在 2004 年 10 月最早提出。如图 1-2 所示，长尾理论认为，由于成本和效率的因素，过去人们只能关注重要的人或重要的事，如果用正态分布曲线来描绘这些人或事，人们只能关注曲线的"头部"，而把处于曲线"尾部"、需要更多的精力和成本才能关注到的大多数人或事忽略。例如，在销售产品时，厂商关注的是少数几个所谓"VIP"客户，无暇顾及在人数上居于大多数的普通消费者。而在网络时代，由于关注的成本大大降低，人们有可能以很低的成本关注正态分布曲线的"尾部",关注"尾部"产生的总体效益甚至会超过"头部"。例如,某著名网站是世界上最大的网络广告商,它没有一个大客户,收入完全来自被其他广告商忽略的中小企业。安德森认为,网络时代是关注"长尾"、发挥"长尾"效益的时代。

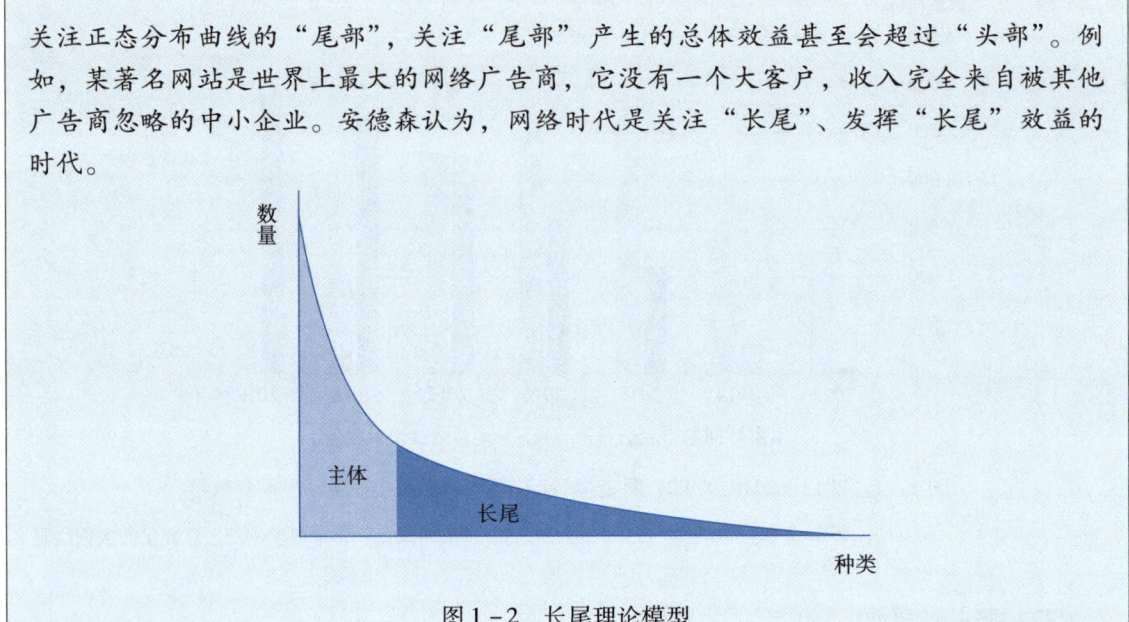

图1-2 长尾理论模型

(资料来源:根据百度百科整理.)

三、互联网金融的业务模式

互联网金融是一个新兴概念,其兴起与发展降低了市场的信息不对称程度,通过实现资金供需双方的网络直接对接,大大减少了交易成本。目前已出现的互联网金融业务模式可以分为第三方支付、P2P网络借贷、互联网众筹、大数据金融、互联网金融门户、信息化金融机构、互联网基金、互联网保险等。

互联网金融的主要业态

(一)第三方支付

狭义上第三方支付(Third-Party Payment)是指具备一定实力和信誉保障的独立机构,借助通信、计算机和信息安全技术,采用与各大银行签约的方式,在用户与银行支付结算系统间建立连接的电子支付模式。

根据央行2010年在《非金融机构支付服务管理办法》中给出的非金融机构支付服务的定义,从广义上讲,第三方支付是指非金融机构在收付款人之间作为收、付款人的中介提供的网络支付、预付卡的发行与受理、银行卡收单以及中国人民银行确定的其他支付服务。第三方支付已不仅仅局限于最初的互联网支付,而是成为线上线下全面覆盖、应用场景更为丰富的综合支付工具。

在"第三方支付"模式中,网络买家选购商品后,使用第三方平台提供的账户进行货款支付,并由第三方通知卖家货款到账、要求发货;买方收到货物,并检验商品进行确认后,就可以通知第三方付款给卖家,第三方再将款项转至卖家账户上。第三方支付作为目前主要的网络交易手段和信用中介,最重要的是起到了在网上商家和银行之间建立起连接,实现第三方监管和技术保障的作用。中国最早的第三方支付企业是成立于 1999 年的北京首信股份公司和上海环迅电子商务有限公司，目前常见的第三方支付平台有支付宝、财付通、拉卡拉、微信支付等。

（二）P2P 网络借贷

P2P 网络借贷（Peer – to – Peer Lending），即点对点信贷、个人对个人信贷，是指通过 P2P 公司搭建的第三方互联网平台进行资金借、贷双方的匹配，是一种"个人对个人"的直接信贷模式。即由具有资质的网站（第三方公司）作为中介平台，借款人在平台发放借款标，投资者进行竞标向借款人放贷的行为，如图 1 – 3 所示。P2P 网贷的借贷过程，资料与资金、合同、手续等全部通过网络实现，它是随着互联网的发展和民间借贷的兴起而发展起来的一种新的金融模式。

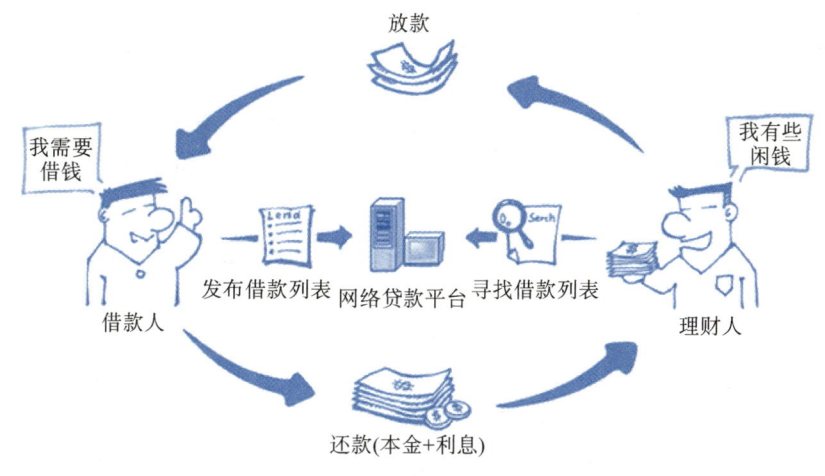

图 1 – 3　P2P 网贷流程

【知识链接】

十年兴衰，清零落幕

从 2020 年 3 月底的 139 家到 8 月末的 15 家，再下降至 9 月末的 6 家，最后在 11 月中旬完全清零，P2P 网贷行业整治在 2020 年取得多个突破性进展。网络借贷领域风险持续收敛，专项整治取得了实质性成效。

12 月 8 日，在 2020 年新加坡金融科技节上，原银保监会主席郭树清在提及 P2P 等问题时表示："中国金融科技应用整体上在法律规范和风险监管等方面是'摸着石头过河'，遇到过不少问题，也积累了一些经验教训。面对金融科技的持续快速发展，我们将坚持既鼓励创新又守牢底线的积极审慎态度，切实解决好面临的新问题、新挑战。"

（资料来源：经济网—中国经济周刊，2020 年 12 月 31 日.）

（三）互联网众筹

互联网众筹，简称众筹（Crowd Funding），是指项目发起人利用互联网和 SNS（Social Networking Services）传播的特性，利用众人的力量，集中公众的资金、能力和渠道，为小企业、艺术家或个人进行某项活动或某个项目或创办企业提供必要的资金援助的一种融资方式。简单地说，就是通过互联网方式发布筹款项目并募集资金。相对于传统的融资方式，众筹更为开放，能否获得资金也不再是由项目的商业价值作为唯一标准。只要是网友喜欢的项目，都可以通过众筹方式获得项目启动的第一笔资金，为更多小本经营或创作人提供了无限的可能。

SNS

（四）大数据金融

大数据金融（Big Financial Data）是指依托于海量、非机构化的数据，通过互联网、云计算等信息化方式，对客户的交易和消费信息数据进行实时的挖掘和分析，从而掌握客户的消费习惯，并准确预测客户行为，为互联网金融机构提供客户全方位信息，使金融机构和金融服务平台在产品设计、精准营销和风险管理等方面的效率得到极大提高。

大数据金融扩充了金融业的企业种类，改变了传统金融一家独大的局面，并创新了金融产品和服务，扩大了客户范围、降低了企业成本。按照平台运营模式，大数据金融可分为平台金融和供应链金融两大模式。两种模式的代表企业分别为阿里金融和京东金融。

（五）互联网金融门户

互联网金融门户（Internet Financial Portal）是指利用互联网提供金融产品、金融服务信息汇聚、搜索、比较及金融产品销售并为金融产品销售提供第三方服务的平台。

从相关互联网金融门户平台的服务内容及服务方式来看，互联网金融门户可分为第三方资讯平台、垂直搜索平台及在线金融超市三大类。第三方资讯平台是提供全方位、权威的行业数据及行业资讯的门户网站，典型代表为和讯网。垂直搜索平台是聚焦于金融产品的垂直搜索门户，消费者在门户上可以快速地搜索到相关的金融产品信息，典型代表有融360。而线上金融超市的业务形态是在线导购，提供直接的购买匹配，因此该类门户集聚着大量金融类产品，利用互联网进行金融产品销售，并提供与之相关的第三方服务。

此外，互联网金融门户还可以根据汇集的金融产品、金融信息的种类，细分为P2P网贷类门户、信贷类门户、保险类门户、理财类门户以及综合类门户五个子类。

（六）信息化金融机构

信息化金融机构（Informationized Financial Institution），是指在互联网金融时代，通过广泛运用以互联网为代表的信息技术，对传统运营流程、服务产品进行改造或重构，实现经营、管理全面信息化的银行、证券和保险等金融机构。

金融信息化是金融业务发展趋势之一，而信息化金融机构则是金融创新的产物。目前金融行业正处于一个由金融机构信息化向信息化金融机构转变的阶段。而信息化金融机构的主要运营模式分为以下三类：传统金融业务电子化模式、基于互联网的创新金融服务模式、金融电商模式。

(七) 互联网基金

互联网基金（Internet Fund）即互联网货币基金的简称，是指互联网公司对接由基金类金融机构开发的货币基金，并通过互联网渠道进行销售的理财产品。互联网基金在借助互联网媒介的基础上实现投资客户与第三方理财机构的直接交流，从而绕开银行介入，是对传统金融理财服务的延伸和补充。在这种"金融脱媒"的理财模式下，银行在客户和第三方理财机构之间不再起着有偿连接作用，从而弱化了银行的金融中介地位，大大提高了理财效率并降低了理财成本。

虽然基金与网络的结合涉及的仅是销售平台或模式的变化，但即便是这样一个小小的创新，也使互联网基金理财除了具备传统基金理财高流动性、高安全性和较高收益性的特征外，又具有区别于传统基金理财模式的特点。

(八) 互联网保险

互联网保险（Internet Insurance），是指保险机构依托互联网和移动通信等技术，通过自营网络平台、第三方网络平台等订立保险合同、提供保险服务的活动总称，是实现保险信息咨询、保险计划书设计、投保、缴费、核保、承保、保单信息查询、保全变更、续期交费、理赔和给付等保险全过程的网络化。作为一种新兴的以互联网为媒介的保险营销模式，互联网保险颠覆了传统的保险代理人营销模式，是指保险公司或新型第三方保险网以互联网和电子商务技术为工具来支持保险销售的经营管理活动的经济行为。我国互联网保险发展迅速，国内首家互联网保险公司是由腾讯、中国平安等国内知名企业于2013年9月29日获中国保监会同意开业批复的众安在线。互联网保险在2012—2015年4年间经历了爆发式的增长，保费收入增长近20倍，互联网保险渗透率于2015年达到了9.2%。2016—2018年，受保险政策的影响，互联网人身险保费下滑导致互联网保险渗透率下降。2018年之后，受益于百万医疗等短期健康险的畅销，互联网保费再次快速增长。2022年，互联网保险规模保费增至4 782.5亿元，同比增长26.6%，渗透率为8.9%（见图1-4）。

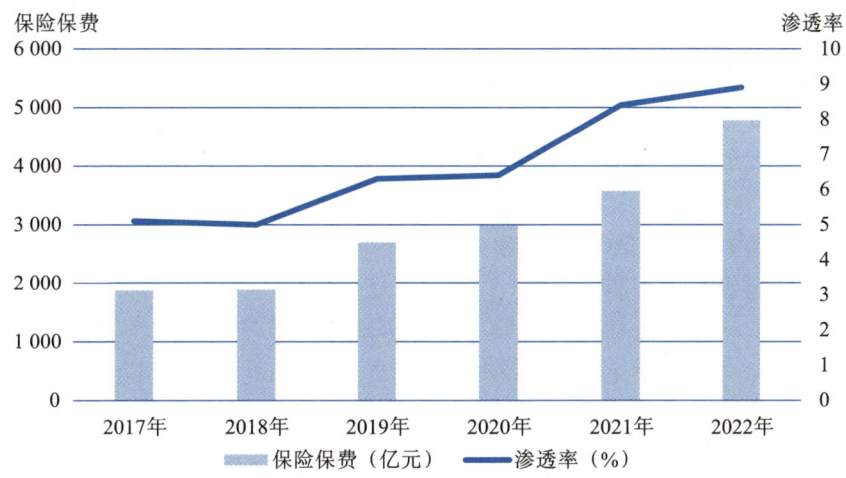

图1-4 2017—2022年互联网保险保费及渗透率统计表

> 技能训练

请选择你熟悉的互联网搜索工具,在网上检索宜人贷、微众银行、京东金融、众安在线等互联网金融网站,找到其官方主页,认真浏览网站内容,判断该网站的业务模式类型和特点。

第3节 掌握互联网金融的基本原理

【导入案例】

互联网金融的蜕变之道:金融归金融,数字归数字

现在,我们对于互联网金融的诋毁胜过之前我们对于它的赞美。这是毋庸置疑的。看看整个市场对于互联网金融的看法,我们就可以略知一二。曾几何时,互联网金融已经成为一个人人喊打的过街老鼠。何以至此?值得我们深思。

在那个互联网金融风生水起的时代,随随便便搭建一个平台就会有海量的流量,巨额的资本蜂拥而至。

金融,这个曾经门槛很高的行业,在互联网时代变成了一个人人皆可参与的存在——各式各样的互联网金融平台不断涌现,各行各业的互联网金融门类不断衍生,互联网金融成为移动互联网时代的新风口。

然而,在繁荣之下,有关互联网金融的质疑和乱象同样开始出现。互联网金融以流量和资本维系的发展模式开始备受质疑,借贷双方的乱象开始轮番出现。

当流量和资本的红利见顶,互联网金融平台便开始无法承受风险带来的后果,于是,一场以互联网金融平台爆雷为开端,以互联网金融监管为主导的洗牌开始上演。

曾经红极一时的互联网金融平台一个个被褪去了光环,曾经被奉若圭臬的互联网金融模式开始被扔进了废纸堆里,人们开始反思互联网金融,并开始寻找互联网金融的接棒者。

经过不断调整和进化之后,特别是在去金融化的浪潮之下,告别金融、回归科技成为互联网金融转型的主要方向。

所谓的告别金融,其实就是把互联网金融之前所做的那些金融业务抛弃,交给能够承担风险的专业金融机构来完成;所谓的回归科技,其实就是要做一个纯粹的科技公司,而不是挂着互联网名头的金融公司。

金融科技就是在这样的大背景下诞生的。

> 虽然金融科技这个概念本身有"金融"字眼，但是，它的侧重点其实在"科技"上。所谓的金融科技更像是一个把"金融"看成是改造对象的存在，通过改造金融行业来获得效率的提升，而不仅仅只是一味地用互联网的手段去中间化。金融行业本身的改变才是促成效率提升的关键所在，一味地去中间化，只会把原本就已经老气横秋的金融行业变得更加千疮百孔。这或许是互联网金融之所以会出现问题的根本原因所在。
>
> 值得注意的是，虽然金融科技与互联网金融相比有了很大的进步，但是，金融科技并不是互联网金融的最终归宿，而是传统专业化的金融机构进化的方向。
>
> 对于金融行业来讲，强化金融与科技的融合，特别是用新科技去改造金融行业的痛点和顽疾，才是真正的破局点。
>
> （资料来源：品途商业评论，2020年3月18日.）
>
> **讨论**：互联网金融的昙花一现，让金融行业的再进化提到了议事日程。一味地把金融科技看成未来的发展方向，并不能够获得持续的发展。让金融的归金融，让数字的归数字，才是金融再进化的正确之道。那么，应该如何实现金融的归金融呢？

在互联网金融模式下，支付便捷，市场信息不对称程度非常低，资金供需双方直接交易，不需要经过银行、券商和交易所等金融中介。互联网金融模式的分类众多，但运行方式都大同小异，其核心部分包括支付、信息处理和资源配置。

一、支付

支付是金融的基础设施，会影响金融活动的形态。伴随着计算机的发展和互联网的出现，互联网金融支付体系应运而生。互联网金融支付体系相对于传统金融支付体系而言是革命性的，在互联网金融中，支付以移动支付和第三方支付为基础，在很大程度上活跃在银行主导的传统支付清算体系之外，并且显著降低了交易成本。在互联网金融中，支付还与金融产品挂钩，促成丰富的商业模式。最后，因为支付与货币的紧密联系，互联网金融中还出现了互联网货币。互联网金融带来的新型支付手段包括移动支付和第三方支付，以及两者的结合即第三方移动支付，下面简要介绍这些互联网金融支付手段的模式和原理。

（一）移动支付

1. 移动支付的概念与特点

互联网金融的支付以移动支付为基础（从长期来看，第三方支付将逐步走向移动端）。移动支付（Mobile Payment）是资金清偿中任何一方通过移动通信设备、利用无线通信技术来转移货币价值以清偿债权债务关系的一种支付方式。移动支付所使用的移动终端可以是手机、PDA（Personal Digital Assistant，即掌上电脑）、移动PC（Personal Computer）等。移动支付将终端设备、互联网、应用提供商以及金融机构相融合，为用户提供货币支付、缴费等金融业务。其发展过程体现了支付的三大发展趋势：第一，终端离散化。从银行柜台机，到ATM机和POS机，再到无处不在的互联网和移动通信设备。第二，身份数字化。第三，服务通用化。移动支付的核心是，不需要每个人都有银行卡，但手机里有一个类似支付宝的第三方支付账号就可以。由此，人类基本的交易方式发生了改变。

移动支付的基础是移动通信技术和设备的发展，特别是智能手机和掌上电脑（如 iPhone 和 iPad）的普及。据中国人民银行发布的数据显示，至 2023 年年末，我国移动支付用户规模达到了 8.54 亿人，移动支付业务 1 232.20 亿笔，金额 432.16 万亿元，同比分别增长 21.48% 和 24.50%，移动支付普及率达到了 86%，居全球第一。目前典型的有手机炒股、手机购物支付等，支付宝和微信支付已经应用于打车、购物、工资发放等日常活动中。

和传统支付方式相比，移动支付具有以下三个特点：

（1）支付灵活便捷。用户只要申请了移动支付功能，便可足不出户完成整个支付与结算过程。

（2）交易时间成本低，可以减少往返银行的交通时间和支付处理时间。

（3）有利于调整价值链，优化产业资源布局。移动支付不仅可以为移动运营商带来增值收益，也可以为金融系统带来中间业务收入。

2. 移动支付的方式

根据支付信息交互方式的不同，移动支付可以分为远程支付及近场支付。

远程支付指通过移动网络，利用短信、GPRS 等通道和后台支付系统建立连接以完成支付行为；也是指通过发送支付指令（如网银、电话银行、手机支付等）或借助支付工具（如通过邮寄、汇款）进行的支付方式，如掌中付推出的掌中电商、掌中充值、掌中视频等都属于远程支付。

近场支付是指通过具有近距离无线通信技术的移动终端实现信息交互，进行资金转移的支付方式，主要包括射频、蓝牙、红外等通道。换句话说，所谓近场支付，就是用手机刷卡的方式坐车、买东西等，像刷"绿城通""校园卡"一样"刷手机"，实现短距离小额支付，很便利。近场支付被视为移动支付中最重要，也是最容易实现的一种支付方式。

（二）第三方支付

互联网第三方支付是随着在线交易规模扩大、大型电子商务平台的出现而诞生的在线支付平台。传统的第三方网关支付由于服务种类和网络接口单一，无法对买卖双方的行为进行监督，从而不能适应日益庞大的在线支付规模。第三方支付平台相当于买卖双方的资金托管人，成功解决了在线交易中安全验证与买卖信用问题，极大地推动了网络交易的发展。

第三方支付平台一般都与国内外各大银行签约，由具有一定实力和信誉保障的第三方独立机构投资建立交易支持平台。通过独立的第三方平台作为中介，网上交易的商家和消费者之间实现了信用中转。买卖双方的行为靠改造过的支付流程进行约束，在一定程度上缓解了彼此对双方信用的猜疑，增加网上购物的可信度。第三方支付平台还根据不同用户的需要对界面、功能进行调整，增加个性化和人性化的特征。总结目前市场上的第三方支付公司的运营模式，可以将它们分为三种类型：①独立的第三方网关模式；②有电子交易平台且具备担保功能的第三方支付网关模式；③由电子交易平台支持的第三方网关模式。本书第 3 章会具体介绍第三方支付的这三种模式。

总体来看，互联网金融下，支付系统具有以下根本性特点：

（1）所有个人和机构（法律主体）都在中央银行的支付中心（超级网银）开账户（存款和证券登记）。

（2）证券、现金等金融资产的支付和转移通过移动互联网进行（具体工具是智能手机和掌上电脑)。

(3) 支付清算完全电子化,基本不再需要现钞流通,就算有极个别小额现金支付,也不影响此系统的运转。

(4) 二级商业银行账户体系将不再存在。

如果个人和企业的存款账户都在中央银行,将会对货币供给定义和货币政策产生重大影响,同时也会促进货币政策理论和操作的重大变化。比如,全社会用作备付金的活期存款将会减少。当然,这种支付系统不会颠覆目前由中央银行统一发行信用货币的制度,货币与商品价格的关系也不会发生根本转变。但是,目前社交网络内已经自行发行货币,用于支持网民之间数据商品的购买,甚至实物商品的购买,并建立了内部支付系统,诞生了互联网货币。

二、信息处理

信息是金融的核心,构成金融资源配置的基础。在互联网金融中,大数据被广泛应用于信息处理,提高了风险定价和风险管理效率,显著降低了信息不对称。互联网金融的信息处理是其与商业银行间接融资和资本市场直接融资的最大区别。

金融信息中,最核心的是资金供需双方的信息,特别是资金需求方的信息(如借款者、发债企业、股票发行企业的财务信息等)。美国经济学家弗雷德里克·S. 米什金指出,在直接和间接融资模式下,主要有两类信息处理方式:第一类是信息的私人生产和出售,即设立专门机构负责搜集和生产区分资金需求者信用资质的信息,然后卖给资金供给者。典型的如证券公司和信用评级机构。商业银行同时是信息生产者和资金供给者,也属于这类方式。第二类是政府管制,即政府要求或鼓励资金需求方披露真实信息。比如,政府对会计准则、审计和信息披露的监管,特别是针对上市公司。

互联网金融的信息处理,是它与传统金融中介和市场的最大区别,其核心是大数据替代传统的风险管理和风险定价,由三部分组成:第一,社交网络生成和传播信息,特别是对个人和机构没有义务披露的信息;第二,搜索引擎对信息的组织、排序和检索,能缓解信息超载问题,有针对性地满足信息需求;第三,云计算保障海量信息高速处理能力。总的效果是,在云计算的保障下,资金供需双方的信息通过社交网络得以揭示和传播,经搜索引擎组织和标准化后,最终形成时间连续、动态变化的信息序列。由此可以给出任何资金需求者的风险定价或动态违约概率,而且成本极低。这样,就满足了金融交易的信息基础(充分条件)。

(一)社交网络及其作用

社交网络以人际关系为核心,把现实中真实的社会关系数字化到网上并加以拓展,是个人发布、传递和共享信息的平台,建立了自愿分享和共享机制。社交网络有两个基础:一是人类作为社会动物固有的网络行为,主要有四个特点——交换性、一致性、传染性、传递性;二是互联网和通信手段的发展,降低了个人发布信息和与日常生活之外的人联系的成本,产生了一些新的分工协作模式。比如,"人肉搜索"、维基百科的编撰等。在信息内涵上,社交网络蕴含了非常丰富的关系数据,即个体之间的接触、联络、关联、群体依附和聚会等方面的信息。

社交网络使人与人(机构)之间的"社会资本"可以较快积累,成为新型的"财富",

人们的"诚信"程度提高，大大降低了金融交易的成本，对金融交易有基础作用。此外，社交网络也更为严格地约束了人们可能的"违约"动机和道德风险。

社交网络具有的信息揭示作用表现为：个人和机构在社会中有大量利益相关者，这些利益相关者都掌握着该个人或机构的部分信息，例如，财产状况、经营情况、消费习惯、信誉行为等。单个利益相关者所掌握的信息可能有限，但如果这些利益相关者都在社交网络上发布各自掌握的信息，汇总在一起就能得到该个人或机构信用资质或盈利前景方面的完整信息。例如，淘宝和天猫就类似社交网络，商户之间的交易所形成的海量信息，特别是货物和资金交换的信息，显示了商户的信用资质。

（二）搜索引擎及其作用

搜索引擎的作用是从海量信息中迅速找到最能匹配用户需求的内容。搜索引擎与社交网络的融合是一个趋势，体现为社会化搜索。从技术上来说，对关系数据的处理一直是搜索引擎的重要组成部分。比如，抓取网页的"爬虫"算法和网页排序的链接分析方法（以 Google 的 PageRank 算法为代表）都利用了网页之间的链接关系，属于关系数据。社会化搜索对用户的疑问，不仅能寻找到现有的答案，还会推荐合适的人来回答，或者通过社交关系过滤掉不可信赖的内容。社会化搜索的本质是利用社交网络蕴含的关系数据进行信息筛选，进一步提高"诚信"程度。

（三）云计算及其作用

在集成电路的性能逐步逼近物理极限的情况下，云计算使用大量廉价的个人计算机分担计算任务，易扩展，能容错，并保障多备份数据的一致性，使用户按需获取计算能力、存储空间和信息服务。云计算保障了处理海量信息的能力，而且计算能力容易标准化，可以像商品一样交易和流通。随着计算能力供给和需求的增加，2011 年 2 月已经出现了针对计算能力的现货交易市场，预计期货市场也将出现。云计算对搜索引擎的发展有着重要促进作用，比如，实时搜索的计算量很大，Google 就是发展云计算的先驱。金融业是计算能力的使用大户，云计算会对金融业产生重大影响，比如，云计算可以随时提供任何软件和数据，处理任何与金融交易有关的信息问题，苹果商店与手机的关系已经与此类似。

在互联网金融模式下进行信息处理，比如，由于信息科技足够发达，自然人出生后的关键信息和行为信息都被记录下来，可以查询，不准确的信息通过社交网络和搜索引擎进行核实或过滤，从而形成"大数据基础"。在这种情况下，对个人信用状况的信息处理将自动依据算法产生，非常有效率。再比如，人们在日常生活中发现某银行服务效率低下，就可以把相关信息发布到社交网络上，这些信息汇总后有助于评估该银行的盈利和信用前景——在现代股票市场上，股东仅能以"买入—卖出"来表达自己对盈利前景的判断。目前在全球很受欢迎的 TripAdvisor 网站（全球领先的旅行点评社区）就是一例，网友对去过的任何旅游点、饭店、宾馆等，都可以留下自己的评级和评论，为后来的搜寻者节省了很大的时间成本。

概括起来，互联网金融模式下的信息处理有五个主要特点：一是地方信息和私人信息公开化；二是软信息转化为硬信息，或者说只可意会的信息显性化；三是分散信息集中化；四是基于信息检索和排序产生了类似"充分统计量"的指标和指数，能凝练、有效地反映汇聚起来的信息；五是信息通过社交网络的自愿分享和共享机制进行传播，最终实现信息在人与人之间的"均等化"。

三、资源配置

金融资源配置是指金融资源通过什么方式从资金供给者配置给资金需求者。资源配置是金融活动的根本目标，互联网金融的资源配置效率是其存在的基础。在互联网金融中，在网上发布资金供需信息并进行匹配，在供需信息几乎完全对称、交易成本极低的条件下，供需双方直接交易，信息充分透明，采用完全竞争价格，不需要通过银行、证券公司和交易所等传统金融中介和市场，完全可以自己解决。这种资源配置方式把金融产品与实体经济紧密结合，交易可能性边界极大拓展，资源配置效率提高，同时也能达到社会福利最大化。

在移动支付、社交网络、搜索引擎和现代信息科技推动下，个体之间直接金融交易这一人类最早金融模式会突破传统的安全边界和商业可行边界，焕发出新的活力。在供需信息几乎完全对称、交易成本极低的条件下，互联网金融模式形成了"充分交易可能性集合"，诸如中小企业融资、民间借贷、个人投资渠道等问题就容易解决。在这种资源配置方式下，双方或多方交易可以同时进行，信息充分透明、采用完全竞争价格（如拍卖式），因此，资源配置效率高，社会福利最大化。各种金融产品均可如此交易。这也是一个最公平的市场，供需方均有透明、公平的机会。陌生的人或企业可以通过"借贷"而形成社交网络关系，成为"熟人"，进而拓展了其他合作的可能性，如投资入股、买卖产品等。

技能训练

请选择你熟悉的互联网搜索工具，在网上检索陆金所，找到其官方主页，认真浏览网站内容，注册成为网站会员，并判断该网站的类型与业态。

知识小结

互联网金融作为传统金融行业与互联网精神相结合的新兴业态，首先在西方国家产生并逐渐普及，后来被引入到中国。在国外，互联网金融表现为六个特征：互联网银行业务走向成熟，互联网证券业务取得长足发展，互联网保险业务稳步前进，第三方支付业务受到青睐。而在国内，传统金融业务线上化发展迅速，各种互联网金融业务模式竞相发展，互联网金融投资兴起。国内外互联网金融的发展现状有四个方面的差别：互联网金融对传统金融业的影响不同；互联网金融发展环境差异较大；监管套利空间不同；市场发展周期不同。

所谓互联网金融，是传统金融机构与互联网企业利用互联网技术和信息通信技术实现资金融通、支付、投资和信息中介服务的新型金融业务模式，它具有成本低、效率高、覆盖面广、风险大、服务长尾化五大主要特征。目前已出现的互联网金融业务模式主要有第三方支付、互联网众筹、大数据金融、互联网金融门户、信息化金融机构、互联网基金、互联网保险等。

互联网金融的三大支柱是支付、信息处理和资源配置。互联网金融带来的新型支付手段包括移动支付和第三方支付,以及两者的结合即第三方移动支付。互联网金融的信息处理,是它与传统金融中介和市场的最大区别,核心是大数据替代传统的风险管理和风险定价,由三部分组成:第一,社交网络;第二,搜索引擎;第三,云计算。金融资源配置指的是金融资源通过何种方式从资金供给者配置给资金需求者。资源配置是金融活动的根本目标,互联网金融的资源配置效率是其存在的基础。

知识拓展训练

一、名词解释

互联网金融　第三方支付　众筹　大数据金融　互联网金融门户　信息化金融机构　互联网基金　互联网保险　移动支付

二、单项选择题

1. 下列四个选项中,(　　)是互联网金融的狭义定义。
   A. 资金融通和其他金融服务依托互联网来实现的方式方法可以被称为互联网金融
   B. 只要具备互联网精神的金融业态都可以被称为互联网金融
   C. 互联网金融是互联网"开放、平等、协作、共享"精神与传统金融行业相互渗透形成的新领域
   D. 指具备一定实力和信誉的非银行机构,借助通信、计算机和信息安全技术,采用与各大银行签约的方式,在用户与银行支付结算系统间建立连接的电子支付模式

2. 以下四项中不属于互联网金融主要特征的是(　　)。
   A. 成本低廉　　B. 效率较高　　C. 风险小　　D. 服务长尾化

3. 下列各互联网金融门户中,不属于"第三方资讯平台"的是(　　)。
   A. 种财网　　B. 京东金融　　C. 和讯网　　D. 融360

4. 全球第一家互联网银行是(　　)。
   A. 美国安全第一网络银行　　　　B. 富国银行
   C. NetBank　　　　　　　　　　D. Ins Web

5. 最早开展互联网证券交易的国家,也是互联网证券交易经纪业务最为发达的国家是(　　)。
   A. 英国　　B. 美国　　C. 日本　　D. 法国

6. 美国富国银行办理网上房屋贷款批复业务只需要50秒,而美国安全第一网络银行更是宣称,其网上贷款业务25秒即可办妥,这说明互联网金融具有(　　)的特征。
   A. 覆盖范围广　　B. 成本低廉　　C. 风险较大　　D. 效率较高

7. 2013年,我国第一家互联网保险公司(　　)成立,开启了一个全新的互联网保险时代。
   A. e-PICC　　　　　　　　　B. 太平洋人寿网络公司
   C. 众安保险　　　　　　　　D. 民生保险

8. BAT 在美国的模板不包括（　　）公司。
   A. Google　　　　B. Amazon　　　C. Facebook　　D. Apple
9. 互联网金融带来的新型支付手段不包括（　　）。
   A. 移动支付　　　　　　　　　　B. 第三方支付
   C. 第三方移动支付　　　　　　　D. 银行转账支付
10. 互联网金融的（　　）职能，是它与传统金融中介和市场的最大区别，核心是大数据替代传统的风险管理和风险定价。
    A. 信息处理　　　B. 支付　　　　C. 资源配置　　D. 中介

三、判断题

1. 目前在理论界对互联网金融的定义已经有了明确的界定。　　　　　　　　（　　）
2. 余额宝属于互联网金融的 P2P 网贷业务模式。　　　　　　　　　　　　（　　）
3. 金融信息中，最核心的是资金供需双方的信息，特别是资金供给方的信息。（　　）
4. 目前，美国的 P2P 网络平台逐渐分化为非营利性和营利性两种类型，其中非营利性 P2P 平台以 Prosper 公司和 Lending Club 公司为代表，营利性 P2P 平台以 Kiva 公司为代表。
　　　　　　　　　　　　　　　　　　　　　　　　　　　　　　　　　（　　）
5. 2013 年被称为中国互联网金融的元年。　　　　　　　　　　　　　　　（　　）
6. 第三方资讯平台是提供全方位、权威的行业数据及行业资讯的门户网站，典型代表为和讯网。　　　　　　　　　　　　　　　　　　　　　　　　　　　　（　　）
7. 按照平台运营模式，大数据金融可分为平台金融和供应链金融两大模式。两种模式的代表企业分别为阿里金融和京东金融。　　　　　　　　　　　　　　　（　　）
8. 中国第一家网贷平台是成立于 2007 年的人人贷，它效仿美国的 Prosper 模式，在引入中国后并没有引起大的影响。　　　　　　　　　　　　　　　　　　　　（　　）
9. 社交网络以社交平台为核心，把现实中真实的社会关系数字化到网上并加以拓展，建立了自愿分享和共享机制。　　　　　　　　　　　　　　　　　　　　（　　）
10. 资源配置是金融活动的根本目标，互联网金融的资源配置效率是其存在的基础。
　　　　　　　　　　　　　　　　　　　　　　　　　　　　　　　　　（　　）

四、简答题

1. 试述互联网金融的定义与特征。
2. 请简要回答互联网金融的主要业务模式有哪些。
3. 请介绍国内外互联网金融发展现状的差异有哪些。
4. 互联网金融的三大支柱是什么？
5. 和传统支付方式相比，移动支付具有哪些特点？

五、案例分析

"互联网+金融"重塑生活，国美易卡引领新潮流

科技的飞速发展促进了互联网与金融的深度融合，使我们的生活发生了翻天覆地的变

化。在这场革命性的生活方式变革中，国美易卡以独特的商业模式和前瞻性的战略视野脱颖而出，成为引领新潮流的领军者。

"互联网+金融"的崛起无疑给我们的生活带来了翻天覆地的变化，其中，国美易卡堪称这一融合模式的典范。从2018年3月成立至今，国美易卡凭借独特的商业模式和战略远见，实现了自身的飞速发展，同时也极大地简化了消费者的日常生活。

国美易卡充分利用互联网和金融的深度融合，改变了我们的传统生活方式。它的业务遍布全国多个城市，通过互联网连接上亿的消费者，以科技为驱动，成功将线上线下的购物场景相结合。这种创新模式不仅为消费者提供了更便捷的购物体验，也为国美易卡赢得了市场份额和口碑。

经过多年的发展，国美易卡已经形成了自身的独特优势。一方面，它拥有广泛的用户基础，通过互联网和金融的方式，能够接触到更多的消费者。另一方面，国美易卡注重科技创新，利用先进的技术手段，不断提升用户体验，满足消费者的多元化需求。

国美易卡堪称"互联网+金融"领域的典范，正在以卓越的创新力和前瞻性战略视野，为我们展现出一幅更便捷、更多元化的未来生活图景。这种深入的融合不仅突显了新潮流如何重塑我们的生活，也预示着金融科技如何持续引领社会和经济的进步。

(资料来源：北青网财经，2023年12月27日．)

问：
1. 互联网金融的模式有哪些？请举例说明。
2. 分析互联网金融与传统金融相比有哪些区别？
3. 互联网金融带来哪些新的风险？互联网金融监管如何适应金融科技？

【扩展阅读指南】

电子书《互联网金融》 作者：姚文平	纪录片《互联网时代》1~10集

第 2 章
感悟传统金融到互联网金融的跨越

【知识脉络图】

感悟传统金融到互联网金融的跨越
- 区分金融业务互联网化和互联网业务金融化
  - 金融互联网的含义
  - 金融互联网的特点
  - 两种金融模式的差异
- 理解互联网金融的影响
  - 互联网金融对传统银行的影响和促进作用
  - 互联网金融对传统证券的影响和促进作用
  - 互联网金融对传统保险的影响和促进作用

【学习目标】

1. 知识目标

（1）掌握互联网金融和金融互联网的本质区别。
（2）了解两种金融模式的差异。
（3）理解互联网金融对传统金融的影响。
（4）理解互联网金融对传统金融的促进作用。

2. 能力目标

（1）能够对金融业务互联网化和互联网业务金融化两种模式进行对比分析。
（2）能够根据所学知识预测传统金融行业未来的发展方向。

第1节　区分金融业务互联网化和互联网业务金融化

> **【导入案例】**
>
> **传统金融互联网化之"互联网银行"**
>
> 中国首家互联网银行微众银行（We Bank）于2014年12月在深圳成立，并为卡车司机徐军发放了该行的首笔贷款3.5万元。微众银行专注为小微企业和普通大众提供差异化、有特色、优质便捷的金融服务。"We（我们）"代表的是一种群体创新精神，希望通过互联网连接广大的消费者、个人、中小微企业、优秀金融机构，形成一个良好的金融生态圈。通过彼此之间的资源合作、支持和调配，打造银行、金融领域的创新共同体，为更多个人和中小企业及创业者提供特色服务。截至2022年末，微众银行总资产4 738.62亿元，比上年末增加351.14亿元，增长8.00%。吸收客户存款3 569.11亿元，比上年末增加540.37亿元，增长17.84%。
>
> 微众银行已在大众银行、直通银行和场景银行三大业务板块推出了微粒贷、微业贷、微车贷、微众银行App等。截至2022年末，"微粒贷"已累计服务超6 000万借款客户，年内日均发放贷款超90万笔。"微户贷"为"微粒贷"存量客户中的小微经营类客户提供用于生产经营活动、最高50万元的全线上个人经营性贷款。"微户贷"无须任何担保与抵质押，按日计息，借款次日起可随时还款，提前还款不收取任何违约金。截至2022年末，"微户贷"已累计服务超30万借款客户，年内日均发放贷款超1.4万笔。在供应链金融服务领域，微众银行沿袭"微业贷模式"的路径，打造了差异化特色。目前，微众银行产业金融合作的核心企业超500家，累计授信客户达20万家。微众银行微业贷已将企业金融服务品牌升级为"微众企业"，打造全链路商业服务生态。微业贷以此为契机进一步拓展小微服务，满足小微企业在经营过程中的金融与非金融需求。
>
> 可见，互联网金融不是仅仅将传统的业务网络化，其本质上是一种更民主、更普惠的大众化金融形式。
>
> **讨论**：互联网金融的异军突起，在一定程度上冲击了传统金融行业，传统金融行业为巩固自身的发展，又不断地进行"触网"行动，那么二者均作为互联网与金融业的结合，我们该怎样区分呢？

一、金融互联网的含义

金融的最基本功能是存、贷、汇，即货币资金的聚集功能、运用功能、支付功能。随着现代金融的发展，三个功能中的聚集功能、运用功能都得到了快速发展，演化出了不同的银行、证券、保险、信托、基金等金融机构承担并实现其功能。金融互联网（Financial Internet），简单来说，就是传统金融业务利用现代网络技术，将其产品和业务移至线上进行。金融互联网是传统的金融机构对互联网技术的应用，是对一些金融业务的电子化，而金融机构在其中扮演的中介角色并没有改变。例如，个人或企业通过网上银行账户支付货款、投资理财等金融活动，替代纸币在现实世界的流通。

金融互联网和互联网金融由于其概念上的模糊性，到底什么是"互联网金融"，什么是"金融互联网"经常引起业界的争议。现有流行的观点认为，没有实体经营点的纯互联网公司所开展的金融业务一定是互联网金融，拥有一定数量的实体网点的公司所开展的金融业务称之为金融互联网。其实这样的区分是不科学的，有无实体网点并不是区分二者的充分条件。互联网金融（Internet Finance）并非简单的"互联网+金融"，也不是复杂到与传统金融没有关联，更不是在现代金融体系之外的一个异生物或类生物。而是现代经济进入互联网时代，在金融上所表现出的新特征、新技术、新平台、新模式和新实现形式。

因此，本书将通过互联网金融与金融互联网两种不同的金融模式本质上的区别进行介绍，以便读者更好地了解两者的异同。

二、金融互联网的特点

（1）金融互联网体现为一种技术创新，而非产品创新。金融互联网化只是金融机构将其现有的业务进行电子化，通过对互联网技术的创新、改造，使其很好地与传统金融产品相融合。

（2）金融互联网在固有风险的前提下，提高了效率，降低了成本。传统金融机构的业务大部分都需用户亲自到营业厅办理，这种方式成本高、时间和空间限制大。金融业务互联网化提高了传统金融机构的效率，降低了客户的鞋底成本[①]，节约了金融机构和借贷双方的交易成本。而且金融机构业务上线后，仍受到国家金融监督管理总局及相关法律法规的监管和约束。其征信建设相对完善，监管明确。因此，相对于互联网金融其风险要低。

（3）金融互联网化并没有改变金融机构的媒介职能。传统金融机构通常被称为金融中介（Financial Intermediates），负责为市场提供流动性。比如银行，资金盈余者把钱存入银行赚取利息，银行将款项放给资金短缺者，融资者支付利息。金融业务电子化促使相关职能部门设立或消失，引起人力、物力和财力等在金融机构内部的再配置，但并没有改变金融机构的媒介职能。我们在支付或交易过程中，仍需通过银行账户、银行卡等工具来进行。

三、两种金融模式的差异

实际上，是否具备互联网精神，能否打破现有的空间及时间的界限，形成无中介化的融资模式，以客户需求为导向，注重客户体验等要素，是互联网金融与金融互联网的本质区别。我们将从发展理念及思维方式、管理方式、受众、定价策略、信息差异化、营销策略及安全性与监管体系等方面对两种不同的金融模式进行比较。

---

① 通货膨胀有五种可预期的社会成本，其中之一称为鞋底成本，泛指为了减少货币持有量而产生的成本。

(一)发展理念及思维方式不同

从发展理念上来看,互联网金融更注重互联网这个理念,充分体现了开放、平等、分享与包容的互联网精神。

互联网金融的发展是全面的互联网化,而金融互联网往往是将金融产品或服务搬上互联网,是单一的、局部的互联网化。以保险投资为例,它不仅借助互联网实现了保险营销,通过自营网络平台、第三方网络平台等订立保险合同,而且在产品设计的场景化、营销方式的社交化等方面有了很大的突破。而网上资金转账只是在现有保险订单的基础上借助网络实现的资金支付。

因此,前者更符合互联网金融的发展理念及思维方式,后者更类似金融互联网模式。

(二)管理方式与组织架构不同

传统的管理方式将具有创造性的、有主见的人们放置在已设定的框架内,总是"管理太多、自由太少""等级太多、社区太少""督促太多、理想太少"。当今许多企业及组织在管理方式上依旧遵循着过去的做法,这在一定程度上破坏了人类的创造力,而要发展互联网金融,就需要人们的创造力。创新的管理方式在这方面会更有效。

从表2-1中可以看出,互联网金融更多地遵循创新式的管理,以社区制为基础,崇尚自由、引导创新,以客户满意度等非财务指标为出发点,更注重长远利益。金融互联网模式则更多地遵循传统的管理方式,在层级制的基础上,强调管理与控制,以督促为主,注重短期利益,以财务指标为绩效考核的核心。

表2-1　　　　　　　金融互联网与互联网金融的管理方式比较

传统的管理模式(金融互联网)	创新的管理模式(互联网金融)
层级制	社区制
强调管理与控制	崇尚自由
偏重督促	引导创新
以财务指标为绩效考核核心	关注客户满意度等非财务指标
注重短期利益	注重长远利益
稳定的组织架构	柔性多变的组织架构
标准化的管理	非标准化的管理模式

(资料来源:姚文平. 互联网金融. 中信出版社,2014.)

互联网金融和金融互联网管理过程中的组织架构也不同,前者相对独立,弹性大,往往容易视实际发展需要发生变化;后者往往处在一个比较稳定和标准化的组织架构中,一般情况下很难发生变化。因此,互联网金融模式的组织架构更能适应内外部环境的变化,从而使企业在不确定的市场中保持竞争力。

(三)受众不同

从受众来看,互联网金融的客户群往往比较年轻、开放,并且愿意尝试新鲜事物,追求时尚，熟悉互联网。相对而言，金融互联网的客户群的年龄结构偏年长一些，相对稳健、保守，他们往往是由于原本为自己服务的金融机构经营的金融产品或服务搬上互联网而不得不通过互联网享受相应的产品或服务。据统计，在支付宝、微信支付、苏宁支付等行业领头平台的推广下，截至 2022 年，中青年用户是移动支付用户的主要使用者，其中，18~40 岁用户占总用户比例的 70%，40 岁以上的用户占总用户比例的 30%。另外，移动支付完成的消费金额所占比例已经达到 86.1%。

需要指出的是，两种模式在客户年龄结构等方面的差异并不是绝对的，客户都是可以培养的，只要有需求，任何年龄段的人都可以成为互联网金融模式下的用户，而这种情形就需要技术的不断革新和服务形式的改变。

（四）客户体验不同

从客户体验方面来看，金融机构留给客户的印象往往是"烦琐、缓慢"，与金融互联网相比，互联网金融更加关注客户的体验，这也是两者更本质的区别之一。以 Formax 金融圈为例，目前 Formax 金融圈客服部架构是以客户需求为导向设计，涵盖三大模块：在线理财中心为客服前端，根据客户资产规模、风险偏好提供针对性的产品配置建议；以呼叫中心作为总售后，提供实时在线服务，及时响应客户在投资过程中的问题；成立互联网金融首个投顾中心，建立了"智享"服务品牌，首先做好基础的投资者教育，夯实投资基础理念；建立多风险属性、多投资品种的投资组合，供不同客户参考；为客户提供账户诊断服务，实现投资全程追踪。

（五）交易金额与交易频率不同

相对于金融互联网客户而言，互联网金融客户的单笔交易额往往较小，但交易频率比较高。究其原因，一是互联网金融的客户往往比较年轻，收入水平较低，拥有的财富相对较少；二是互联网金融的交易比较方便、快捷，随时随地都可以进行，交易体验较好；三是由于客户对互联网金融的安全性存在一些疑问，因此不会在相关联的交易账户中存放很多资金，而是选择定期、不定期地向关联的交易账户存入一定资金，同时为了防范风险，每笔交易的金额相对较小。

尽管互联网金融客户的单笔交易金额较小，但是由于交易频率较高，因此客户累计的交易金额并不小，未来客户在互联网金融方面的交易金额及其在客户总体交易金额中所占的比例会保持快速增长。

（六）定价策略不同

在价格策略方面，互联网金融模式主要考量三个方面的因素：一是短期、中长期收益与成本的比较，由于互联网经济具有边际成本趋近于零的特点，随着规模的扩大，平均成本会明显下降，因此具有明显的"规模经济"优势；二是产品或服务是否真正满足了客户需求，以及是否为客户创造了更大的价值；三是依托大数据等技术，可以更好地了解和评估客户，从而实现差别化的定价策略。互联网金融往往会为客户提供免费的金融服务，借此迅速抢占市场份额，颠覆原有的市场格局。

开展金融互联网业务的机构往往已经拥有了相当数量的客户基础，收益已经达到了一定规模，形成了一定的利益团体，如主要依靠向客户收费而领取薪酬的经纪人等，因此，在服务费方面，新模式与经纪人等之间存在更大的利益冲突。相对而言，互联网金融机构的线下客户较少甚至没有，基本上不存在已经形成的利益团体，希望通过免费或低价格策略来吸引金融互联网机构的客户或者培养更多的新客户。明显的低价格尤其是免费优势，往往会对市场产生强大的冲击力，创新者可以借此迅速抢占市场份额，颠覆原有的市场格局。

（七）导向与出发点不同

互联网金融和金融互联网在导向与出发点方面存在很大的差异。

互联网金融模式主要是以客户需求为导向，出发点往往是去发现和挖掘客户的潜在需求、真实需求，设计和提供更多、更好的金融产品或服务，并以合适的方式将其提供给合适的客户。

金融互联网模式则主要以自我和营利为导向，将已有的金融产品或服务"强塞"给客户，自己有什么就"推销"什么，基本上不考虑这些产品或服务是否适合客户。

（八）信息传递的有效性不同

在金融互联网模式下，由于业务的复杂性及内部成本控制制度的存在，使传统的金融机构在对外发放信贷时，难以对个人或企业的信用状况进行评估，而需要资金的客户又不清楚该以何种方式披露相关信息，同时也不了解哪些机构或投资者愿意提供间接或直接融资。正是由于信息的传递缺乏有效性，使中小企业融资难的问题一直困扰整个国民经济的发展。

银行等金融机构在提供理财产品时同样存在信息不对称的问题。银行为了吸引或留住客户，经常会推出各种各样的理财产品，客户购买以后，"收益错觉"可能导致客户无法实现收益最大化。

众筹等互联网金融模式在一定程度上可以降低信息的不对称程度，使信息在融资方及投资方之间的分布变得更对称。因此，互联网金融模式的出现及发展可以适当缓解中小微企业融资难的困境。同样，网上理财公司等互联网金融模式可以有效消除客户"收益错觉"的困惑，这些理财公司可以将不同金融机构发行的理财产品的收益率、期限、风险等条款分享到互联网上，为客户提供透明、全面的比较；而余额宝这样的理财产品也大大消除了信息不对称的影响，投资者既可以分享到较高且稳定的收益率，同时操作起来又比较方便、快捷。

当然，互联网金融并不能完全解决信息不对称的问题，因为信息披露的全面、准确和及时既有客观原因，也可能存在主观原因甚至是恶意欺诈。因此，互联网金融模式需要在两个方面更好地加以完善：一是更广泛地运用大数据等技术，加大信息的搜集、整理力度，提高数据的处理、分析能力，从而为差异化定价和风险管理提供支持；二是完善监管，并运用商业保险等市场化方式来更好地管理互联网金融领域的风险。

（九）营销策略不同

互联网金融通过积极应用新技术来改善客户体验，进而更好地满足客户需求。因此，它们在战略上更加重视大数据、云计算、智能交互、机器学习、深度学习等新技术的运用，在微观层面上对新技术表现得更加积极、主动和敏锐。互联网金融模式不仅注重新技术的运用对产品品质的提升，而且将其视为一种核心的营销手段。

金融互联网模式则大多迫于形势，或出于业务线延伸的补充需求，或出于对互联网金融公司带来的业务空间挤压的反应，或出于金融业的竞争压力。它们在运用新技术时会更多地考虑企业内部的利益平衡，包括人员、组织、制度以及线上线下定价策略等方面的平衡。同时，它们更关心新技术是否成熟、是否能够承受产生的潜在风险、业务是否符合监管规定等。总之，它们对新技术更加谨慎或持怀疑态度，往往反应迟缓和被动。另外，金融互联网模式在营销方面倾向于依赖客户经理的服务，并不太关注新技术带来的体验服务，因此，在营销方面，新技术往往只是扮演了服务的"小配角"。

因此，金融互联网企业仍然喜欢采用传统的互联网支付方式，如动态口令、电子钥匙、手机短信等辅助方式。对用户而言，这些方式环节较多，有时显得缺少个性化，效率也较低，营销效果往往较差。

（十）监管体系不同

从目前互联网金融或者金融互联网业务的机构来看，主要有三类：第一类是拥有正式牌照的金融机构，如传统的银行、保险公司等；第二类是拥有开展某些金融业务相关许可的非金融机构（一些"准金融机构"），如融资担保公司、典当行等；第三类是没有任何金融牌照或者正式许可证的互联网公司、创业公司等非金融机构。

相比较而言，金融互联网模式由于大多数情况下只是将线下业务移至线上，其监管基本上可以纳入现有的金融监管体系和法律法规框架内，由现在的"一行一局一会——中国人民银行、国家金融监督管理总局、中国证券监督管理委员会"来主导；而互联网金融则相对复杂，其创新性更突出，许多又是通过与金融机构合作、联盟等方式间接参与金融业务。互联网金融的跨业性、专业性都亟须一个统一的监管机构，但这一机构目前并不存在。而现行的监管体制并未明确互联网金融的监管主体，这就极易出现多头监管或者无人监管的问题。那么谁来监管？怎么监管？如何维持支持创新与规范发展之间的平衡？这是目前迫切需要解决的难题。

我们相信，随着互联网金融的发展，监管机构将会逐步建立并完善互联网金融监管体系，无论是互联网金融还是金融互联网模式，都需要更多的开放、包容以及支持。

技能训练

查阅相关资料，列举传统的金融机构，如银行、证券公司、期货公司等利用互联网进行的业务创新，并调查客户对这些新兴业务的反映。

第 2 节　理解互联网金融的影响

【导入案例】

银联与京东金融成功"联姻"

2018 年 1 月，中国银联与京东金融在北京签署战略合作协议，并宣布京东金融旗下支付公司正式成为中国银联收单成员机构。

据悉，此次合作，京东金融旗下支付公司网银在线将正式成为中国银联收单成员机构，可以开展银联卡线上线下收单业务。双方通过资源共享、优势互补，共同打造"金融+互联网"的开放生态，为用户带来更加便捷、安全、高效的金融科技服务。

中国银联总裁时文朝表示，中国银联致力于打造具有国际影响力的开放式综合支付服务平台，不断推进与产业各方的合作创新。营造更加开放、共赢的支付行业生态，为合作伙伴带来更多价值，为用户带来更加优质的消费支付体验。下一步，中国银联将与京东金融在支付创新、银行卡服务、大数据技术等领域展开全面深入的合作。

讨论：互联网金融的出现对传统金融将产生多方面的影响，冲击其市场地位，抢占市场份额，激化其内部管理矛盾等。那么互联网金融是"完美无缺"的吗？互联网金融最终会完全取代传统金融业务吗？

一、互联网金融对传统银行的影响和促进作用

互联网金融的发展在一定程度上冲击了传统银行的市场地位，影响了其收入来源。但不可否认，这也促使了传统银行业加快转变经营模式，打造以客户为中心，利用互联网技术发展线上业务的服务型银行，以此稳固其市场地位。下面我们从两个方面来介绍互联网金融对传统银行的影响。

传统金融 PK 互联网金融

（一）互联网金融对传统银行的影响

1. 商业银行金融中介角色弱化

互联网金融降低了客户在投融资过程中获取信息的成本和交易成本，分流了商业银行融资中介需求。在融资过程中，由于信息的不对称，资金供求双方无法及时有效地进行沟通，而作为经济生活中最主要的金融中介，商业银行一直汇集着金融市场上的资金供求信息。但随着互联网技术和相关软件的开发，交易双方打破了时间和空间上的限制，避开银行这个金融中介，直接进行交易。

互联网金融改变了支付渠道，严重冲击了商业银行支付中介的地位。商业银行作为支付中介，主要依赖于在债权债务的清偿活动中人们在空间上的分离和在时间上的不吻合。互联

网金融的发展，尤其是"支付宝"等第三方支付平台的出现，在相当程度上冲击了商业银行的支付中介地位。

2. 商业银行的收入来源受到冲击

商业银行的收入来源主要有两个方面：一是存贷款利差收入，也就是贷款的利息收入减去存款的利息支出；二是中间业务收入，如信用卡收费、贷款证券化、抵押贷款再融资服务收费等。

随着互联网金融模式——第三方支付交易规模的迅速扩张和"宝宝"军团的异军突起，越来越多的资金从银行分流。而现在流行的"余额宝""花呗""借呗""理财通"等网上金融业务，既不受时空限制，又能满足人们进行小额理财消费的需求。据统计，支付宝使用者每年存入支付宝里用于网络消费的额度已经超过了普通银行客户的短期存款额度，而余额宝的存储额度也向普通银行的短期定期存款额度发起攻击。2022年，天弘基金余额宝最新规模为7 808亿元，持有人户数7.4亿户。虽然占个人活期存款的比例不高，但对银行存款的分流作用不可小觑。

第三方支付服务内容的增加对商业银行中间业务的收入也产生了很大影响。中间业务是商业银行以中间人和代理人的身份替客户办理收付、咨询、代理、担保、租赁及其他委托事项，提供各类金融服务并收取一定费用的经营活动。在办理这类业务时，银行既不是债务人也不是债权人，而是处于受委托代理地位，以中间人身份进行各项业务活动。第三方支付企业参与互联网及移动电话支付、银行卡收单、预付卡发行与受理、货币汇兑等众多支付环节，银行的代理收付手续费收入受到挤压。

3. 商业银行的经营管理方式面临变革

互联网金融模式下，对传统银行经营管理方式的冲击主要集中体现在两个方面：一是挑战传统银行僵化而烦琐的内部流程；二是颠覆传统银行对物理网点的高度依赖。正是这种集约僵硬的管理体制和与之相匹配的管理方式阻碍着业务的发展，因此更为互联网金融所不允许。互联网金融的优势在于效率，其在办理过程中不需要跑网点，也没有复杂的审批流程。而传统金融效率不高的根本原因就是信息不对称，主要表现为对外产品服务信息的不对称和传统金融内部上下级之间的不对称。所以商业银行的经营管理方式需要快速变革。

（二）互联网金融对传统银行的促进作用

1. 推动传统银行加快转变经营管理模式

在互联网金融模式的推动下，传统银行加快转变服务意识的步伐，深度整合互联网技术与银行核心业务，拓展服务渠道；将客户细分，设计贴合客户需求的各类金融产品；打造以客户为中心的智慧银行。

除了借鉴互联网的经营方式之外，传统银行应在充分发挥自身优势的基础上进行经营方法改革。传统银行业具有资金实力雄厚、认知和诚信度高、基础设施完善、物理网点分布广泛等优势，有利于其快速建立统一快捷的支付结算平台，为客户节省时间，从而提高客户的黏性和忠诚度。在互联网金融模式下，商业银行可以与自身战略结合，利用专业金融人才以及业务优势，进行以顾客需求为主的经营模式，以吸引更多年轻的客户关注银行金融业务；逐渐缩小互联网金融业务与银行实体金融业务之间的差距，重点体现银行的稳定性和保密性，采用客户忠诚度管理经营方法，增强与已有客户间的业务往来，避免老客户流失；进行业务流程再造，通过线上线下渠道协同为客户提供完整交易流程和完美的交互体验，借助核心系统推进互联网金融产品的创新，顺应客户需求。充分体现业务支持和经营提升，强调无纸化、减少数据输入和傻瓜式操作，显著提高业务处理效率，控制人工成本和风险。

2. 促进传统银行建设电商平台

大数据引领时代的发展已经成为当今世界的共识，银行机构数百年的发展构建了庞大的客户群体和客户数据，如何有效利用数据信息资源，依托大数据充分发挥自身的优势，是未来银行在这场互联网之战中获得胜利的关键。通过有效整合自营网点、移动终端及各个业务子系统传来的海量数据，分析客户需求，实现精准营销、个性化服务，为银行做出科学决策提供强力支持。一是实现信息共享，通过个人金融、信贷、机构、投行等多部门信息整合，形成数据库，减少部门间信息不对称成本；二是通过对多维数据的分析、预测，找到目标客户，并整合客户信息，作为信用评估的依据。比如，中信银行使用大数据打造全流程网络。手机银行方面，丰富电子渠道应用场景，推出国债、大额存单、薪金煲等产品，电子渠道理财产品和基金分销占比明显提升。薪金煲推出仅一年时间，已经积累了120万客户，规模达335亿元，"理财夜市"基本都被秒杀。

互联网时代下，银行需要开辟金融产品的互联网销售渠道。从电子银行到当下的直销银行，再到未来银行。目前，很多银行都推出了带有第三代特征的网银，第三代网银非常关注客户行为、交易记录等大数据分析，进而进行精准定向营销。

银行现在做的 B2C 或 B2B 电子商务平台，不仅给客户提供线上交易服务，同时也延伸到了支付和融资服务，比如建行的善融商城，建行依托其"善融商务"电子商务平台，开设"e贷通"，利用其自身优势，通过在平台上积累的网络交易记录获得增信，并通过全流程不落地操作实现在线融资。另外，建行微信银行目前已经为客户提供了"微金融"等三大板块75项金融功能服务。此外，建行的网上商城"善融商务"还推出了个人小额信贷等服务。

3. 引领合作，搭建全方位金融服务平台

面对互联网金融的挑战，商业银行不会视而不见，但也不会畏惧互联网金融所带来的短暂冲击。银行机构拥有合法的金融牌照，受法律的监管和保护，有成熟严格的风险管理制度，尤其擅长流动性的管理，拥有大量客户的信任，同时，传统银行还具有非常完整的产品线，特别是资产业务，很多人最终还要依靠投资银行协议存款来获取收益。互联网企业的优势在于没有传统银行所受的监管限制，创新能力特别强，能够很好地把握投融资者的心理。所以，银行机构可以和互联网企业进行战略合作，搭建一站式服务平台。

中信银行打造全流程网络银行以来，伴随着跨境外汇支付业务的迅猛发展，该行已与27家支付机构合作，并与支付宝、钱包支付、银联电子等6家完成对接。在跨界合作方面，携手百度、腾讯、小米、顺丰等开展一系列互联网金融创新业务，实现"品牌共享、数据共享"。中国联通、东方航空与招商银行结成异业联盟，三家企业作为各行业内的佼佼者，均拥有庞大的客户群、丰富的产品线以及广泛的营销和服务渠道，所有通信业、航空业和银行业又是现代人们生活中离不开的行业。更为重要的一点是，无论通信、航空还是银行，在某种程度上都具有信息属性，对信息科技、数据管理等都具有很强的依赖性。因此，三方可以在高端客户联动拓展、产品服务创新、物理网点和电子渠道共享、增值服务延伸、数据挖掘与分析等方面实现优势互补与深入合作，为各方带来新的发展动力。

二、互联网金融对传统证券的影响和促进作用

（一）互联网金融对传统证券的影响

互联网金融成为受热捧的理财手段，挑战的不仅是银行存款，还包括证券市场。以大数据、社交网络、云计算、移动互联网为代表的新兴互联网技术已经或正在改变甚至颠覆金融等产业，证券行业作为金融产业的重要组成部分，因而其受到新兴技术的冲击较大，具体体现在两个方面：一是证券行业竞争格局发生变化，整个行业面临着洗牌和转型；二是传统的业务也将受到不同程度的影响。

1. 对证券行业竞争格局的影响

中国证券行业长期以来产品同质化严重、盈利模式比较单一。互联网技术的快速发展和渗入，促使中国证券行业的竞争日趋激烈，最终形成几家"大型综合＋众多小而美"券商的产业格局。这种格局的形成主要是基于以下两点：

（1）互联网技术打破了信息的不对称和物理地域限制，电子渠道和目标客户的全国化覆盖将迫使所有证券公司都站在同一层面竞争，产品和价格将更加透明，传统券商基于渠道覆盖和区域优势的竞争力将逐步衰弱，部分区域性券商将面临更大的挑战。

（2）以互联网技术为代表的科技进步推动了产业之间的融合发展，产品和服务相互交叉和渗透，"跨界"一词随处可见。随着国家政策的逐步放开，互联网企业凭借其强大的技术实力和庞大的用户群纷纷跨界进军金融行业，如京东商城推出的供应链金融，原本毫不相关的企业却成为强大的竞争对手，这无疑加剧了证券行业的竞争。

2. 对传统证券业务的影响

证券公司的业务主要分为四项：经纪业务、投资银行、资产管理、自营收入。一是经纪业务占较大比重，因此证券业务主要集中在经纪业务板块，网上经纪业务的发展兴起，能够降低物理网点①的扩张和成本压力，容易实现规模经济，但同时也使证券公司之间面临更为直接的竞争，如果还是提供单纯的通道业务，难免会陷入价格战，最终不利于证券公司的良性发展。二是资产管理大众市场恐将遗失。目前，券商资产管理主要面向高净值客户而无暇顾及理财需求同样旺盛的大众市场（额度偏小且数量极大）。互联网第三方理财平台能够凭借其亲民性、多样性、互动性迅速占领这一潜力巨大的市场。即使是高净值客户也面临三方理财机构的抢夺。三是投行业务也将受到深远影响。初期，新技术对于证券公司投行业务影响并不大，但随着证券公司新三板、中小企业私募债等新业务的推进，互联网技术的作用将会日益凸显（见图2–1）。

（二）互联网金融对传统证券业务的促进

1. 促进传统业务不断转型，建立健全电子服务平台

借助互联网的发展，各大证券公司纷纷将各自的传统业务放在互联网平台上运作，这种方式在为客户提供更为方便的证券业务服务的同时，也在一定程度上为证券公司减少了人

---

① 物理网点是指具有全功能银行系统网点号，并办理业务的网点。

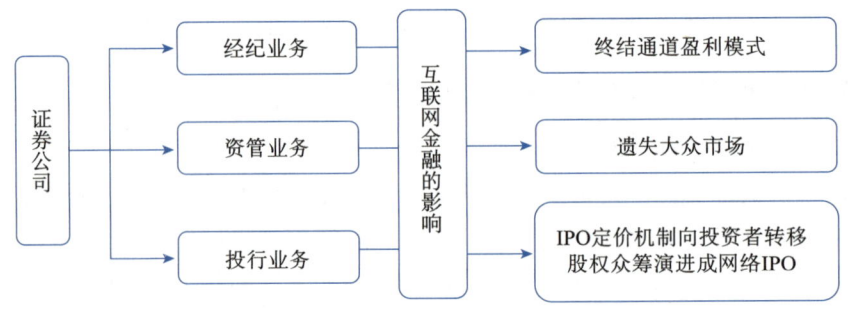

图 2-1　互联网金融对证券业务的冲击

力、物力的耗损,实现更为快捷的资金融通,加速了资本流动,加快了传统业务向第三方平台转型的步伐。

互联网金融与证券的融合并不单单指传统业务的互联网化,主要是依托于互联网技术不断创新的证券业务。利用互联网技术的特点开发新的证券业务,将成为证券公司立足于互联网金融浪潮中的一个重要支柱。例如,网上自助开户、网络证券融资、网络理财管理等都已成为证券公司借助互联网技术所创新的业务。

另外,各证券公司结合自身业务的特点,从客户需求出发,不断整合数据、产品、服务、账户、平台,相继建立了电商网站、官方微信、顾问式投资理财等多元化渠道,为客户提供更好的、全方位的线上线下金融服务。一方面,通过物理网点进行现场验证,有效弥补了线上服务的不足,并在一定程度上减少隐患和金融风险;另一方面,营造良好的线下服务环境,可以为客户提供更为专业化、精准化、综合化的资产配置服务。部分证券公司在传统营业网点的基础上,侧重打造 C 型营业部,加速实现由传统营业部模式向财务管理平台转型的目标。

C 型营业部

2. 推动证券机构业务流程再造,改进经营管理模式

券商参与互联网金融需要将互联网基因融入自身,全方位推动证券公司组织架构、管理模式、部门凝聚力和业务流程再造。一方面,券商传统的业务流程并不能及时响应客户需求并给予便捷的、一站式的综合理财服务,互联网却有创造良好客户体验的品质;另一方面,越来越多的创新业务涉及证券公司流程层面的所有部门,部门之间比以往更需要整体统筹、紧密协作。

券商巧借外力能更迅速地覆盖互联网金融版图。不同券商在资本实力、管理运营水平、战略规划券等方面相差甚远。因此,在选择实现互联网金融的路径上也会有较大差异,目前,券商"入网"的实现或可能路径主要有以下三种:一是强强联合。"众安在线财产保险公司"为券商发展互联网金融提供了一个很好的范本,即通过强强联合,在技术、管理、资本上给予联合体支持,从而在起步阶段就拥有更强的竞争力。二是"另起炉灶"。类似于苏宁电器发展线上商务平台苏宁易购,诸如国泰君安、华泰等券商选择成立网络金融部来应战互联网金融。这样既可以将互联网金融业务的风险限定在较小的范围内,又便于大胆创新、大胆试验。三是"另辟蹊径"。对于大多数中小券商而言,他们既不具备强强联合的实力,也缺乏另起炉灶所需的技术、资本支撑和业务整合上的比较优势。但是互联网给了他们更多的可能,在利基市场或大公司还来不及反应的地方,通过互联网占得一席之地。

3. 开启跨界经营模式

以传统的经纪业务为主的证券经营模式已被改变,新的经营模式主要是通过经纪业务吸引大量的客户,然后证券机构发挥其业务牌照完备、业务团队专业、业务能力强劲的特点,利用大数据进一步加强研究咨询的带动能力,将投行业务作为主打业务方向,兼顾自营投资业务的创新与补充。

【知识拓展】

中国互联网证券行业产业链图谱(见图 2-2)。

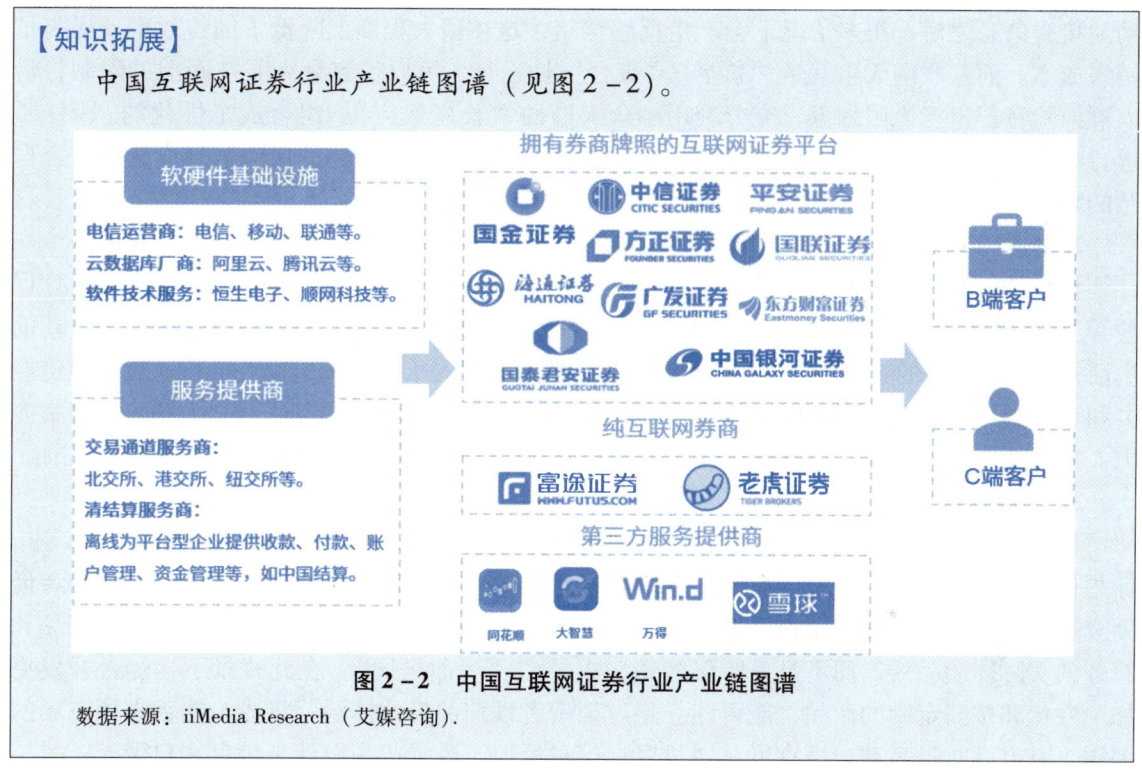

图 2-2　中国互联网证券行业产业链图谱

数据来源:iiMedia Research(艾媒咨询)。

三、互联网金融对传统保险的影响和促进作用

保险业本质上是一种防范风险的方式。这个行业的业务环节主要包含产品设计、承保、分销、理赔四大环节。四大环节紧紧相扣,共同决定了一家保险公司的竞争力和盈利能力,而在这四大环节中,我们可以看出互联网保险相对传统保险都具有很明显的优越性(见表 2-2)。

表 2-2　　　　　　　　　　　传统保险与互联网保险的对比

比较标的	产品设计	承保	分销体系	售后理赔
传统保险	保单品种单一、免赔门槛高	规模受限,只能利用有限的数据和历史数据回归分析	电话服务中心,代理人代理,人工成本高	现场理赔,效率低下
互联网保险	可以按需定制与使用,灵活高效	利用大数据和人工智能实现数据在线分析,减少成本	利用大数据和人工智能实时处理用户申请,按需推送配套保险方案,客户转化率高	直接通过客户端申请和查看理赔进程,快速高效

（一）互联网金融对保险行业的影响

1. 冲击保险行业销售渠道

保险销售过程是对具有同样风险特征用户的一种寻找过程，寻求方式的不同，派生出了营销、直销、代理销售等不同的销售渠道。而这些渠道需要依靠网点数量和人力规模进行一对一的销售。这种销售模式属于"填鸭式"地将保险有关的信息知识灌输给顾客，顾客被动地接受信息之后，很多情况下会产生反感情绪，这在很大程度上降低了销售效率、提高了销售成本。而互联网天生就是"传播""聚合"地途径，可以很容易克服空间上的限制，将人群风险特征进行无限细分，充分利用小众人群的"长尾效应"，组合成个性化的"团单"进行承保。在此背景下，人们通过互联网信息主动了解自己感兴趣的保险信息，选择适合自己的险种。

2. 扩展了保险市场边界

传统的保险主要针对客户传统生活方式所带来的风险进行保障，如财险、寿险、医疗保险等。而互联网保险将会从以下几个方面扩展保险业务范围：一是互联网带来新的经济、新的生活方式，其带来的新的风险将衍生出新的保障需求；二是大数据技术提升了行业风险定价能力和管理能力，进而将以前无法管理的风险纳入承保范围；三是利用互联网强大的客户聚集能力，将保险期间碎片化、保费碎片化，使以往不具有高额投保能力的客户纳入其业务范围。

3. 改变保险行业服务标准

传统保险行业以保险公司为主导，向市场提供保险服务。其市场销售规模、保费率等指标是传统保险行业的主要关注对象。互联网金融的普及已改变为用户主导的形势，消费者借助全新的信息环境，根据用户反馈、亲友推荐、专家点评，可以更为精确地预测目标产品和服务的实际体验品质，而不是只听保险销售人员的"一面之词"。在此背景下，能否开发更加个性化和按需定制的产品，能否建立超过消费者预期的极致体验，将成为能否占领市场的关键。一方面是提高客户满意度，通过客户信息反馈、改善产品设计来满足客户需求；另一方面是提高服务水平，随着服务对象的年轻化，保险公司需要不断开通多方面服务渠道为客户提供服务。例如，借助微信、微博平台提供信息查询、缴费提醒等服务。

（二）互联网金融对保险行业的促进作用

1. 依托大数据，细分客户市场

保险行业内部拥有大量具有价值的数据，因此，保险行业的大数据战略应该从整合自身数据开始，挖掘已有数据，对用户进行画像。保险公司内部的数据包含客户的个人属性和金融信息，这些数据可用来标签化，为用户画像提供支持。保险公司也可以从外部购买数据，结合内部数据，掌握客户多维度信息，丰富用户信息，形成360度用户画像。360度画像有助于保险公司从不同角度来了解客户，也有助于对客户进行分类管理，依据客户的特点进行精准营销和设计产品。

保险公司需要建立大数据管理平台（DMP），集中保险公司内部的数据和外部引入的数据。最主要的是DMP中的标签体系和数据，包括引入的外部数据都应该是动态的，及时进行更新，这样才可以保证数据的时效性。

【知识拓展】

　　保险是经营风险的学科，其关键要素在于精算，基于统计学的大数法则是精算理论的核心。传统精算理论中，精算师通过掌握与某项风险相关的数据，运用大数法则对数据进行建模与分析，寻找其中的规律，辅以假设，对未来的风险进行判断，进而设计相应的保险产品。

　　现如今，精算师可以运用大数据分析软件，对海量数据进行回归分析，精确地识别和确认个体对象的潜在风险，这种思维与传统精算思维存在着很大的不同。我们不认为传统精算理论将被大数据颠覆，但大数据的确可以帮助改造传统精算方法，产生一种将大数据方法融合在精算理论之中的保险精算方法。

（资料来源：波士顿咨询公司. 互联网＋时代，大数据改良与改革中国保险业.）

2. 打造移动 App 互联网保险平台，创新保险产品

未来的社会消费主体是"80后"和"90后"，保险产品的主要客户群也在转向年轻人。保险公司必须了解这些年轻人的特点，才能够设计出适合客户需要的产品，以便更好地为客户服务。

年轻人追求快捷舒适的消费方式，移动互联网时代到来之后，大部分消费场景正在移动化，人们的衣食住行以及文化娱乐消费都可以通过移动 App 来解决。特别是年轻人，他们消费场景移动化趋势更加明显。

保险公司应该关注消费场景移动化的趋势，将连接客户的方式从电话和线下转向移动互联网，利用移动 App 同客户进行连接，并依据客户需求设计产品。简单标准的保险产品迎合了年轻人的需要，有利于快速销售、形成规模，有利于保险公司延续此保险产品的生命周期，降低产品开发成本。

保险产品需要同生活场景相结合，满足客户对各种保险产品的需要。例如，在车险领域可以增加爆胎险、异物撞击险、自然灾害险、高温险、低温险等；在保障险领域可以增加更多的场景险，例如，交通堵塞险、延误险、高空坠物险、天气突变险、暴雨险等。

3. 促进保险运营流程的互联网革新

在保险产品销售环节上线完成以后，保险公司正致力于在透明化开发、自动投保、自助理赔等环节上的互联网技术改造，努力加大运行全流程改造。例如，光明人寿的"健康随心保"产品，该产品具备透明化、个性化、低保费、高保障及免责条款少等特点，将按照网络消费者的需求进行自行选择缴费期限、保障期限和保障额度等，在核保、承保、理赔等环节突出线上免体检、确诊即赔付、自由化和定制化的个性化服务。

总之，互联网金融影响着整个传统金融行业的同时，也促进了其快速适应现代社会的发展，从不同的角度满足人们的需求。因此，二者并不是对立的，面对互联网金融日新月异的变革与创新，互联网金融与传统金融需要发挥各自的优势、合作共赢，才能为金融行业的可持续发展注入活力和动力。

【知识拓展】

服务实体经济　助力高质量发展

发展是党执政兴国的第一要务。没有坚实的物质技术基础，就不可能全面建成社会主义现代化强国。习近平总书记在党的二十大报告中强调，"高质量发展是全面建设社会主义现代化国家的首要任务"。金融作为现代经济的核心，关系发展和安全，可以说，金融活经济活、金融稳经济稳。

随着科技的发展，金融科技发展浪潮势不可挡，对此，传统金融行业以巨大的勇气全面深化改革，打响改革攻坚战，推陈出新，以服务实体经济发展为己任，推动科技创新。国泰君安表示，在自身金融业务改革创新的道路上，将切实把思想和行动统一到党的二十大精神上来，坚守金融报国初心，勇担金融为民使命，牢牢坚持党对金融工作的坚强领导，坚持金融工作的政治性、人民性，坚持走中国特色的金融发展之路，守住不发生系统性金融风险的底线，积极当好社会财富"管理者"、普惠金融"践行者"、科技创新"推动者"、企业成长"陪伴者"、机构服务"领跑者"，精心构筑"综合服务平台、领先数字科技、稳健合规文化"核心能力三支柱，奋力打造"受人尊敬、全面领先、具有国际竞争力的现代投资银行"，努力在服务实体经济、满足人民财富管理需求、助力建设中国特色现代资本市场的征程中找准定位、走在前列，为推动经济社会高质量发展、全面建成社会主义现代化强国贡献金融力量。银行在融入数字经济过程中要注重发挥好三重作用：一是要发挥银行自身科技实力和服务场景丰富多元的优势，加快全领域、全条线的数字化转型，进而连接和融入产业生态，发挥引领示范作用，加快实现产业数字化；二是要发挥国家科技自主的"试验田"作用，与数字产业企业进行关键技术联合攻关和试点创新应用，促进相关技术的成熟和大规模的使用；三是要发挥金融的资金融通作用，有力支持实体经济发展，为科创企业提供金融力量，支持数字产业化发展，为国家经济的高质量发展贡献力量。

技能训练

选择一家你熟悉的银行网站或保险机构网站，查看其业务类型，了解其互联网金融产品和服务，金融消费者类群及销售模式，并从消费者的角度谈谈你对互联网金融产品的需求类型。

知识小结

金融互联网，简单来说，就是传统金融业务利用现代网络技术，将其产品和业务移至线上进行。金融互联网是传统的金融机构对互联网技术的应用，是对一些金融业务的电子化，而金融机构在其中扮演的中介角色并没有改变。实际上，是否具备互联网精神，能否打破现有的空间及时间的界限，形成无中介化的融资模式，以客户需求为导向，注重客户体验等要素，是互联网金融与金融互联网的本质区别。二者在发展理念及思维方式、管理方式、受众、定价策略、信息差异化、新技术的运用及安全性与监管体系等方面存在着很大差异。

互联网金融的快速发展，对于传统银行、证券、保险等来说，就像一把双刃剑，既有消极作用又有积极的推动作用。一方面，冲击了传统金融行业的市场地位，抢占了其市场份额，降低了其营业收入，增加了其变革成本；另一方面，从长远来看，互联网金融推动了传统金融互联网化的步伐，对原有流程的再造及业务产品的创新提高了行业标准。

知识拓展训练

一、单项选择题

1. 下列（　　）选项不是互联网金融创新管理模式的特点。
   A. 社区制　　　　　　　　　　B. 引导创新
   C. 注重长远利益　　　　　　　D. 稳定的组织架构

2. 互联网金融与金融互联网二者本质的区别体现在（　　）。
   A. 对互联网技术的运用　　　　B. 产品服务的创新
   C. 是否具备互联网精神　　　　D. 对信息的处理整合

3. 下列（　　）项属于创新型的支付方式。
   A. 动态口令　　　　　　　　　B. 电子钥匙
   C. 手机短信　　　　　　　　　D. 支付宝

4. 互联网金融对传统银行的促进作用有（　　）。
   A. 提高其收入规模　　　　　　B. 提高管理效率，降低成本
   C. 促进技术创新　　　　　　　D. 降低服务标准

5. 相对于互联网金融而言，互联网金融客户的交易具备的特点有（　　）。
   A. 单笔交易金额大，交易频率低
   B. 单笔交易金额小，交易频率高
   C. 单笔交易金额大，交易频率高
   D. 单笔交易金额小，交易频率低

6. 商业银行的主要收入来源不包括（　　）。
   A. 信用卡收费　　　　　　　　B. 同业拆借
   C. 存贷利差　　　　　　　　　D. 中间业务收入

7. 互联网金融对证券公司经纪业务的影响是（　　）。
   A. 终结通道盈利模式　　　　　B. 遗失大众市场
   C. 股权众筹演进成网络IPO　　 D. 降低研究投入

8. "善融商务"是（　　）推出的网上金融商城。
   A. 建设银行　　　　　　　　　B. 交通银行
   C. 中国银行　　　　　　　　　D. 民生银行

9. 保险公司建立的大数据平台（DMP）的数据来源于（　　）。
   A. 保险公司内部　　　　　　　B. 保险公司外部

C. 原有数据　　　　　　　　　　D. 保险公司内部和外部

10. 光明人寿推出的"健康随心保"产品具有的特点是（　　）。
A. 透明化、个性化、高保费、高保障等
B. 透明化、个性化、固定期限等
C. 透明化、个性化、低保费、缴费期限灵活等
D. 透明化、个性化、保费固定、高保障等

二、判断题

1. 互联网金融和金融互联网是完全孤立的。　　　　　　　　　　　　　　（　　）
2. 金融互联网是在固有风险的前提下，提高了效率、降低了成本。　　　　（　　）
3. 互联网金融可以完全解决信息不对称问题。　　　　　　　　　　　　　（　　）
4. 传统金融的信息不对称，主要表现为对外产品服务信息的不对称和传统金融内部上下级之间的不对称。　　　　　　　　　　　　　　　　　　　　　　　　　　（　　）
5. 证券公司的业务主要分为三项：经纪业务、投资银行、资产管理。　　　（　　）
6. 商业银行在金融市场中起着金融中介的作用。　　　　　　　　　　　　（　　）
7. 金融互联网模式由于大多数情况下只是将线下业务移至线上，其主要监管机构为"一行一局一会"——中国人民银行、国家金融监督管理总局、中国证券监督管理委员会。
　　　　　　　　　　　　　　　　　　　　　　　　　　　　　　　　　　（　　）
8. "众安在线财产保险公司"属于券商"入网"的"另起炉灶"类型。　　（　　）
9. 中国证券行业长期以来的特点是产品同质化严重、盈利模式比较单一。　（　　）
10. 传统保险行业是以用户为主导的，因此，应该变为以公司为主导。　　　（　　）

三、简答题

1. 互联网金融与金融互联网两种金融模式的差异主要表现在哪几个方面？
2. 简述互联网金融对传统银行的影响。
3. 简述互联网金融对传统证券业务的影响。
4. 简述券商"入网"的现实或可能路径。
5. 简述互联网金融对保险行业的促进作用。

四、案例分析

在应对气候变化、绿色环保和可持续发展的背景下，创新绿色发展成为未来保险发展的关键。"新型绿色保险"逐步走入公众视野，包括与应对环境污染和气候变化、支持绿色低碳发展、促进生态文明建设相关的保险产品服务。农业生产对自然灾害最为敏感，离不开绿色农业保险的支持和保护。作为分散农业生产经营风险的重要金融手段，农业保险为农民灾后恢复生产和灾区重建提供有效保障。随着互联网和大数据等信息科技的不断发展，农业与科技进一步深度融合，农业保险也逐步实现从传统农险向绿色数字农险的跨越式发展。

中国太平洋财产保险股份有限公司（简称"太保产险"）打造的科技服务农险品牌——"e农险FAST"，用"互联网+"全新的农险运营管理体系开启了太保产险现代化运作和管理的农业保险服务时代。运用互联网技术实现承保、理赔信息一键发布，提供气象预警和气

象证明敏捷服务，可以将作物长势标的风险进行全过程监测。通过分级遥感估损，业务大数据分析等技术，使农业保险更符合个性需求。

在绿色农险创新发展生态化、场景化、个性化的趋势下，"e 农险 FAST"通过信息技术、互联网、云计算以及大数据等数字化结合，为绿色农业保险数字化创新中"实时感知响应"和"智能分析"提供了全新解决方案。

宁波慈溪市是著名杨梅之乡，若采摘期遭遇持续降雨会造成杨梅产量和品质下降，给农户带来较大经济损失。太保依托 e 农险数字运营平台，配套铺设雨量采集器物联网设备，针对宁波杨梅项目研发了气象指数保险自动理赔模式。大部分梅农在保险期间结束后第一天就获得赔款，集体投保梅农在赔款金额公示后获得赔款，理赔工作在保期结束后一周左右全面完成。气象指数保险自动理赔在慈溪市杨梅保险上的成功应用得到了当地政府和投保农户的广泛好评，获得中央电视台的新闻报道。

（资料来源：中国普惠金融研究院，2021 年 9 月 24 日.）

问：具体分析互联网金融对传统保险有怎样的促进作用。

【扩展阅读指南】

电子书《金融服务新模式》 作者：姚文平	纪录片《互联网金融观察》

模块 2
互联网金融的模式

第 3 章 认知第三方支付

【知识脉络图】

```
            ┌ 了解第三方支付 ┬ 第三方支付的定义
            │                ├ 第三方支付的发展历程
认知         │                └ 第三方支付的特点和分类
第三方    ──┼ 熟悉第三方支付的运 ┬ 第三方支付的运营模式
支付         │ 营模式和盈利模式   └ 第三方支付的盈利模式
            └ 掌握第三方支付的风 ┬ 第三方支付的主要风险
              险和防范           └ 第三方支付风险的防范
```

【学习目标】

1. 知识目标

（1）了解第三方支付的定义和发展历程。

（2）理解第三方支付的基本原理和分类。

（3）掌握第三方支付的运营模式和盈利模式。

（4）掌握第三方支付的风险和防范。

2. 能力目标

（1）能够熟练使用支付宝、微信支付、快钱等主要第三方支付工具。

（2）能够识别主要第三方支付机构的运营模式和盈利模式。

第 1 节　了解第三方支付

【导入案例】

支付生活——支付宝

我们常说：在这个时代，手机改变了生活、支付宝改变了支付方式，一切都变得和从前不太一样了。作为国内领先的第三方支付平台，支付宝从 2004 年建立，历经 10 多年发展，现已成长为拥有 12 亿+C 端用户、4 000 万+B 端商户的平台型支付机构。主要提供支付及理财服务，包括网购担保交易、网络支付、转账、信用卡还款、手机充值、水电煤缴费、个人理财等多个领域，在进入移动支付领域后，为零售百货、电影院线、连锁超市和出租车等多个行业提供服务。支付宝与国内外 180 多家银行以及 VISA、Master Card 国际组织等机构建立战略合作关系，成为金融机构在电子支付领域最为信任的合作伙伴。

从 Slogan 看支付宝战略演进：从支付到综合金融，再到本地生活。2004 年成立至今，支付宝先后使用了四项宣传标语，背后体现了支付宝战略重心的演进：①"因为信任，所以简单"，2004—2011 年，以"信任"为突破，布局电商支付；②"支付宝，知托付"，2011—2017 年，围绕"托付"进行综合金融业务布局和展业；③"支付就用支付宝"，2017—2020 年，重新夯实支付领域的市场份额；④"生活好，支付宝"，2020 年至今，全力打造"数字生活开放平台"。

（资料来源：中信证券，2020 年 8 月 14 日。）

讨论：以支付宝为代表的我国第三方支付机构把我们带进了非现金支付的新时代，改变了人们原有的消费观念和商业模式，甚至对传统银行业的业务发展也带来了冲击。那到底什么是第三方支付？

一、第三方支付的定义

第三方支付（Third-Party Payment）狭义上是指具备一定实力和信誉保障的独立机构，借助通信、计算机和信息安全技术，采用与各大银行签约的方式，在用户与银行支付结算系统间建立连接的电子支付模式。

根据央行 2010 年在《非金融机构支付服务管理办法》中给出的非金融机构支付服务的定义，从广义上讲，第三方支付是指非金融机构在收付款人之间作为收、付款人的中介提供的网络支付、预付卡的发行与受理、银行卡收单以及中国人民银行确定的其他支付服务。第三方支付已不仅仅局限于最初的互联网支付，

走进第三方支付

第3章 认知第三方支付

而是成为线上线下全面覆盖、应用场景更为丰富的综合支付工具。

在"第三方支付"模式中，网络买家选购商品后，使用第三方平台提供的账户进行货款支付，并由第三方通知卖家货款到账、要求发货；买方收到货物，并检验商品进行确认后，就可以通知第三方付款给卖家，第三方再将款项转至卖家账户上。第三方担当中介保管及监督的职能，并不承担什么风险，所以确切地说，这是一种支付托管行为，通过支付托管实现支付保证。

二、第三方支付的发展历程

（一）第三方支付产生的原因

第三方支付市场的产生来源于多方面的推动力，我们借鉴 PEST 分析模型来分析第三方支付产生的背景因素，如图 3-1 所示。其中，P 是指政治（Political），E 是指经济（Economic），S 是指社会（Social），T 是指技术（Technological）。

- 央行监管更加谨慎：第三方支付企业续牌第一批延期，监管层明确一段时间内不发放新牌照，部分区域代理企业获牌无望
- 行业政策频出：2013年监管建立了备付金存管基本框架，2016—2018年明确规定了四方清算模式、清算组织分润以及备付金100%缴存等政策，2016年10月开始"断直连"，2017年成立网联。

- 迎合同步交换的市场需求：第三方支付提供资金支付"中间平台"，通过支付托管实现支付保证
- 电子商务的持续发展：O2O行业的兴起使商业闭环的支付产业再次迎来发展契机
- 第三方支付巨头对出行、旅游、餐饮等场景的拓展深刻地教育了用户。用第三方支付抢红包、转账成为用户日常行为。理财、基金等业务的爆发标志着其向综合性平台转化

- 网络支付用户高速增长：截至2023年6月，我国网民规模达10.79亿人，互联网普及率达76.4%。同期，我国网络支付用户规模达9.43亿人，占网民整体的87.5%。
- 银行卡受理终端数量有所下降：截至2022年末，银联跨行支付系统联网特约商户、联网POS机具、ATM机具较上年末分别减少75.43万户、337.54万台、5.19万台。全国每万人拥有联网POS机具251.89台，同比下降8.61%；每万人拥有ATM机具6.35台，同比下降5.42%。

- 安全性提升：随着大数据和云计算兴起，第三方支付机构能够及时判定用户的支付行为是否存在风险，硬件锁、支付密码验证、终端异常判断、交易异常实时监控、交易紧急冻结等整体安全机制对用户全方位保护
- 移动支付技术发展迅速：4G 网络普及，二维码技术、指纹技术、声波技术、VR 技术等多样支付技术的便捷性和安全性均大大提高

图 3-1 PEST 分析第三方支付产生的原因

（二）第三方支付在我国的发展

（1）网关支付阶段（1999—2003 年），其代表性事件是：1999 年，易趣网、当当网相继成立，为了适应网上支付的需求，国内首家第三方支付公司——首信易支付成立，但它实现的仅仅是指令传递功能，把用户的支付需求告知银行，转接到银行的网上支付页面，相当于商户到银行的通道，资金的搬运工。2002 年银联成立，解决了多银行接口承接问题，第三方支付开启支付网关模式。

（2）信用中介阶段（2003—2007 年），其代表性事件是：2003 年 10 月，淘宝设立支付宝业务部，开始推行"担保交易"。2004 年 12 月，支付宝正式独立上线运营。2005 年，腾

讯成立支付公司"财付通"。随后，全球最大的支付公司 PayPal 高调进入中国。此时，第三方支付模式已不仅仅是扮演"通道"角色的支付网关模式，而是进化为交易双方提供资金保管的支付账户模式。在该模式下，第三方支付机构开始提供除支付服务以外的其他增值服务，如缴费、还款、转账、授信等。

（3）行业支付阶段（2008—2009 年），其代表性事件是：第三方支付机构开拓发展领域，一举踊跃发展到航空业、保险业行列中，逐步渗透到传统行业，以拓展其支付结算市场。2009 年，中国互联网支付市场规模达到 5 766 亿元，各类规模的企业也有 300 多家。但此时，整个支付行业的监管尚处于空白，信用卡非法套现、挪用沉淀资金等现象严重扰乱了市场秩序。

（4）规范与监管阶段（2010 年至今），其代表事件是：2010 年 6 月央行出台《非金融支付机构管理办法》，第三方支付机构成为"正规军"。2024 年 5 月即将实施《非银行支付机构监督管理条例》该条例将非银支付机构的监管层级提高到行政法规级别。2011 年到 2014 年的 4 年间，央行累计发出 282 张支付业务许可证，但发放数量逐年递减。从 2015 年开始，第三方支付牌照政策收紧，特别是在部分 P2P 平台风险事件爆发后，第三方支付牌照发放"关闸"。

（三）第三方支付在我国的发展现状

2015—2022 年，我国第三方支付综合支付市场交易规模逐年增长。不过从整体来看，近年来市场规模增速在逐渐放缓，主要是因为近年来监管政策趋严，监管下第三方支付无法进行大笔金额交易，影响了整体第三方支付行业的发展，如图 3-2 所示。

图 3-2 2015—2022 年中国第三方支付业务交易金额统计

资料来源：移动支付网 观知海内咨询整理（观知海内信息网）．

竞争格局基本形成。目前，我国支付行业的竞争格局可以概括为"2+1+N"模式：两大巨头微信和支付宝处理了近 60% 的交易；银联提供了关键的清算和结算服务；几家获得第三方支付许可的公司争夺市场份额，他们扩张的关键因素在于产品质量，因为监管正在变得更为严格。

三、第三方支付的特点和分类

（一）第三方支付的特点

1. 方便快捷

第三方支付平台提供一系列的应用接口程序，将多种银行卡支付方式整合到一个界面上，负责交易结算中与银行的对接，使网上购物更加快捷、便利。从商家的角度看，它们可以避免安装各个银行的认证软件，从一定程度上简化操作，尤其为无法与银行网关建立接口的中小企业提供了便捷的支付平台。

第三方支付 vs 传统支付

2. 降低成本

第三方电子支付平台作为中介方，可以促成商家和银行的合作。对商家而言，第三方电子支付平台可以降低企业运营成本，满足企业专注发展在线业务的收付要求；对银行而言，它们可以直接利用第三方的服务系统提供的服务，节省了为大量中小企业提供网关接口的开发和维护费用；对支付中介而言，大量的小额电子交易集中形成规模效应，降低了支付成本。

3. 整合信息

通过第三方电子支付平台，商家就能完成网上交易信息的实时查询和系统分析，还可使用及时退款和终止支付服务，便于客户查询交易动态信息、物流状态、交易处理状态等，详细的交易记录信息可防止买卖双方在交易中的抵赖行为，也为售后可能出现的纠纷提供了相应的证据，维护交易各方的权益。

4. 交易安全

一方面，第三方电子支付平台可以提供资金和货物的风险防范机制，确保交易双方的利益。另一方面，第三方电子支付平台借助一系列安全技术（数字证书、数字签名）与银行的网关相连接，实现互联网上银行系统之间数据的加密传输，以确保客户账户安全。信用卡信息或账户信息仅需要告知支付中介，而无须告知收款人，大大减少了信用卡信息和账户信息失密的风险。

数字证书

（二）第三方支付的分类

1. 按支付功能分类

按照第三方支付的功能，可以将第三方支付分成两类：一类是传统的第三方支付，仅有支付的功能，比如，银联电子支付、NPS（Network Payment System）网上支付等；另一类是第三方支付除了支付功能，还具有电子钱包、电子现金存取、消费账单管理等相关应用，比如支付宝等。这两种支付方式最终都必须通过银行的在线系统来完成。

2. 按独立性分类

按照第三方支付系统的独立性，可以将第三方支付分成两类：一类是独立第三方支付，这种方式不直接参与产品或服务的交易，仅作为第三方进行监管并维护买卖双方的利益，如银联电子支付、易宝支付等；另一类是非独立性的第三方支付，这种方式依托电子商务平台，例如，支付宝和淘宝，以及腾讯公司的财付通等，这类第三方支付平台只是作为一种附属品存在于其门户网站下。

■ 技能训练 ■

请你登录中国人民银行网站，查询获得支付牌照的第三方机构有哪些。

第2节　熟悉第三方支付的运营模式和盈利模式

【导入案例】

另辟蹊径——快钱

除了支付宝和财付通外，快钱的市场份额同样惹人瞩目。因为没有支付宝占据网络购物市场的先天优势，快钱另辟蹊径，将自身定义为独立第三方电子支付平台。与非独立第三方支付平台支付宝有所不同，快钱是一个完全中立的支付平台，本身并不售卖商品，因而不会与电商平台上的合作商户发生利益冲突。

目前来看，快钱主要应用到航空、保险、教育、物流、金融软件等十几个行业。电子商务企业在接入快钱支付网关后，可以分享快钱庞大的注册用户群，同时，快钱提供的营销工具和方案，以及多种支付方式可为商户带来更多的潜在消费者和交易量。

以航空业为例，不同的代理商和不同的航空公司之间签有复杂的佣金协议，结算起来非常复杂。而快钱就可以让不同渠道的支付问题都可以通过这个平台解决，提高了航空公司和代理商的资金周转效率。除此之外，快钱还帮助代理商垫付全部机票款给航空公司，在双方约定的账单期结束后，由代理商将款项结算给快钱。在这一过程中，快钱通过银行授信的方式解决了账期问题，从而帮助代理商缓解了资金流可能出现的危机。由于提供了和支付宝完全不同的服务和支付方式，快钱在盈利模式上与支付宝的"完全免费"有所区别，向客户收取一定的佣金费用。据内部人士透露，快钱在这方面的主要盈利计算方式是，收进来的客户交易款提成减去银行交易费用，目前快钱向企业用户收取的交易费用通常为千分之几。

讨论：进入一个新的行业，除了重视其发展前景以外，我们还要了解这个行业的运营模式和盈利模式。那么，第三方支付企业是如何运营并获利使企业发展壮大的？

一、第三方支付的运营模式

支付虽然是伴随交易出现的附随服务，但却是一个复杂到足以衍生出一个产业的环节。现在，交易者可以在网上银行付款、信用卡支付、移动支付、POS机刷卡及现金支付等多种支付方式中做出选择，而这一选择背后却牵扯国内几十家银行、几十亿张银行卡。第三方支付平台运用先进的信息技术，分别与银行和用户对接，将原来复杂的资金转移过程简单化、安全化，提高了企业的资金使用效率。如今的第三方支付已不仅仅局限于最初的互联网支付，而是成为线上线下全面覆盖、应用场景更为丰富的综合支付工具。

第三方支付

从第三方发展路径与用户积累途径来看，第三方支付公司的运营模式可以分为两类：一类是独立第三方支付模式；另一类是依托于自有B2C、C2C电子商务网站，提供担保功能的第三方支付模式。两种模式的主要区别是：第一类主要对接企业客户端，通过服务企业客户间接覆盖客户的用户群；第二类则主要对接个人客户端，利用用户资源的优势渗入行业之中。

（一）独立第三方支付模式

独立第三方支付模式是指第三方支付平台完全独立于电子商务网站，由第三方投资机构为网上签约商户提供围绕订单和支付等多种增值服务的共享平台。这类平台仅仅提供支付产品和支付系统解决方案，不负有担保功能。平台前端联系着各种支付方法供网上商户和消费者选择，同时平台后端连着众多的银行。由平台负责与各银行之间的账务清算，同时提供商户的订单管理及账户查询等功能。

PayPal

独立第三方支付企业最初凭借支付网关模式立足。在支付网关模式中，支付平台是银行金融网络系统和Internet网络之间的接口，为需要的商家提供网上支付通道，但不接触商家，这种模式起源于全球最大的支付公司PayPal。支付网关模式所提供的服务相似度极高，只要攻破技术门槛模式就很容易被复制，行业同质化竞争相当严重。第三方支付要树立起竞争壁垒，领先于行业，需要依靠"增值服务"为用户提供信用中介、商户CRM（客户关系管理）、营销推广等服务。这种增值服务的基础是用户信息，于是可以获得用户注册与登录信息的支付账户模式应运而生。这种模式国内以银联、快钱、易宝支付、汇付天下、拉卡拉、首信易支付等为典型代表。

此机构的特点：首先，一般都具有深厚的政府或者行业背景，有独立的网关；其次，客户群体是面向C2C、B2B以及B2C市场，主要客户是政企单位或者中小型企业，通过企业间接吸引消费者。独立第三方支付企业与依托电商网站的支付宝相比更为灵活，能够积极地响应不同企业、不同行业的个性化要求，面向大客户推出个性化的定制支付方案，从而方便行业上下游的资金周转，也使其客户能够便捷付款。独立第三方支付平台的线上业务规模远比不上支付宝和财付通，但其线下业务规模不容小觑。

例如，首信易支付建立了国内外近千家企事业单位、政府机关、社会团体的庞大客户群，业务领域涉及图书音像、鲜花礼品、门户搜索、教育考试等。同时保留了商户和消费者所有的有效交易信息，最大限度地避免了拒付和欺诈行为的发生。目前，首信易支付已经承担起部分政府机构与客户之间的桥梁，逐步渗透到教育考试、政府服务、社区管理等公共事业领域，是少数持续盈利的第三方平台之一。

> 【知识拓展】
>
> **易宝支付助力行政教育**
>
> 近年来，我国教育产业正迈入"黄金时代"，无论从整体行业规模还是市场活跃度来看，皆处于扩张阶段。据不完全统计，我国教育培训行业有80%的课程支付方式为线下刷卡及现金，虽然避免了面对面现金交易的种种弊端和隐患，但仍解决不了汇单频繁、核对麻烦、POS刷卡排队时间长且需要固定场所支持、资金不足、扣款失败等问题。
>
> 看到了行政教育领域的市场需求，易宝特别在商户中引入"易宝收银台"产品，这是集PC网银支付、一键支付、扫码支付三个子功能于一身的创新电子支付产品。用户在填写个人信息，点击缴费之后，除传统支付方式外，易宝支付还会自动生成二维码，这便是"易宝收银台"的创新功能，用户扫码后就能够在手机上进行微信支付或支付宝支付，这是一种简单安全的接入，它既能丰富用户的选择，也能保证用户支付的方便快捷性。
>
> 易宝支付的线下POS系统分为金融和订单两种类型。酒店、餐饮用POS刷卡的时候，商户不需要系统性或长久保留刷卡人的信息，而订单POS系统是和商户系统直接对接，对每一笔交易都会实时录入订单系统，以便于教育机构实时了解每个学员的缴费情况。
>
> 此外，易宝在提升交易便捷性的同时，始终将交易安全性放在首位。易宝使用的"7×24小时"的客服措施，能够实时监控账户异动信息，实施产品运营监控。同时，易宝支付的系统具备自动补单功能，按照规则时间段与银行自动扫描，将遗漏订单自动读取，并自动补单。同时，如遇有紧急或特殊情况，易宝客服专员将进行手动补单，从而真正实现"0"掉单。

（二）有交易平台的担保支付模式

有交易平台的担保支付模式是指由第三方支付平台捆绑着大型电子商务网站，并同各大银行建立合作关系，凭借其公司的实力和信誉充当买卖双方的支付和信用中介，在商家与客户间搭建安全、便捷、低成本的资金划拨通道。

在担保支付模式中，虚拟账户是核心。因为此类第三方支付平台需要暂时保存买卖双方的交易资金，而交易双方的交易资金记录是通过第三方支付的虚拟账号来实现的。第三方支付平台的每个用户都有一个虚拟账户，记录自己的资金余额，其实背后对应的是该第三方支付平台的银行账户。当达成付款的意向后，由买方将款项划至其在第三方支付平台的虚拟账户中，其实是将自己在银行的资金转到第三方支付平台在同一银行的账户，从而形成自己在虚拟账户中的资金。此时，卖家并不能拿到这笔钱，只有等买家收到所购买的商品或者服务，确认无误后，买方再次向第三方支付平台发出支付指令。第三方支付平台扣减买方虚拟账户资金，增加卖方的虚拟账户资金。最后，第三方支付平台将自己在银行账户中的资金向商户的银行账户划转以后，卖家才可以从账户中拿到这笔钱。这种模式实质上是第三方平台作为买卖双方的信用中介，以淘宝网的"支付宝"、腾讯的"财付通"为代表。

此类机构的特点：拥有自身的客户资源，扮演担保中介角色，依据交易双方的交易记录建立交易主体的信誉档案,具有较高的可靠性;客户群体是面向 B2C、C2C 市场,向中小企业或者个人客户提供在线支付服务。

网络购物的支付问题一直使买卖双方缺乏信任感,这就需要中立于买卖双方、既有技术实力又有担保信用的第三方来搭建这个桥梁,支付宝和财付通便在这种需求下应运而生,它们都是通过各自母公司的电商业务孕育而出的,本是作为自有支付工具出现。担保支付模式极大地促进了它们依附的电商网站的交易量,电商网站上的消费者也成为支付平台的使用者。担保交易模式所打造的信任环境为其带来了庞大的用户群,这些海量的用户资源为这类第三方支付平台创造了强大的优势地位,这是如快钱这类独立第三方支付平台难以企及的。

二、第三方支付的盈利模式

在央行的《非金融机构支付管理办法》(以下简称《管理办法》)中,规定了三类第三方支付牌照,分别是:①网络支付;②预付卡的发行与受理;③银行卡收单。该《管理办法》不仅对第三方支付牌照种类进行界定,也为第三方支付企业指明三种主要的盈利模式:①网络支付业务不仅可以赚取交易佣金,还可以获取用户的支付数据,分析用户的消费行为,进而以此为切入点开展互联网金融产业链各环节的衍生业务;②持卡人通过 POS 机进行交易,收单业务的参与方可以通过收取手续费方式盈利;③预付卡业务可以赚取沉淀资金的利息,以及将死卡剩余资金化为己有的特别收入。但这部分收入来源随着监管的规范慢慢减少。

探究第三方支付盈利模式

1. 网络支付业务的盈利模式

网络支付是指依托公共网络或专用网络在收付款人之间转移货币资金的行为,包括货币汇兑、互联网支付、移动电话支付、固定电话支付、数字电视支付等。网络支付牌照经营范围为通过互联网在收付款人之间转移资金。

网络支付盈利主要来自支付手续费,即第三方支付向用户收取手续费与向银行支付的手续费之差。无论是线上的支付宝还是线下的拉卡拉,手续费都是传统的盈利模式之一。其中针对个人的主要有转账(至银行卡)、提现、缴费、短信安全提示以及外币支付等。例如,微信自 2016 年 3 月 1 日起,开始收取提现手续费,每位用户享有 1 000 元免费提现额度,超出按提取现金收取 0.1% 的手续费,每笔最少收取 0.1 元。

2. 银行卡收单业务的盈利模式

银行卡收单是指通过销售点终端等为银行卡特约商户代收货币资金的行为,本质上是一种资金结算服务。收单机构分为两类:一类是金融机构;另一类是拥有银行卡收单业务牌照的非金融机构,例如,银联商务、拉卡拉等。

按照《管理办法》中的规定,收单牌照经营范围为销售点(Point of Sale,POS)终端收单业务,即通过 POS 机的刷卡服务。收单服务中的参与方,分别是发卡行、收单机构、银行卡组织。收单业务的商业模式为当持卡人通过 POS 机进行一笔交易,收单业务的参与方收取一定的手续费。收单的手续费在 0.38%~1.25%;发卡行、收单机构和银行卡组织参与分成,分成比例为 7∶2∶1。例如,持卡人消费 1 万余元人民币,手续费为 1%,则上述参与方收入合计为 100 元,其中发卡行收入为 70 元,收单机构收入为 20 元,银行卡组织收入为 10 元。值得注意的是,收单机构不一定是第三方支付公司,也可以是银行本身。银行自营的 POS 机占到整个 POS 机市场 40% 的份额,但是不属于第三方支付范畴。另外,银联商务也是收单牌照的持有者。除了收取交易佣金以外,收单机构由于积累了大量商户资源,因此通常会自然延伸经营一些与支付相关的增值业务。

【知识拓展】

便民刷卡支付——拉卡拉

同为第三方支付,拉卡拉靠传统的刷卡终端设备达成网络支付,成为很多第三方支付公司的合作者,而非竞争者。

拉卡拉的经营模式可以简单概括为"网上购物、刷卡支付",其核心功能是让那些只有最平常的银行卡的用户也可以"接入"网络交易支付平台,或是公用事业、移动公司、电子游戏公司等已经广泛实施电子支付的领域,而不必一一开通,学习那些第三方支付工具。

拉卡拉商业模式的最初灵感之一是一直困扰消费者的银行排队问题,由此激发的信用卡还款服务帮助拉卡拉引爆了市场。由于信用卡无法跨行还款,许多消费者往往奔走于两个不同的商业银行,或者为ATM机存取款付出高额的手续费。实际上,从支付的技术角度而言,信用卡的跨行转账还款由于只是电子账户的信息转移,完全可以在一台终端设备上实现。拉卡拉以第三方的身份介入其中,与各个商业银行达成协议,可以弥补市场的裂缝。

目前,在任何一个拉卡拉便利支付点,利用拉卡拉的智能刷卡终端,用户可以使用带有银联标志的借记卡为指定信用卡进行还款,支持所有银行的借记卡及拉卡拉签约服务银行的信用卡。通过密集的渠道终端,还款方式是消费者所熟知的,只需要刷一下信用卡再刷一下借记卡,即可完成,并且免收手续费。拉卡拉的支付流程见图3-3。

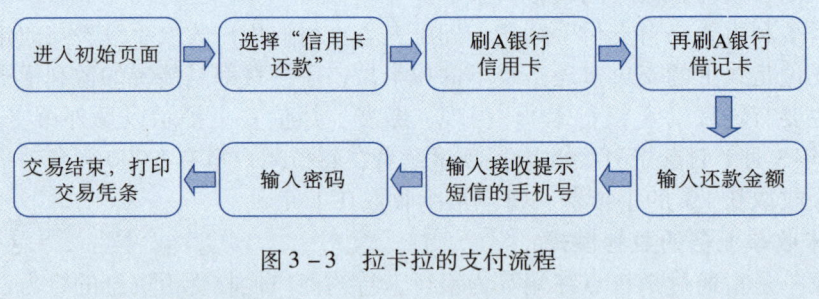

图3-3 拉卡拉的支付流程

3. 预付卡发行与受理的盈利模式

预付卡是指以营利为目的发行的、在发行机构之外购买商品或服务的预付价值,包括采取磁条、芯片等技术以卡片、密码等形式发行的预付卡。目前市场上主要流通单一用途卡和多用途卡:单一用途卡指由发卡机构发行的,只在本企业或同一品牌连锁商业企业购买商品或服务用的一种预付卡,如沃尔玛卡、百盛卡、美容卡、健身卡等,只能在发卡企业内部使用,在目前国内卡市场上占有绝对比重;多用途卡指由发卡机构发行,可以发行机构之外的企业或商户购买商品或服务用的一种预付卡,可跨地区、跨行业使用,如福卡、新生易卡等。多用途卡业务的基本流程是:由发卡机构发卡,客户购买,通过网上交易平台或线下商户的POS机进行消费,由发卡机构对卡内金额进行扣除后向第三方存管银行发送付款指令,存管银行向商户交付结算款,商户在收到结算款项后向发卡机构返佣金。预付卡种类的区别见表 3-1。

表 3-1 预付卡种类对比表

预付卡种类	发卡机构分类	使用范围	主要特点	监管机构
多用途预付卡	第三方发卡机构	跨地区、跨行业	1. 发卡机构的主营业务 2. 双边市场:一是商户拓展,二是发卡销售 3. 规模为王:发卡量及合作商户的规模决定企业的盈利能力	人民银行
单用途预付卡	商业流通企业	发卡企业内部	发卡机构的辅助业务,其主要作用在于:提前回收成本,防范财务风险;稳定客户群体,辅助销售渠道;提升品牌价值	商务部

预付卡除了可以收到与网上支付和收单业务同样的支付手续费外,最大的不同就是预付卡可以实现资金沉淀。预付卡发行商可以赚到沉淀资金的利息。对一个运营平稳的预付卡公司来讲,资金沉淀大概是当年发卡金额的 70%~80%。例如,一家预付卡公司一年的发卡量是 100 亿元,则沉淀资金就是 80 亿元左右,按照 3% 的协议存款利率则可获得 2.4 亿元的净收入。然而,100 亿元资金消费完毕收到的交易手续费按照 0.78% 计算,只有 7 800 万元。可见,同样的交易额,预付卡的利润要远远高于其他两种支付牌照。除此之外,预付卡还有一个比较隐秘的收入来源——死卡率。死卡是指在预付卡规定的有效消费期里还没有被使用的剩余金额,这些金额将会变成预付卡公司的收入。可见,如果加上死卡的收入,预付卡业务利润率十分惊人。

【做一做】

请统计班级学生分别使用过信用卡、支付宝支付、财付通支付的同学占比,举例各自在怎样的支付应用场景下会使用以上的不同工具,通过这样的数据分析可以得到什么结论?

第 3 节　掌握第三方支付的风险和防范

【导入案例】

频现千万级罚单　严监管下行业加速洗牌

临近岁末,第三方支付领域再现千万级罚单。2023 年 12 月 26 日,中国人民银行上海市分行公布的行政处罚决定书显示,得仕股份有限公司因违反商户管理规定和清算管理规定,没收违法所得 242.615 373 万元,并罚款 8 630.503 838 万元,合计罚没金额超过 8 873 万元。成为除支付宝、财付通外,第三方支付机构今年收到的最大罚单。

> 据不完全统计，截至12月29日，2023年第三方支付领域产生了54张罚单，超过20家第三方支付机构被罚，罚没总金额超过62亿元。从被罚原因来看，违反反洗钱相关规定依旧是2023年支付机构频繁被处罚的"重灾区"，涉及违规事宜多集中在违反账户管理规定、违反特约商户管理规定、未按规定履行客户身份识别义务等方面。
>
> 对于第三方支付的行业格局，在监管加强的态势下，第三方支付行业的洗牌会加速。该行业规模效应很强，小公司的生存空间被挤压，于是产生了很多违规行为，监管及时出手有利于行业健康发展。业内人士指出，支付渠道是重要的金融基础设施，未来，随着监管部门继续保持高压态势，加大对支付机构相关违法违规行为的处罚力度，支付渠道作为金融基础设施的地位将得到进一步维护。
>
> （资料来源：华夏时报，2023年12月29日.）
>
> **讨论**：第三方支付在推动金融创新的同时，引发了哪些金融风险？作为互联网金融的核心，第三方支付需要怎样应对风险，促进行业健康快速发展呢？

一、第三方支付的主要风险

（一）第三方支付机构与其他主体间存在的风险

1. 与消费者之间的风险

从资金上看，消费者不履约不一定会造成商家和第三方网上支付企业的资金损失，但是这样会使第三方支付企业的运营成本和征信成本提升，不良用户占有率增加，同时带来其他相关风险。第三方支付机构在使用简便支付流程的同时，很容易带来业务流程上的风险误操作、假支付命令、非本人盗刷等可避免的损失，这些都有可能因简单的操作而加大发生概率。此外，消费者还可能利用虚假身份进行交易、洗钱、骗取积分、返现、信用卡套现、虚假开户骗取佣金、企业将资金结算给个人偷逃税款及骗取平台信用等。

2. 与商家之间的风险

第三方支付充当商家与消费者之间的信用中介，网络交易中，在保证消费者的资产安全的同时也应满足商家的基本权益。

以最大的两家第三方支付机构——中国的支付宝与美国的PayPal对于网络交易的不同流程为例。PayPal允许用户使用电子邮件作为身份标识，进行用户之间的资金转移，方便用户在电子商务网站上的交易。在购物流程上，PayPal要求消费者直接将资金转账到商家的PayPal账户，而商家将在收到汇款后的一周内发货。PayPal的职责是监管双方之间的交易，为双方提供交易的信用担保。

在购物流程上，使用支付宝进行交易的商家需要先发送货物，经过一定的时间延迟等消费者确认货品收到后，才可收到所售出商品的货款。虽然这样减轻了消费者的风险，但对于商家而言，若遇上如交易量扩大或经营成本提高等特殊情况，商家就会面临资金流动性不足的风险，极端情况下还可能导致商家债务危机。对比支付宝，PayPal的商家可以在收到货款后立即变现，虽说大范围的快速变现也有可能造成PayPal账户的冻结，影响商户信誉，但会降低可能面临的资金流动性风险。

第三方支付的主要风险与防范

3. 与银行之间的风险

第三方支付机构与银行各接口进行对接，集成网关，隔绝了商户网络、用户网络与银行网络上银行之间的联系，虽然第三方支付在技术和安全上不断加强，但在第三方支付平台中的交易模式中，无论是签订服务合约还是进行资金的委托保管都是置于虚拟的网络环境中，而在交易过程中，因为第三方支付平台系统漏洞或者是网络钓鱼、木马病毒或黑客入侵导致的交易信息的泄露会极大地侵害交易者的财产安全权。消费者在自有资金受到损害时，通常认为保障资金安全是商业银行而非第三方支付机构的责任，第一时间联系银行寻求保护，无法追偿资金时，寻求多种手段向银行追偿，此时，商业银行极易产生被诉风险，若处理不当，更容易引发严重的声誉风险。

（二）第三方支付机构自身面对的风险

1. 信用风险

信用风险是指第三方支付企业经营不善、风险管理不充分，甚至违规操作，不能履行中介支付和担保的职责。第三方网上支付企业掌握了大量买卖双方的基本信息和交易数据，如果这些数据和信息被其泄露、挪作他用或进行交易，则会给买卖双方带来潜在的风险，甚至造成经济损失。消费者与商家都对第三方表示信任，是通过第三方支付平台顺利完成交易的前提。第三方的信用支持不仅来源于银行的参与和相关政府部门的监管，更为重要的在于平台所依附的企业"靠山"，如 PayPal 和 eBay、财付通和腾讯。而对于独立第三方支付企业来说，没有可依靠的知名平台做信用背书，信用风险控制存在一定缺陷。

2. 备付金风险

备付金，通俗地说就是消费者在网上购买商品或服务时支付的货款，在确认收货之前只会存放在支付机构的账户上，这笔钱就是通常所说的"客户备付金"。因为第三方支付的特殊性，在整个交易过程中会产生时间差，从而形成巨大的资金沉淀。截至 2016 年年底全国 267 家支付机构吸收客户备付金合计超过 5 000 亿元。由于客户备付金的规模巨大、存放分散，容易被挪用于购买理财产品或其他高风险投资，影响客户资金结算安全。

为加强客户备付金监管，切实保障消费者合法权益，中国人民银行发布了《非银行支付机构客户备付金存管办法》，自 2021 年 3 月 1 日起施行。

3. 套现风险

套现指用违法或虚假的手段交换取得现金利益，多发生于信用卡套现、公积金套现、证券套现等。如有些网上交易并不是真实的消费，而是制造一笔虚假交易，通过银行卡支付后，钱进入了支付平台的账户，通过账户转移到银行，从银行取现，实际上就是为了套取现金。对银行来讲，信用卡可在限定额度内预先透支，满足支付或消费需要。但对信用卡的取现有一套控制制度，而网上交易则避开了这些。

4. 洗钱风险

洗钱指的是将犯罪或其他非法手段所获得的金钱、伪钞，经过合法金融作业流程之类的方法，以"洗净"为看似合法的资金。第三方支付平台交易存在匿名性、隐蔽性和信息的不完备性，第三方支付机构并不知道所谓的标的是否已经完成了流通，标的数量是否真实，这无疑为洗钱提供了一块犯罪滋生地。

5. 技术风险

第三方支付自身面临的技术风险是指电子信息系统（如通信设施、计算机设备、供电等）在网上交易支付过程中发生技术故障，或容量、运作不能保障支付业务高效、有序、顺利地进行，使交易不能正常进行，进而带来损失。技术风险主要涉及银行的网上银行系统，第三方支付平台，商家的业务处理系统的稳定性、可靠性和安全性。这些风险主要来自硬件设备和软件两个方面。硬件设备风险主要是指由于硬件设备的机型、容量、数量、运营状况及在业务高峰时的处理能力等方面不能适应正常网上支付需要，不能有效及时地应对突发事件而造成的经济损失。软件方面的风险主要是指软件的运行效率、业务处理速度及可靠性不能满足业务需要而给第三方支付公司带来损失。

第三方支付平台的安全性始终是网上支付的首要课题。第三方支付平台以互联网为依托，通过网络进行数据传输和存储，因此容易遭受病毒和黑客恶意攻击。第三方支付平台保留的客户个人资料（姓名、身份证号码、银行卡号等）一旦被泄露并被不法分子利用，有可能造成严重的经济损失。

二、第三方支付风险的防范

第三方支付行业的风险防控是一个系统工程，需要监管机构、企业和行业协会的共同努力。

1. 监管机构：完善法制、加强监管、规范市场秩序

针对行业风险问题，近期在国家整治互联网金融的大背景下，人民银行颁布了多项政策，开展了大规模行政执法行动，严厉查处违法违规行为，对防范整体风险起到了积极作用。

一是进一步完善行业监管体系。国务院常务会议于 2023 年 11 月 24 日审议通过了《非银行支付机构监督管理条例》（以下称《条例》），2024 年 5 月 1 日起施行。《条例》重点规定了四方面内容：一是明确非银行支付机构的定义和设立许可；二是完善支付业务规则；三是保护用户合法权益；四是明确监管职责和法律责任。该条例旨在促进非银行支付行业规范健康发展，切实保护用户合法权益，更好发挥其服务实体经济、满足用户多样化支付结算需求等作用。

2. 第三方支付机构：合规经营、完善内控机制、强化技术建设

金融业多年的经验和教训表明，合规性是企业稳健经营的内在要求，第三方支付机构也不例外。经历了无序竞争、违规阵痛后，进一步坚定规范经营、合规发展的理念，对支付行业的健康可持续发展具有基础性意义。

一是坚持合规经营，防范备付金风险和合规风险。第三方支付机构要坚持合规经营，摒弃单纯追求规模效益的观念，树立规范意识，遵守监管部门出台的各项政策法规，将外部监管要求融入自身风险管理的规范、流程和系统中去，确保客户备付金的安全与合规运作。遵照国务院关于互联网金融风险专项整治工作部署，非银行支付机构客户备付金已于 2019 年 1 月全部集中存管。为规范集中存管后备付金业务，2021 年 3 月 1 日起正式施行《非银行支付机构客户备付金存管办法》，进一步细化了备付金存放、使用、划转规定，明确了中国人民银行及其分支机构、清算机构、银行相应备付金管理职责，设定了客户备付金违规行为处罚标准，强化客户备付金监管，促进行业健康发展。

二是完善内控制度，防范欺诈风险、信用风险和洗钱风险。第三方支付机构通过采取客户身份识别、客户身份资料和交易记录保存、可疑交易及时上报等措施防范洗钱风险；通过建立全面的风险管理体系，从事前、事中、事后全面防范欺诈风险和信用风险等外部风险。

三是强化技术建设，防范系统风险。系统风险是支付业务中不可避免的难题，第三方支付机构各方面的软硬件系统问题都会直接或间接影响支付过程的安全性。防范系统风险需要不断加强当前软硬件环境的安全建设，研发安全维护的新技术，加快第三方支付系统的升级改造。同时还需加强日常安全运营维护工作，例如，定期进行病毒防范、数据容灾备份、用户信息资料管理等。

3. 行业协会：加强自律、严格督导、发挥桥梁作用

在市场经济条件下，防控行业风险需要充分发挥行业协会的中介组织作用。中国支付清算协会在维护行业市场竞争秩序和会员合法权益、防范支付清算风险方面具有不可替代的作用。行业协会应结合行业发展，不断健全和完善自律规则，加强对违规行为的自律惩戒力度，严格督导会员机构切实遵守管理规定和治理规则，坚持入会和退会并重的治理管理思路。同时，进一步发挥好监管部门与会员机构之间的桥梁纽带作用，加强各方的沟通交流，通过进一步推进行业风险共享建设，加快完善黑白名单制度，提高市场层面的风险联控水平。

技能训练

以支付宝为例，分析第三方支付机构存在的风险。

知识小结

第三方支付是指具备一定实力和信誉保障的独立机构，借助通信、计算机和信息安全技术，采用与各大银行签约的方式，在用户与银行支付结算系统之间建立连接的电子支付模式。然后从第三方支付产生的起因、发展、现状三方面进一步介绍了我国第三方支付。

从第三方发展路径与用户积累途径来看，第三方支付公司的运营模式可以分为两类：一类是独立第三方支付模式；另一类是依托于自有B2C、C2C电子商务网站，提供担保功能的第三方支付模式。两种模式的主要区别是：第一类主要对接企业客户端，通过服务企业客户间接覆盖客户的用户群；第二类则主要对接个人客户端，利用用户资源的优势渗入行业之中。盈利模式主要有网络支付、银行卡收单、预付卡发行与受理。

第三方支付与消费者、银行、商家之间也存在着多种多样的风险，自身也面临着信用、沉淀资金、套现、洗钱、技术等风险问题。针对风险本章结尾也提出了相关风险防范建议。

知识拓展训练

一、名词解释

第三方支付　独立的第三方支付模式　有交易平台的担保支付模式　网络支付　银行卡收单　预付卡　备付金　套现　洗钱

二、单项选择题

1. 我国第一家第三方支付平台是（　　）。
   A. 财付通　　　　　　　　　B. 首信易支付
   C. 快钱　　　　　　　　　　D. 支付宝
2. 我国第三方支付行业正处于发展的（　　）阶段。
   A. 网关支付　　　　　　　　B. 信用中介
   C. 行业支付　　　　　　　　D. 规范与监管
3. 下列哪项不属于第三方支付的特点（　　）。
   A. 方便快捷　　　　　　　　B. 交易安全
   C. 成本较高　　　　　　　　D. 整合信息
4. 下列哪一项是有担保支付模式的交易平台（　　）。
   A. 快钱　　　　　　　　　　B. 易宝支付
   C. 拉卡拉　　　　　　　　　D. 财付通
5. 下列（　　）不是《非金融机构支付管理办法》中规定的第三方支付牌照的形式。
   A. 网络支付　　　　　　　　B. 银行卡收单
   C. 保险公司收取保费　　　　D. 预付卡的发行与受理
6. 关于非金融机构提供支付服务，下列说法中错误的是（　　）。
   A. 该服务包含了网络支付、预付卡发行与受理、银行卡收单以及中国人民银行确定的其他支付服务
   B. 支付机构依法接受国家金融监督管理总局的监督管理
   C. 未经中国人民银行批准，任何非金融机构和个人不得从事或变相从事支付业务
   D. 应当依据《非金融机构支付服务管理办法》取得支付业务许可证，称为支付机构
7. 以支付宝为例，第三方支付流程为（　　）。
   A. 选择商品——付款到银行——银行转账给支付宝——交易完成
   B. 选择商品——付款到支付宝——支付宝付款给卖家——交易完成
   C. 选择商品——付款到支付宝——买家收货确认——支付宝付款给银行——交易完成
   D. 选择商品——付款到支付宝——买家收货确认——支付宝付款给卖家——交易完成
8. 面对闲散放置在社会上、未被聚积起来加以利用的资金，第三方支付行业最可能涉及（　　）。
   A. 信用风险　　　　　　　　B. 备付金风险

C. 技术风险 D. 洗钱风险

三、判断题

1. 第三方机构不可以是发行信用卡的银行本身。（   ）
2. 独立的第三方支付，这种方式既参与产品或服务的交易，也作为第三方进行监管并维护买卖双方的利益。（   ）
3. 按照支付模式可以将第三方支付分成两类：一类是平台账户类型的第三方支付，另一类是支付网关类型的第三方支付。（   ）
4. 首信易支付是典型的监管型账户支付类型的第三方支付平台。（   ）
5. 独立第三方支付模式主要对接个人客户端，利用用户资源的优势渗入行业之中。（   ）
6. 独立的第三方支付模式的平台仅仅提供支付产品和支付系统解决方案，并负有担保功能。（   ）
7. 担保交易模式所打造的信任环境为其带来了庞大的用户群，这些海量的用户资源为这类第三方支付平台创造了强大的优势地位，这是如快钱这类的独立第三方支付平台难以企及的。（   ）
8. 目前，预付卡市场上流通的都是单一用途卡，没有多用途卡。（   ）
9. 对银行卡来讲，信用卡限定了额度，在这个额度内使用，可以预先透支，提供这种支付工具是为了促进或者满足支付需要或者消费需要，并不是为了让人大量使用现金。（   ）
10. 套现是指用违法或虚假的手段交换取得的现金利益，多发生于信用卡套现、公积金套现、证券套现等。（   ）

四、简答题

1. 简要阐述第三方支付的基本流程。
2. 简要说明第三方支付有哪些特点。
3. 简要说明第三方支付有哪些分类。
4. 请分类说明第三方支付存在的风险。

五、案例分析

从相爱到反目成仇，第三方支付和银行之间究竟发生了什么

说起第三方支付和银行之间的关系，用"相爱相杀"这个词来形容再合适不过了。提起中国的银行，即便是普通人也知道，那是金融圈的龙头老大，行业里最粗的大腿。一家公司若能和银行有利益合作，那真是做梦也能笑醒。当年若是谁敢和银行叫板，大家都要笑一句"蚍蜉撼大树，可笑不自量"。但移动支付的兴起却几乎改变了这一格局。支付宝"异军突起"。随着传统银行在网购支付中展现出效率低、乱收费等各种问题，第三方支付逐渐兴起。2003 年，淘宝网首次推出支付宝服务。经过十几年的快速发展，目前支付宝支付已实现刷卡支付、扫码支付、App 支付等功能，并可以提供代金券、立减优惠等营销新工具，满

足用户及商户的不同支付场景需求。

建立合作蜜月期。第三方平台是商家和银行之间建立连接，以实现从消费者到金融机构以及商家之间的货币支付、现金流转、资金清算、查询统计的平台。因此，银行机构是第三方支付运行的一个重要支撑。支付宝建立初期就与诸多国内外银行合作，一方面，解决了网上交易的安全信用问题；另一方面，也为电子商务市场交易提供了可能。第三方支付通过与银行的合作，获得了银行安全的支付网关接口，整合了不少中小商户资源，提升了规模和实力；网络银行分支机构也借第三方支付之力开拓了客户渠道、发展了商家，并得到结算分成。

合作进入瓶颈期。支付宝的免费模式让银行输不起。2013年，民生银行结束了与支付宝两年多的合作关系，其信用卡中心营销总监陈某称其在支付宝上已经损失了800万元的资金成本；招商银行、光大信用卡中心也遭受了一定的损失，并对信用卡网上支付做出限制。银行做出如此决策，最根本的原因是银行在其中无利可图。支付宝的信用卡交易是完全免费的，中国银行等各家银行的信用卡都是免费为支付宝提供网上支付服务，支付宝不付给银行任何费用。信用卡利润来源主要是年费、手续费和利息费。在国内信用卡营销大打价格战的情况下，年费已形同虚设，来自商家的手续费便成了信用卡最重要的利润来源。用POS机刷卡消费，持卡人虽然无须支付额外费用，但商户却需向银行缴纳一定手续费。然而，在支付宝这个支付平台上，信用卡却收不到一分钱。

2013年6月，支付宝推出账户余额增值服务"余额宝"，通过余额宝，用户不仅能够得到较高的收益，还能随时消费支付和转出，无任何手续费。余额宝这种高收益的"存款方式"，大大触碰到了银行的底线，随后，各大银行开始对余额宝施行限额、封杀，结局是余额宝收益率下降，神话不再。

找到新的共赢点，继续携手同行。事实上，"共赢"仍然是银行与支付宝的主旋律。民生银行、中国银行等并没有完全切断与支付宝的合作，保留了其借记卡的支付宝交易功能。而中信银行，也在2009年就悄然恢复了信用卡支付宝交易功能。对于双方，一种新的双赢的合作模式，成为他们迫切的话题。支付宝与工商等银行进行着互换"黑名单信息"的沟通方式，支付宝的记录也将作为诚信指数提供给银行，成为银行发放贷款、衡量优质客户的重要依据。支付宝每天产生大量可记录、可监控信息，有着巨大数据库基础的支付宝，可以成为评判个人诚信体系的重要指标。

问：第三方支付机构与银行的竞争与合作有哪些方面？双方如何应对这样的机遇和挑战？

第 4 章
认识 P2P 网贷

【知识脉络图】

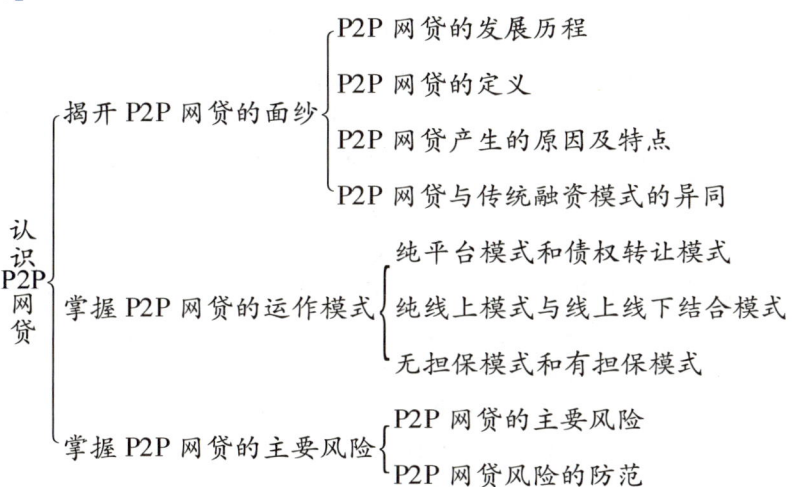

【学习目标】

1. 知识目标

（1）了解 P2P 网贷的产生和发展历程。
（2）理解 P2P 网贷的概念、产生的原因及特点。
（3）理解 P2P 网贷与传统融资模式的异同。
（4）掌握 P2P 网贷的运作模式。
（5）掌握 P2P 网贷的主要风险。

2. 能力目标

（1）能够对国内外 P2P 网贷的发展现状进行对比分析。
（2）能够根据所学知识初步判断 P2P 网贷平台的业务模式类别。

第1节　揭开 P2P 网贷的面纱

> **【导入案例】**
>
> **穷人的信用也靠得住**
>
> 1976 年，在一次乡村调查中，穆罕默德·尤努斯教授把 27 美元借给 42 位贫困的村民，以支付他们用以制作竹凳的微薄成本，免受高利贷的盘剥，由此开启他的小额贷款之路。
>
> 尤努斯说，"造成他们贫困的根源并非由于懒惰或者缺乏智慧的个人问题，而是一个结构性问题——缺少资本。这种状况使穷人们不能把钱攒下来去做进一步的投资。一些放款者提供的借贷利率高达每月 10%。因此，不管这些人再怎么努力劳作，都不可能越过生存线水平。我们所需要做的就是在他们的工作与所需的资本之间提供一个缓冲，让他们能尽快地获得收入。"
>
> 向这些没房没产的穷人提供借贷的想法便由此诞生。他去找一些银行家，试图说服他们向这些穷人提供无须抵押的贷款。而银行家们却讥讽他，说这些穷人的信用不可靠。尤努斯反驳道："如果你们没有尝试过，你们怎么知道他们不值得信任呢？也许是这些银行家对人民来说才不可靠吧？"
>
> 1979 年，他在国有商业银行体系内部创立了格莱珉（意为"乡村"）分行，开始为贫困的孟加拉国妇女提供小额贷款业务。1983 年 10 月 2 日，格莱珉银行正式独立，其向贫困人口发放贷款的方式自成一体，被称为"格莱珉模式"。
>
> （资料来源：羿飞. 我的钱：互联网金融，如何理财？江苏凤凰文艺出版社，2015.）
>
> **讨论：** 自 2008 年以来，互联网金融迅速发展，众多网贷平台、机构应运而生。P2P 就是最活跃的一种，那么到底什么是 P2P 网贷？它又有哪些特征和主要模式呢？

一、P2P 网贷的发展历程

20 世纪 90 年代以来，小额贷款在世界很多国家兴起，形成了众多发展模式，并取得了很大的成功。目前世界上比较著名的 P2P 网络贷款服务平台有 Zopa、Prosper、Lending Club 等机构。

（一）国外 P2P 网贷的发展

世界上第一家 P2P 借贷公司是"英国 Zopa 网上互助借贷公司"，该公司于 2005 年 3 月在伦敦成立，Zopa 的理念是将尤努斯模式与互联网结合，降低交易成本，向世界推广普惠金融。英国 Zopa 打开了 P2P 大门，各种 P2P 借贷公司如雨后春笋般出现。

2006 年 2 月，美国首家 P2P 网络贷款平台 Prosper 上线运营，2008 年，由于 Prosper 涉及证券发行等业务，被美国证监会（SEC）勒令关闭网站，到 2009 年 7 月加州政府允许 Prosper 在美国证监会（SEC）的监管下重新开始运营。

认识 P2P 的起源与发展

2007 年 5 月，Lending Club 在美国推出 P2P 借贷应用平台，该平台主要是在互联网平台上撮合贷款人与借款人，属于典型的中介型 P2P 网络贷款平台。投资人通过购买 Lending Club 发行的"会员偿付支持债券"成为 P2P 平台的无担保债权人，而不是借款人的债权人。此外，Lending Club 引入贷款评级制度，根据不同的评级提供不同的利率，受到用户的欢迎。Lending Club 平台的利润主要来自借款人的手续费和投资者的管理费。近几年 Lending Club 发展迅速，已经成为目前全球最大的 P2P 网络贷款平台，在美国市场一度拥有 80% 的市场占有率。

> 【知识链接】
>
> **全球最大的 P2P 网贷平台——Lending Club**
>
> Lending Club 于 2007 年 5 月在加州的森尼韦尔市上线。运用社交网站 Facebook 及其他社区网络将借款人与出借人聚合。Lending Club 有固定的贷款利率及平均三年的贷款期限，该平台引入贷款评级制度，借款人在进行贷款交易前必须经过严格的信用认证和 A-G 分级。出借人可以浏览借款人的资料，选择自己能承受的风险等级进行交易。Lending Club 不采取竞标方式，而是根据借款人的不同的信用等级规定不同的固定利率。
>
> Lending Club 不仅引入了信用评级制度，还规定固定利率，并且利用网民交际平台为自己服务，这一点不得不说是一个创举。

（二）中国 P2P 网贷的发展

中国的 P2P 网贷发展大约经历了 5 个阶段，分别为萌芽期、快速扩张期、行业整合期、监管整顿期、清退期。

第一阶段：2006—2011 年，萌芽期

2006 年，宜信公司在北京，首次将 P2P 经营理念和模式引入我国。2007 年，上海拍拍贷成立，P2P 网络借贷于 2007 年正式进入中国，这让很多敢于尝试互联网投资的投资者认识了 P2P 网络借贷模式，其后一部分具有创业冒险精神的投资人随之尝试开办了 P2P 网络借贷平台。但总体来看，这一阶段全国的网络借贷平台还不够活跃，截至 2011 年年底平台数量才 20 家左右，月成交金额大约 5 亿元，有效投资人 1 万人左右。

第二阶段：2012—2013 年，快速扩张期

这一阶段，网络借贷平台开始发生变化，一些具有民间线下放贷经验同时又关注网络的创业者开始尝试开设 P2P 网络借贷平台。同时，一些软件开发公司开始开发相对成熟的网络平台模板，每套模板售价在 3 万~8 万元，弥补了这些具有民间线下放贷经验的创业者开办网络借贷平台技术上的欠缺。基于以上条件，此时开办一个平台成本在 20 万元左右，国内网络借贷平台从 20 家左右迅速增加到 240 家左右，截至 2012 年年底月成交金额达到 30

亿元，有效投资人在 2.5 万~4 万人。

由于这一阶段开办平台的创业者具备民间借贷经验，了解民间借贷风险。因此，他们吸取了前期平台的教训，采取线上融资线下放贷的模式，以寻找本地借款人为主，对借款人实地进行有关资金用途、还款来源以及抵押物等方面的考察，有效降低了借款风险，这个阶段的 P2P 网络借贷平台业务基本真实。但由于个别平台老板不能控制欲望，在经营上管理粗放、欠缺风控，导致平台出现挤兑倒闭情况，2013 年投资人不能提现的平台有四五个左右。

第三阶段：2013—2014 年，行业整合期

这一阶段，网络借贷系统模板的开发更加成熟，甚至在淘宝店花几百元就可以买到前期的网络借贷平台模板。由于 2013 年国内各大银行开始收缩贷款，很多不能从银行贷款的企业或者在民间有高额高利贷借款的投机者从 P2P 网络借贷平台上看到了商机，他们花费 10 万元左右购买网络借贷系统模板，然后租个办公室简单进行装修就开始上线圈钱。这个阶段国内网络借贷平台从 240 家左右猛增至 600 家左右，2013 年年底月成交金额在 110 亿元左右，有效投资人在 9 万~13 万人。

这个阶段上线平台的共同特点是以月息 4% 左右的高利吸引追求高息的投资人，这些平台通过网络融资后偿还银行贷款、民间高利贷或者投资自营项目。由于自融高息加剧了平台本身的风险，2013 年 10 月这些网络借贷平台集中爆发了提现危机。从 2013 年 10 月至 2013 年年末，大约 75 家平台出现倒闭、跑路或者不能提现的情况，涉及总资金在 20 亿元左右。

第四阶段：2014—2017 年，监管整顿期

P2P 行业发展虽是大势所趋，但由于一直缺乏有效的监管手段，行业只能在一片争议声中摸索前行。老百姓即使手上有资金，也不敢投资 P2P。因为在他们看来，P2P 已经与"跑路""坏账"等负面词汇画上了等号。为解决 P2P 行业乱象，指导行业健康发展，自 2014 年起，国家逐渐加强对 P2P 行业的关注力度，并开始筹备行业监管措施。2014 年成交额突破 3 000 亿元，平台数量超过 1 800 家，但另一方面，问题平台屡创新高，问题平台 200 多家，涉及资金超过 100 亿元。2015 年成交规模突破 9 000 亿元，P2P 借贷平台共有 3 657 家（仅包括有线上业务的平台），其中问题平台超过 1 000 家。2016 年是规范发展之年，互联网金融在多年的野蛮生长之后，走进了监管时代。截至 2016 年年底，纳入中国 P2P 网贷指数统计的正常经营 P2P 网贷平台为 2 307 家，其中 2016 年当年新发起 938 家，比 2015 年有所下降。2017 年是 P2P 行业顶峰时期，全国大概有 P2P 网贷机构约 5 000 家左右。当年 5 月底，网贷余额逼近 1 万亿元大关，当月成交金额高达 2 488 亿元。

第五阶段：2018—2020 年，清退转型期

2018 年的 P2P 行业迎来了"清算"，到 12 月底，全国正常运营的平台仅有 1 034 家，全年共曝出 848 家问题平台，同比 2017 年扩大了 42.7%。2019 年的 P2P 行业更是雪上加霜。著名的团贷网爆雷，这是 P2P 绝对的头部平台，累计成交超过 1 300 亿元，彻底击溃了出借人已剩不多的投资信仰。2019 年 1 月，监管部门出台"175 号文"，指出 P2P 网贷行业将以机构退出为主要方向，行业展开大规模清退工作。2020 年则是 P2P 行业全部"清零"的时刻。2020 年 8 月末，运营平台只剩 15 家，较 2019 年初下降 99%，借贷余额下降了 84%，出借人下降了 88%，借款人下降了 73%。9 月末，只剩 6 家。11 月中旬，官方再发声，完全归零。至此，曾经红极一时的 P2P 行业彻底退出金融行业，最终谁都没想到落幕会来得如此之快。

二、P2P 网贷的定义

P2P 网贷（Peer-to-Peer Lending），即点对点信贷，或称个人对个人信贷，是指通过 P2P 公司搭建的第三方互联网平台进行资金借、贷双方的匹配，是一种"个人对个人"的直接信贷模式。即由具有资质的网站（第三方公司）作为中介平台，借款人在平台发放借款标的，投资者进行竞标向借款人放贷的行为。

P2P 网贷是个人通过网络平台相互借贷，借贷双方在 P2P 网站上发布贷款需求，投资人通过网站将资金借给贷款方。平台本身只发挥撮合借贷双方的作用，收取一定的服务费，并不参与到借贷双方的交易中，是连接投资者与借贷人之间的一个平台。借款人发布借款信息，投资者根据借款人提供的各项认证资料和信用状况决定是否借出，平台收益主要依靠提取借贷双方成交额的管理费、服务费。我国知名的 P2P 平台有团贷网、人人贷、拍拍贷、宜人贷等。

P2P 网贷平台主要服务于信用良好但缺乏资金的个人或小微企业，贷款人无须提供贷款抵押物，贷款利息视个人的信用评级情况而定。P2P 网贷平台通过网络平台或线下丰富资源，收集整理借贷需求信息并登记发布借贷供给者信息。通过平台撮合借贷双方，实现资金供求方面匹配信息的相互交易。这种模式基于良好的信息匹配机制和有效的风险控制手段，为借贷双方提供相对可靠、便捷的融资渠道。

三、P2P 网贷产生的原因及特点

（一）P2P 产生的原因

1. 市场刚性需求强

P2P 网贷的借款对象主要是针对中小企业及个人，从借款者的身份来看需求量是非常大的。首先，我国的中小企业及个人小额贷款不是银行等正规金融机构主要的服务对象，长期面临着贷款难的问题。其次，银行贷款的条件要求多，并且需要抵押物，程序复杂烦琐。而我国的中小企业大多具有稳定性差、缺乏抵押物、信用评级低等特点，很难获得银行等正规金融机构的资金支持。而民间借贷的融资成本高、融资难成为中小企业发展的重要问题，所以中小企业更倾向于手续简单方便的 P2P 网络贷款。

2. 银行存款利率低

随着经济水平的提高，理财观念强化，越来越多的中低层收入阶层有理财需求。投资者手中有闲散的资金，但放在银行里利息太少，且有贬值的可能。而通过 P2P 投资，相比银行存款收益率高，相比信托、股市、私募门槛要低、风险要小，为个人投资者提供了更为便捷的途径和可观的收益。

3. 互联网技术的快速发展

互联网的发展和信息技术的进步，推动电子商务日益成为未来经济发展的潮流，为 P2P 网络贷款的出现提供了条件。随着互联网的快速普及，信息技术的快速发展，各种新的商业模式不断被创造出来，并通过网络的力量被迅速普及、推广和应用。电子商务的发展，为基于互联网的 P2P 商业交易提供了更加安全、高效、方便、及时的服务和保障。互联网技术与金融业务日益融合，推动以 P2P 网络贷款为代表的金融创新的出现。

(二) P2P 的特点

1. 交易方式灵活

P2P 网贷借贷方的借贷金额、利息、还款期限和方式,投资方理财时间的长短、金额的高低具有多样化的特点,并且可以根据不同客户的需要进行选择。投资期限灵活,一般分为 1 个月、3 个月、6 个月、12 个月;付息也灵活,一般有每月付息到期还本、等额本息等方式。

2. 利率高、风险大

P2P 网贷平台的借款者,由于缺乏有效的担保和抵押而不被传统金融机构接纳,想要通过传统金融机构获得资金支持十分困难,故愿承担更高的利率获得贷款,P2P 网贷的利率一般为基准利率的 3~4 倍。另外,P2P 借贷平台和投资者也面临高成本的线下调查的缺失问题,仅靠网络信息的汇总分析对客户信息真实性和还款能力的审核仍然是一个巨大的挑战和风险来源。

3. 起点低、门槛低

P2P 平台的起点低,门槛也低,避开了银行金融机构的限制,使每个人都可以成为信用的传播者和使用者,信用交易可以很便捷地进行。一般 P2P 网贷平台 100 元即能进入,每个人都能很轻松地参与进来,将社会闲散资金更好地进行配置,将有闲余资金且有投资需求的人的资金引向众多有资金需求的人群。

四、P2P 网贷与传统融资模式的异同

(一) 传统的融资模式

传统的融资模式按照融资来源的不同分为内部融资、外部融资。内部融资是企业的自有资金和在生产经营过程中的资金积累部分。外部融资是企业的外部资金来源部分,主要包括直接融资和间接融资两类方式。其中,直接融资是指企业进行的首次上市募集资金(IPO)、配股和增发等股权融资活动,所以也称为股权融资。间接融资是指企业资金来自于银行、非银行金融机构的贷款等债权融资活动,所以也称为债权融资。债权融资按渠道的不同主要分为三类:银行贷款、发行债券和民间借款。发行企业债券在我国是被严格控制的,对发行主体有很高的条件要求,且需要经过严格的审批,目前只有少数大型国有企业发行了企业债券。所以对于中小企业来说,发行企业债券是不现实的债权融资渠道,银行贷款和民间借贷是常用的融资方式。银行贷款是债权融资的主要形式,但对占绝大部分的中小企业来说,由于自身的局限性,获得银行的贷款是很多企业不敢设想的事情。而民间借款具有不规范性,在我国现行的法律体系内是不受法律保护的融资行为,甚至有可能被认定为"非法集资"而受到法律的惩罚,并且民间借贷利率很高,年利率平均在 20% 以上。但现实中仍有很多中小企业通过诸如私人钱庄、农村合作基金等民间的非法、准非法的灰色金融机构贷款,这反映了中小企业对债权融资的巨大需求。在这种背景下,一种新型的网络借贷平台——P2P 应运而生,P2P 网贷 2006 年登录我国以后快速发展,呈现"野蛮增长"的态势,特别是在经济发达的地区,更是遍地开花。

(二) P2P 与传统融资模式的异同

1. P2P 网贷与传统银行贷款的异同

(1) 业务模式方面。传统银行业务是将客户闲置的资金存入银行,银行向客户支付一

定利息，然后将客户的存款以更高的利率发放给贷款者，银行从中赚取利差。客户并不需要了解存款的去向，银行是客户与贷款者之间的纽带，如果贷款者违约，银行需要承担风险。和传统银行业务相比，P2P 网贷有三方参与：出借人、借款人和 P2P 网贷平台。三方共同推动 P2P 网贷的发展，如图 4-1 所示。将出借人的资金通过 P2P 网贷平台借给借款人，P2P 网贷平台从借款额中收取一定比例的手续费。

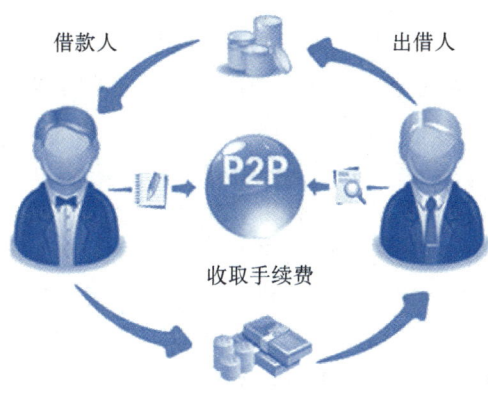

图 4-1　P2P 网贷参与者

（2）入市门槛方面。对于投资者来说，P2P 网贷的投资门槛相当低，通常只要 100 元就能进行相应的操作，参与者广泛。而银行系统内的理财产品通常起点是 5 万元，私人理财部门的门槛则更高，相当多的投资者被拒之门外。对于借款人而言，银行对小微企业贷款的额度区间一般从几万元到几百万元，并且银行贷款要求较高的信用级别，一般情况下要求借款人提供相应的抵押物。大多小微企业由于信用级别不高，缺乏抵押物，而无法从银行获得资金支持。P2P 网贷为被银行拒之门外的非优质客户提供资金支持，并且一般不需要抵押物，贷款额度区间大，融资规模从几千元到几百万元。

（3）收益来源方面。纯粹的 P2P 网络借贷平台，作为中介机构，其收益构成即简单的手续费、服务费，以拍拍贷为代表。随着 P2P 网贷的发展，大部分 P2P 网贷不仅是信息中介，同时还进行大量线下业务，其成本收益模式逐步向传统银行贷款模式靠近。银行贷款中银行承担了信用风险与流动性风险，其盈利主要来自于对风险承担的补偿，主要体现为存贷利息差。

（4）风险控制方面。P2P 网贷平台风控能力与银行相比较弱，平台的风控标准每家都不一样。当前存在三种主流模式：一是抵押贷款；二是担保贷款；三是不提供任何保障。强调分散投资的方法，这种方式 P2P 本质上是一种中间业务，P2P 平台本身不承担信用风险与流动风险。但银行等传统金融机构在这方面的风控口径基本相同，经过多年的发展，传统银行的风险控制手段已经较为完善，人民银行、证监会有非常多的指标对银行的经营风险进行控制。银行解决了资金供需双方的资金期限不匹配问题，资金需求者一般需要长期稳定的资金，而资金供给者为了资金的流动性，大多数愿意提供短期资金。银行运用大数定理，为社会提供期限转换功能，而银行同时需要承担信用风险和流动性风险，并且受到资本充足率、流动性风险监管、存款准备金率等一系列监管约束。

2. P2P 网贷与民间借贷的异同

民间借贷是指自然人、法人、其他组织之间,而非经金融监管部门批准设立的从事贷款业务的金融机构及其分支机构进行资金融通的行为。

(1) P2P 网贷与民间借贷的相同点。第一,两者本质上都是个人之间的借贷;第二,借贷完全基于信用,不依赖抵押物;第三,P2P 贷款利率高,P2P 网贷与民间借贷均比传统的银行贷款利率高。

(2) P2P 网贷与民间借贷的区别。第一,P2P 网贷的客户群体比民间借贷广泛,民间借贷的客户群体之间的关系大多是亲朋好友,陌生人之间很难参与进来。而在 P2P 网贷中,通过第三方机构(网络贷款平台)提供的风险控制机制,陌生人之间也可以发生借贷关系,业务范围广泛。第二,相比传统的民间借贷,P2P 最终的供给方和最终的需求方之间直接建立借贷关系,链条较短。借贷关系的扁平化不仅提高了借贷的效率,并且降低了整个借贷体系的风险。第三,P2P 网贷的风险定价机制更加科学。国内 P2P 利率定价机制是在有担保的情况下,贷款人获得的利率由担保方确定,借款方付出的资金成本等于贷款方获得的利率加上风险报酬;在无担保的情况下,借贷利率由借贷双方竞价确定。而民间借贷利率是当资金紧缺时,利率提高,需求疲软时,利率下降。利率完全受市场自发调节,没有严格的定价机制。第四,P2P 网贷信息透明化。P2P 以网络为中介,突破信息传递的时间和空间限制,信息相对透明,借贷双方撮合效率高、撮合时间短。

【知识拓展】

P2P 的衍生——P2C 与 P2B

P2C(Person-to-Company)是由 P2P 衍生出的一种业务模式。与 P2P 的借款方为个人不同,P2C 的借款方均为中小微企业。并且,P2C 模式还可以用抵押、质押等方式借款,业务模式更加灵活,领域更加广泛。企业通过网贷借款时,需要通过网贷平台和担保公司的严格审核,由融资担保公司负责本息担保,一旦企业借款后违约,担保公司会负责代偿,安全性较高。如图 4-2 所示,P2C 与 P2P 在借款模式、借款类型、风控措施等方面都有所区别。

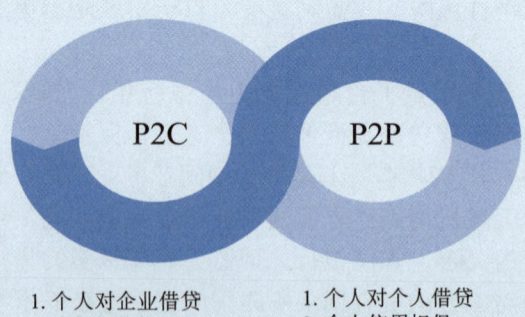

图 4-2 P2C 与 P2P 的区别

P2B（Person-to-Business），全称是互联网投融资服务平台，是个人对（非金融机构）企业的一种贷款模式，以融资性担保公司合作为主的网络贷款模式，是有别于P2P网络贷款平台的一种全新的金融服务模式。与P2P不同，P2B平台只针对中小微企业提供投融资服务，借款企业及其法人要提供企业及个人的担保，并且基本上不提供纯粹的信用无抵押贷款，加上类似担保模式的借款保证金账户，因此，从投资风险的角度分析，P2B比P2P具有更高的安全性。P2B与P2P之间既有相似的地方，也有不同之处，具体说明如表4-1所示。

表4-1　　　　　　　　　　　P2P与P2B的区别

对比内容	P2P（Peer-to-Peer）	P2B（Person-to-Business）
借款模式	个人对个人	个人对企业
借款类型	个人信用贷款	企业担保抵押贷款
借款额度	小额（1万~15万元）	大额（100万元以上）
资金用途	个人消费贷款	企业经营贷款
风控措施	分散投资	担保有抵押

技能训练

请选择你熟悉的互联网搜索工具，在网上检索O2O、P2C、B2B等网络贷款业务模式，归纳总结各业务模式的特点及与P2P网贷的区别。

第2节　掌握P2P网贷的运作模式

【导入案例】

世界上第一家P2P公司

世界上第一家P2P公司是"英国Zopa网上互助借贷公司"，该公司于2005年3月在伦敦成立，全称Zone of Possible Agreement，是"可达成协议"的意思，简称Zopa。截至目前，Zopa会员已经超过50万人，贷款总额超过4亿英镑。

Zopa公司的运营模式具有跨时代的意义，开创了互联网金融的先河。此后无论是在欧美国家，还是我国的拍拍网、宜信、红岭创投，基本上都沿用了Zopa的经营模式和业务模式，也就是说，Zopa为所有P2P交易提供了蓝本；要利用好P2P这种工具，用户就必须先对 Zopa 有深入的了解。

自从 Zopa 上线后，这种运营模式就如同雨后春笋般地遍地生根，一时风靡全世界。Zopa 作为 P2P 模式的鼻祖，其运营模式、管理流程被很多国家和地区的企业模仿。Zopa 的运营程序具体为：第一步，潜在的借款人通过 P2P 平台提供的"贷款计算器"查看预期贷款利率，如果对利率满意，即注册并上传申请。第二步，Zopa 平台收到借款人申请后，为潜在借款人"量身定做"最终利率，并告知其最终结果。如果潜在借款人接受，便可正式成为 Zopa 的借款人。第三步，Zopa 提供两种理财产品，分别为五年期 4.9%，三年期 3.9% 的收益率，贷款人或机构自行决定投资期限，然后将资金汇到"Zopa 账户"中。第四步，Zopa 收到投资人的资金后，将其分成若干份，分别借给不同的借款人。第五步，Zopa 负责每月将借款人的还款汇入投资人或机构的指定账户中，投资人可自由分配这笔资金，或提取出来，或继续投资。Zopa 之所以要将资金分成若干份借出，主要是为了分散资金风险，如果投资人金额过大，分成的份额则更多。

（资料来源：程侠义，魏艳. 互联网金融［M］. 北京：化学工业出版社，2016.）

讨论： 伴随着互联网金融在国内的迅速发展，各种各样的新型互联网金融模式对传统金融造成了巨大的冲击，互联网金融时代已经到来。P2P 网贷平台虽然在 2020 年已经被国家全部清退，彻底退出了历史舞台。但这种贷款模式对我国传统金融业的发展和我们的生活方式都产生了很大的影响。我国的 P2P 网络贷款都有过哪些主要模式？每个模式又有哪些特征呢？

一、纯平台模式和债权转让模式

根据借贷流程的不同，P2P 网贷可以分为纯平台模式和债权转让模式两种。在纯平台模式中，借贷双方关系的达成是通过双方在平台上直接接触，一次性投标达成。在债权转让模式中，则通过平台上的专业放贷人介入借贷关系中，一边放贷一边转让债权来连通出借人和借款人，实现借贷款项从出借人手中流入借款人手中。

P2P 网贷的运营模式

1. 纯平台模式

纯平台模式称作传统 P2P 模式，在此模式下，网贷平台仅为借贷双方提供信息流通交互、信息价值认定和其他促进交易完成的服务，不实质参与到借贷利益链条之中，借贷双方直接发生债权债务关系，网贷平台则依靠向借贷双方收取一定的手续费维持运营。在我国，由于公民信用体系尚未规范，传统的 P2P 模式很难保护投资者利益，一旦发生逾期等情况，投资者血本无归。纯平台模式的特点是：纯信息中介平台＋无担保无抵押。典型代表：拍拍贷。

2. 债权转让模式

债权转让模式，不是直接由投资人把钱借给借款人，借贷双方不直接签订债权债务合同，而是由第三方先行放款给借款者，再由该第三方个人将债权转让给投资者，投资者获得债权带来的利息收入。债权转让模式能够更好地连接借款者的资金需求和投资者的理财需求，主动地批量化开展业务，而不是被动等待各自匹配，从而实现了规模的快速扩展，现在的 P2P 网贷平台大部分都是债权转让模式。

二、纯线上模式与线上线下结合模式

1. 纯线上模式

P2P 纯线上模式,是指 P2P 网贷平台作为单纯的网络中介存在,负责制定交易规则和提供交易平台,亦称作全线上模式。这种模式下,借款人和投资人都来自线上,借款人线上提供借款信息和资信证明,网贷平台通过线上形式审核,发布借款信息,投资人线上选择认证和进行出借投资,网贷平台只是作为纯线上交易和撮合平台,不负责承担借款方的资质审核。纯线上模式的 P2P 网贷规范透明、交易成本低,但也存在数据获取难度大以及坏账率高的缺陷。实行这种模式的典型平台是拍拍贷(现已转型改名为"信也科技")。

2. 线上线下结合模式

线上线下结合模式,是指以线上为主、线下为辅,线上线下相互结合。线上线下相互结合模式,由 P2P 网贷公司在线上主攻理财端,吸引出借人,并公开借贷业务信息以及相关法律业务流程,而线下则强化风险控制、开发贷款端客户。由于最纯粹的 P2P 无抵押、无担保,是纯粹的个人信用贷款,在缺乏信用体系的国内并不适用,所以绝大多数的 P2P 网贷采用线上加线下的模式发展。该模式的特点为互联网上获取资金,线下用传统方式获取和审批项目;平台提供担保;P2P 平台线上销售贷款;通过"高收益+本金保障"计划吸引线上投资者,实行该模式的典型平台有易通贷。

三、无担保模式和有担保模式

1. 无担保模式

无担保模式保留了 P2P 网贷模式的原始面貌,平台仅发挥信用认定和信息撮合的功能,提供的所有借款均为无担保的信用贷款,由出借人根据自己的借款期限和风险承受能力自助选择借款金额和借款期限,网贷平台不提供任何形式的本金保障承诺。这种模式以拍拍贷为代表,这种模式下,平台不参与担保,纯粹进行信息匹配,帮助资金借贷双方更好地进行资金匹配。该模式体现了直接融资的概念,是金融脱媒的一种表现形式。它改变了资金原先都通过银行等中介汇集后再给予资金需求方的模式,属于一种金融创新。

2. 有担保模式

有担保模式,是指网贷平台引入担保机制,保证出借人得到本金偿还。担保模式是为了满足市场用户需求而引入的,是具有中国特色的本土网贷模式创新。这种本金担保的 P2P 模式,使网贷成为以网贷平台为中介的间接融资,目前主要是通过第三方担保和网贷平台自己担保两种方式对投资者的本金提供保障。

(1) 第三方担保模式。第三方担保模式是通过担保机构对投资者的本金和收益提供全额担保或部分担保的模式。P2P 网贷平台引入第三方担保模式,更大程度地保证了投资人的资金安全,吸引了更多有投资 P2P 平台意向的客户。而对于 P2P 平台,引入第三方担保公司,虽然收益有所减少,但同时也降低了一定的风险。

(2) 平台自己担保模式。一些 P2P 平台通过自建风险保证金的模式来防范企业发展中存在的风险。在运营过程中,风险保证金的建立一般是通过从服务费中提取一部分资金,以保障投资者的本金安全,当出现坏账时,用风险保证金来偿付给投资人。这种方式能够保障投资者的本金安全、降低投资者风险,同时也加大了 P2P 网贷平台的盈利难度。

第3节　掌握 P2P 网贷的主要风险

【导入案例】

P2P 网贷覆灭的警钟应该敲醒更多人

打着"普惠金融"的旗号，P2P 网贷曾一路狂奔、野蛮生长到 5 000 多家，多家平台达到千亿人次的规模，总交易额突破万亿元。

随着大量金钱的涌入，被称为"民间借贷线上化"的 P2P 网贷，逐步脱离信息中介的定位，实质性地成为信用中介，"贷款超市""金融超市"层出不穷，在强监管的金融领域，P2P 网贷犹如"脱缰的野马"，野蛮生长之中集聚的风险也逐步爆发。

卷款跑路、非法集资、诈骗、敲诈勒索等违法犯罪行径交替上演，其中震惊全国的当数"e租宝"事件。然而，"e租宝"并不是网贷风险爆发的收尾，而恰恰是一个引爆点，随后越来越多的网贷平台因非法集资被公安立案调查，其中不乏在资本市场上市的企业。

涉众面广的网贷风险事件不断爆发，让监管层痛定思痛，最终决定彻底清理网贷，至此一个行业也由此宣告覆灭。网贷由兴到衰，是一次惨痛的试错，数万基层民众的数千亿资金灰飞烟灭，甚至有在校学生被逼至死。在运营网贷归零之际，当务之急是确保存量的数千亿网贷资产能有序清退，在合规范围内打击"逃废债"，最大限度保障出借人的权益。

P2P 网贷诞生之初定位为"信息中介"，监管层也视之为一种"金融创新"，曾有意以备案制将 P2P 网贷这一业态纳入常规监管体系中，使之正规化运行。然而，P2P 网贷却有负所托，逐步凸显出金融属性，滑向"信用中介"，导致乱象丛生，最终被切除。

P2P 网贷的覆灭，让监管层更坚定"金融需持牌"这一理念。面对"互联网+金融"的创新，监管层也更多了几分审慎，探索"监管沙盒""监管科技"。只是，互联网科技的发展瞬息万变，互联网金融的新业态也层出不穷，这就要求监管方以更积极的步伐，让互联网金融新业态在"监管沙盒"里先跑起来。

作为 P2P 网贷的运营方，眼看一手缔造的行业覆灭更应该警醒，别打着"普惠金融"和"金融创新"的旗号，诱导贷款，大搞套路贷、高利贷，行违法犯罪之事。不论是"互联网金融"还是"金融科技"，但凡有金融属性就应该服从监管、敬畏风险、敬畏法规。

（资料来源：国际金融报，2020年12月28日.）

讨论：中国一直面临着企业和个人融资难、融资贵的问题，P2P 的出现，其实是用互联网手段来解决金融发展过程中信息不对称难题的一种有效思路，从这个意义上讲，P2P 还是非常有价值的。但是由于过度发展，行业泥沙俱下，P2P 出现大量问题，这些问题最终没有办法得到有效解决，风险却越来越大。P2P 网络贷款自身存在着哪些问题和风险使得曾经红极一时的 P2P 行业彻底覆灭？

一、P2P 网贷的主要风险

（一）信用风险

与传统金融借贷一样，P2P 网络贷款同样面临着信用风险。P2P 网络贷款的信用风险主要是借款人的信用风险。一方面是借款人信息的真实性风险。在 P2P 网络贷款模式中，各 P2P 网络借贷平台在进行交易撮合时，主要是根据借款人提供的身份证明、财产证明、缴费记录、熟人评价等信息评价借款人的信用。这些信息均由借款人在网上自行填写，鉴于网络方式的虚拟性，借款人信息真实性不能保证。另一方面是借款人的违约风险，即借款人不能在规定期限内偿还本息。纯线上无担保网络贷款模式，仅靠信用就能获得贷款。但是 P2P 网贷平台的借款人信用质量相对较差，一般是被银行拒之门外的非优质客户，因此 P2P 网贷平台的贷款利率极高，一般是基准利率的 3~4 倍。但是对于一般企业来说，正常的企业利润很难负担起如此高的资金成本，因此 P2P 平台的高利率加剧了客户的违约风险。此外我国信用评价体系的不健全，P2P 平台无法像银行一样登录征信系统了解借款人的资信情况，进行有效的贷后管理。由于贷后管理的缺失，也增加了借款人的违约风险。再者，P2P 平台自身存在着一定的信用风险。由于 P2P 网贷平台涉及大量的资金往来，一些 P2P 网贷平台提取准备金的操作模式，导致大量的资金沉淀。而 P2P 网贷平台处于监管不严状态，容易导致非法集资，如 e 贷宝、e 租宝事件。

P2P 网贷的风险与防范

（二）法律风险

由于 P2P 网贷缺少有效的监管，且大多 P2P 网贷平台并非只充当信息中介，平台运营商参与借贷活动涉嫌"非法集资"。主要体现为非法吸收公众存款罪、非法经营罪、集资诈骗罪等。部分 P2P 网贷平台吸取大量的准备金，或者先归集资金再寻找借款对象等方式，使放贷人资金进入平台的中间账户，产生资金池，造成大量资金沉淀，涉嫌非法吸收公众存款行为。一部分 P2P 平台运营商在不具备"融资、理财"经营资格且所涉业务又是特殊管理行业的情况下，通过投资理财产品形式融募资金，或充当融资性担保人，容易涉嫌非法经营。如果 P2P 平台运营商发布虚假的高利"借款标"募集资金，并采用借新还旧的模式，短期内募集大量资金后用于自己生产经营，有的经营者甚至卷款潜逃，如庞氏骗局就是集资诈骗罪的典型案例。

此外，P2P 网络借贷的资金来源难以审查，P2P 网络借贷的资金来源于持有闲散资金的出借人，这些资金一般情况下是从正当渠道而来的，但是也不能排除其来源的非法性，同时，P2P 网贷平台往往也缺乏对资金来源审查的手段。因此，这些网络平台就有被用作洗钱工具或者从事高利贷的风险。

（三）技术风险

P2P 网贷的技术风险主要是指网络技术风险。P2P 网络贷款本身依靠的是互联网平台，而互联网本身就存在较大的安全隐患。所以 P2P 网贷面临的一个主要风险就是网络技术风险。由于互联网金融本身以技术为支撑，在技术方面如果不过关，会对互联网金融的资金安全、个人信息和正常运作产生很大的影响，并且会长期影响投资人的信心，对平台的影响更加深远。但互联网金融产生至今一直面临着各种安全隐患,如网络黑客、钓鱼网站、网络诈骗等。P2P 网贷作为一种新型的互联网金融模式,其网络平台中保留着大量的借款人与贷款人双方的真实信息。如果这些个人信息被不法分子获取,就会进行进一步的网络诈骗,给客户造成极大的损失。另外,P2P 网贷平台记录了出借人的银行账户、账户余额、待收和资金记录,一旦这些数据被修改甚至被删除,将会影响出借人的资金安全。

(四) 操作风险

P2P 网贷中,借贷双方有大量的资金往来,需要中间账户进行操作,但是监管现在仍处于真空状态。首先,目前许多 P2P 公司普遍宣称利用第三方支付平台来实现资金托管,但事实上仅开立了一个对公虚拟账户。虽然用户能看到资金使用情况,但第三方支付平台没有权利也没有义务对该账户进行监管,资金的实际调配权仍掌握在网贷公司手里。由于缺乏严格的管理和使用程序、没有相应的资金保管规范,网贷公司的业务人员或公司本身能够轻易地挪用账户资金,存在较高的道德风险。其次,国内的大多数平台为了吸引客户,提供本金保障措施,即借款人不能及时还款时,平台先行垫付,之后再由网络向贷款人追偿。但如果对贷款追偿不力,造成大量坏账,平台需要大量垫付,这样很可能导致平台无力垫付所有贷款,甚至造成平台倒闭。

二、P2P 网贷风险的防范

(一) 完善借贷平台的相关立法

虽然近两年国家相继出台《关于促进互联网金融健康发展的指导意见》《网络借贷信息中介机构业务活动管理暂行办法》等法律法规,但是相关法律仍不够完善,网络借贷缺乏监管依据。因此,P2P 网贷平台的经营活动属于行走在法律的边缘,安全性、稳定性都得不到保障,缺乏对其进行监管的依据,各地的监管分支机构都无法对其实施有效的监管。针对 P2P 网贷平台面临的法律风险,我国应尽快完善相关的法律法规。相关金融机构对网贷平台进行深入调研,根据网贷平台的特点,对网络借贷的性质、组织形式、经营范围等予以规定,并建立市场准入机制,将风险较大、资质较差的机构剔除出局,明确监管主体及监管职责,规范网贷平台的总体运作。

(二) 建立完善的征信体系

在互联网金融中,与传统电商信贷的信用征信和银行的信贷标准相比,P2P 的融资人信用审核是相对具有较大风险的,目前也最不完善。P2P 公司作为互联网金融的重要类型,本质上也需要利用平台或者其他渠道的互联网数据进行数据征信分析。

根据我国《个人信用信息基础数据库管理暂行办法》的规定,个人信用报告目前仅限于中华人民共和国境内设立的商业银行、城市信用合作社等金融机构、人民银行、消费者使用,网络借贷中介平台并非合法使用者。我国应当顺应时代发展,完善征信体系:首先,建立形成行业内部征信体系并制定统一的信用评价标准,建立黑名单互换机制;其次,积极促进与外部征信系统的对接,实现信用信息在不同行业间的沟通;再次,制定信用惩罚机制,以激励客户在利益平衡中做出明智的选择,重视自身信用建设;最后,增加国内专业的第三方征信服务公司。

（三）加强资金监管，引入第三方监管机制

对 P2P 网贷平台资金的监管，需要内部自律与外部监管相结合。加强对 P2P 网贷平台资金的来源、资金的用途以及资金的利率及资金的贷后管理等监管。除了对借款人的信用信息重点调查以外，加强对借款人的征信调查，以免出现洗钱、高利贷等违规行为，确保资金来源的合法性。P2P 网贷的借贷双方通过网络平台实现资金的往来，这一过程会产生大量的在途资金，这就需要有监管部门对平台的资金账户进行监控，保证借贷资金不被网站挪为他用，防止网站非法集资。对于沉淀资金的管理可以借鉴证券行业客户交易结算资金第三方存管的制度。客户资金的第三方存管可以有效防止网络平台或个人非法挪用客户资金，确保资金的安全性，同时，也有利于实现破产隔离。对于控制金融行业风险、切实保护贷款人利益以及维护金融体系稳定有重要作用。此外，P2P 网络借贷平台也可与银行合作，脱离第三方支付，直接通过银行将借贷资金打入借贷双方的银行账户中，以减少第三方支付给高龄人群带来的不便，并降低因第三方支付的迟延支付产生的逾期违约率。

（四）提高网站技术水平，加强网站的安全保证措施

P2P 网贷平台作为互联网金融的主要模式，会存在越来越多的网络安全隐患。第一，要加强保护网站内个人隐私信息，在 P2P 网络借贷平台的运营过程中，借贷双方的交易行为必然会涉及双方的个人信息，且将信息在网站公开。因此，网站首先应将客户的私人信息加密存放，并且加密的密钥与加密后的隐私信息分开存放。其次把所有的隐私信息分片，从物理上分开存放，最后数据存放的物理介质还需再次加密，这样即使数据被盗走，也无法得到个人信息。再者，还要增强自身平台网络技术人员的技术水平，进行定期培训考试，与高等院校或网络科技公司进行平台的合作维护与开发，加强客户信息的保护。第二，要防止黑客将平台交易数据更改或删除。网站首先要严格限制交易数据被更改的权限，其次加强对交易数据业务层面与资金层面的审计，可以效仿银行每日扎账处理，最后需要记录所有修改交易数据的日志，确保每次修改过程都可以被审计到。

> 【知识拓展】
>
> **一个时代落幕，5 000 家 P2P 全部清零，他们都去哪儿了**
>
> 中国 P2P 始于拍拍贷，兴于宜人贷，衰于 e 租宝，亡于今日。2020 年 11 月 27 日，原中国银保监会首席律师刘福寿在"财经年会 2021"上表示，"互联网金融风险大幅下降，全国实际运营的 P2P 网贷机构由高峰时期的约 5 000 家，到 2020 年 11 月中旬完全归零"。P2P 的全面清零，意味着持续 5 年多的整顿工作画上了句号。
>
> P2P 都去哪儿了？
>
> 面对监管的强力收紧，大量的问题平台倒闭，一些平台良性退出，还有一些 P2P 平台则走上了各自的转型之路。不少 P2P 选择转向其他的金融行业，如小贷、助贷、消费金融、理财平台、金融科技、金融服务等。还有很多 P2P 彻底转行，跨界进入电商、资讯平台、系统服务等领域。而 2018 年以来，P2P 转型愈发艰难，同时平台转型也越来越低调。不同于前两年大量互联网金融公司转型金融科技时的高打高举，今年很多平台

的转型都是默默完成，甚至有公司员工曾对记者表示，"我都是看了新闻才知道我们集团做了业务转型。"

转型金融科技仍是P2P的一大出路，转型小贷，也是很多P2P选择的方向。2019年下发的《关于网络借贷信息中介机构转型为小额贷款公司试点的指导意见》规定，在合规、股东、转型方案等方面符合条件的网贷机构，可以按照经营范围选择申请转型为单一省级区域经营或全国经营的小贷公司。此后，不少P2P开始转向小贷。不过，P2P转小贷并非易事，前不久出台的小贷新规为谋求转型的P2P带来了更多限制，还有一些P2P转型助贷。10月12日，拍拍贷官网发布公告称，自互金整治工作开展以来，拍拍贷积极响应和配合监管"三降"要求，截至2020年9月，拍拍贷在监管指导下，基于保护出借人和借款人双方利益的原则，已经完成存量业务的清零和退出。目前拍拍贷已经成功向助贷平台转型。

(资料来源：华夏时报，2020年11月27日．)

技能训练

请通过互联网或者其他文献资料，认真查看"e租宝""e速贷"事件，分析其网贷平台存在哪些违法违规操作风险。

知识小结

P2P网贷，即点对点信贷，或称个人对个人信贷，是指通过P2P公司搭建的第三方互联网平台进行资金借、贷双方的匹配，是一种"个人对个人"的直接信贷模式。目前，世界上比较著名的P2P网贷服务平台有Zopa、Prosper、Lending Club等机构，我国P2P网贷的发展大约经历了5个阶段，分别为萌芽期、快速扩张期、行业整合期、监管整顿期、清退转型期。P2P网贷具有交易灵活；利率高、风险大；起点低、门槛低等特点。

P2P网贷的主要运作模式有：纯平台模式与债权转让模式、线上线下相结合模式与纯线上模式、无担保模式与有担保模式。其中，有担保模式又分为第三方担保模式和平台自己担保模式。

作为一种新型的贷款模式，P2P网贷面临的风险主要有：信用风险、法律风险、技术风险、操作风险。可以通过完善借贷平台的相关立法；建立完善的征信体系；加强资金监管，引入第三方监管机制；提高网站技术水平，加强网站的安全保证等措施进行风险防范。

第 4 章 认识 P2P 网贷

知识拓展训练

一、名词解释

P2P 网贷　直接融资　间接融资　P2B

二、单项选择题

1. 下列四个选项中，（　　）是 P2P 网贷的定义。
   A. 点对点信贷，或称个人对个人信贷
   B. 具备一定实力和信誉保障的独立机构，借助通信、计算机和信息安全技术，采用与各大银行签约的方式，在用户与银行支付结算系统间建立连接的电子支付模式
   C. 利用互联网提供金融产品，金融服务信息汇聚、搜索、比较及金融产品销售并为金融产品销售提供第三方服务的平台
   D. 全称是互联网投融资服务平台，是个人对企业（非金融机构）的一种贷款模式，以融资性担保公司合作为主的网络贷款模式

2. 以下四项中不属于 P2P 网贷主要特征的是（　　）。
   A. 门槛高　　　　　　　　　　B. 利率高
   C. 风险大　　　　　　　　　　D. 交易灵活

3. 下列四个选项中，不属于 P2P 网贷风险的是（　　）。
   A. 技术风险　　　　　　　　　B. 信用风险
   C. 法律风险　　　　　　　　　D. 经济风险

4. 以下四个选项中，哪一项不是 P2P 网贷与民间借贷的区别（　　）。
   A. P2P 网贷信息透明化　　　　B. P2P 网贷平台借贷者之间的链条长
   C. P2P 网贷的客户群体更广泛　D. P2P 网贷风险定价机制更科学

5. 以下四个选项中，哪一项不是 P2P 网贷与银行借贷的区别（　　）。
   A. P2P 网贷投资者门槛比银行借贷高　B. 两者业务模式不同
   C. 两者收入来源不同　　　　　　　　D. 两者入市门槛高低不同

6. P2P 网贷包括的核心主体不包括（　　）。
   A. 网络平台　　　　　　　　　B. 银行
   C. 借款人　　　　　　　　　　D. 出借人

7. 以下四个选项中哪一项不属于 P2P 网贷产生的原因（　　）。
   A. 银行存款利率低　　　　　　B. 互联网技术快速发展
   C. 银行贷款利率高　　　　　　D. 市场刚性需求强

8. 世界上第一家 P2P 网贷平台是（　　）。
   A. Zopa　　　　　　　　　　　B. Lending Club
   C. 宜信　　　　　　　　　　　D. Prosper

9. 以下四个选项中,哪一项不属于 P2P 网贷产生的运作模式（　　）。
   A. 纯平台模式　　　　　　　　B. 线上模式
   C. 线上线下结合模式　　　　　D. 股权转让模式
10. 和纯平台模式相对而言的网贷平台运营模式是（　　）。
   A. 债权转让模式　　　　　　　B. 纯线上模式
   C. 线上线下结合模式　　　　　D. 无担保模式

三、判断题

1. P2P 网贷是一种"个人对个人"的直接信贷模式。　　　　　　　　（　　）
2. Lending Club 是世界上最早的 P2P 网贷。　　　　　　　　　　（　　）
3. 拍拍贷的运作模式是线上与线下相结合模式。　　　　　　　　　（　　）
4. 世界上第一家 P2P 借贷公司产生于英国。　　　　　　　　　　　（　　）
5. P2P 网络借贷的监管十分严格,进入门槛较高。　　　　　　　　（　　）
6. P2P 网贷借助互联网平台,贷款利率低,获得率高。　　　　　　（　　）
7. 与银行借贷相比,P2P 网贷的利率高。　　　　　　　　　　　　（　　）
8. P2P 网贷与传统金融贷款一样面临着信用风险。　　　　　　　　（　　）
9. P2P 网贷与民间借贷模式相同。　　　　　　　　　　　　　　　（　　）
10. P2P 网贷与民间借贷本质上都是基于信用的人与人之间的借贷。（　　）
11. 目前 P2P 网贷主要是通过第三方担保和网贷平台自己担保两种方式对投资者的本金提供保障。　　　　　　　　　　　　　　　　　　　　　　　　　　　　（　　）

四、简答题

1. 试述 P2P 网贷的定义与特征。
2. 请简要回答 P2P 网贷的主要运作模式。
3. 请简要论述 P2P 网贷与民间借贷的异同。
4. 请简要回答 P2P 网贷的主要风险。

五、案例分析

ZB 公司因涉嫌经济犯罪,网站业务暂停运作

ZB 投资是一个专门从事民间网络借贷的 P2P 网站,于 2011 年 2 月 21 日上线,注册资金 100 万元。与 2013 年以来倒闭的平台运营时间多数不足一年相比,ZB 投资是第一家出现问题的老平台。

2014 年 3 月 14 日,ZB 公司因涉嫌经济犯罪被衢州市公安局立案调查,网站业务暂停运作,后续消息待发布。ZB 投资网站数据显示,截至 2014 年 3 月 14 日,该平台招标总额高达 48 亿元,实际贷款总额为 45 亿元,平均每标金额为 82 万元,平均利率为 19.7%。经公安机关侦查发现,平台负责人周某利用掌握的 40 多个虚假会员账户频繁发布虚构的借贷协议,以高回报吸引投资,平台上用户名为 ZBICC 和 TENTION 的借款人在排除非常规借款标（秒标）后的历史借款总额分别达到 17 亿元和 15 亿元。ZB 投资网站发布的贷款协议中

90% 以上属于周某虚构的项目，并且其利用平台接收资金直接用于消费的金额十分巨大，仅 2013 年以来用以购买车辆等高档消费品的金额就超过 2 200 万元。

由于贷款到期后平台会将本金加利息转入投资人的网站账户，并可顺利提现转入真实银行账户，众多投资人误将 ZB 投资当作可靠的 P2P 网贷平台。但事实上，周某将其作为自己的融资平台，投资者资金进入的是周某的个人银行账户。此外，该平台的投资透明度也是其显得很神秘的原因。首先，该平台多数项目 1% 名义利率并不反映投资者最终回报；其次，在线上完成投资之后，投资活动就进入了线下，投资者的利率被分为线上支付和线下支付两个方面，线下才是主要的回报通道，这都是数据上没有体现出来的。

问：P2P 网贷存在哪些主要的风险？上述案例 ZB 公司网贷业务的风险主要有哪些？

【扩展阅读指南】

电子书《中国 P2P 借贷服务行业白皮书 2015》作者：零壹研究院	乐视视频《普惠金融带你去 P2P 网贷的起源》

第 5 章
知晓互联网众筹

【知识脉络图】

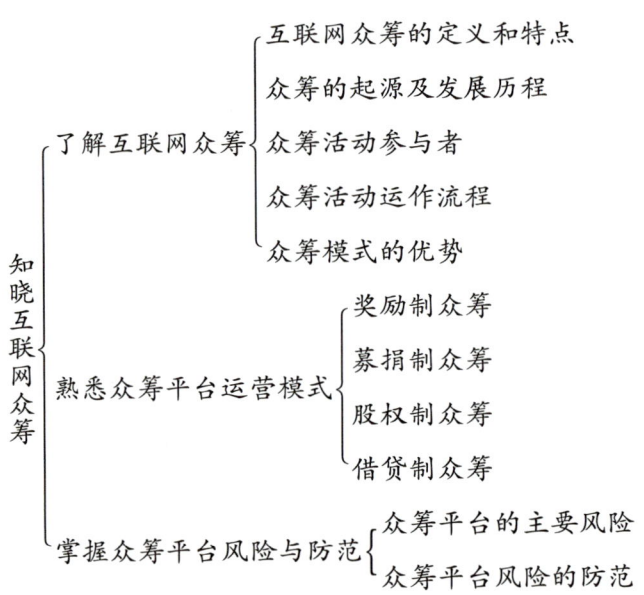

【学习目标】

1. 知识目标

(1) 了解互联网众筹的起源、发展历程及现状。
(2) 理解互联网众筹的定义、特征。
(3) 熟悉互联网众筹的四种运营模式。
(4) 掌握互联网众筹平台的主要风险及防范措施。

2. 能力目标

(1) 能够对国内外互联网众筹的发展现状进行对比分析。
(2) 能够根据所学知识初步判断互联网众筹平台的运营模式。

第 1 节　了解互联网众筹

【导入案例】

Kickstarter 众筹项目案例——Bambu Lab X1-彩色 3D 打印机

根据 Kickstarter 官网数据显示，截至 2022 年 7 月 22 日，Kickstarter 众筹平台已经为将近 223 850 个项目成功融资超过 68 亿美元，支持者总数已超过 2 124 万人。一直以来，Kickstarter 众筹金额排名前三的类别一直都是：游戏类、设计类、科技类，大概占 Kickstarter 总收入的 68%。Bambu Lab X1 众筹项目是 2022 年 Kickstarter 平台发布的科技类+设计类的百万美金项目之一，具体项目介绍如下：

Bambu Lab X1 | 配备激光雷达和 AI 的多色彩 3D 打印机

筹集的资金：700 万美元

Backer 数量：5 575 台

项目周期：30 天

上线时间：2022.3.31

这是深圳初创公司的拓竹科技首次发起的 Kickstarter 项目 Bambu Lab X1，在上线 48 小时内，筹款金额已经达到了接近 300 万美元，上线 10 天筹款金额已经超过 498 万美元，目前是整个 Kickstarter 平台 3D 打印机类目里众筹金额排名第三的项目。

Bambu Lab X1 是一款配备激光雷达和 AI 的多色彩 3D 打印机，在性能上把自动化调试、多色彩打印、高性能工程塑料等很多工业机的配置应用到一台桌面 3D 打印机上，拉开了桌面 3D 打印革命的序幕。

（资料来源：Kickstarter 官网．）

讨论：近几年，互联网金融模式飞速发展，众筹作为一种融资门槛低，且能够预知市场需求，能同步进行廉价的市场推广的融资方式，可以有效解决融资困难的难题。那么，什么是基于互联网的众筹？它是如何运营的？它又有哪些主要运营模式？

一、互联网众筹的定义和特点

（一）互联网众筹的定义

互联网众筹，简称众筹（Crowd Funding），是指项目发起人利用互联网和 SNS 传播的特性，利用众人的力量，集中公众的资金、能力和渠道，为小企业、艺术家或个人进行某项活动或某个项目或创办企业提供必要的资金援助的一种融资方式。简单地说，就是通过互联网方式发布筹款项目并募集资

轻松来众筹

金。相对于传统的融资方式,众筹更为开放,能否获得资金也不再是由项目的商业价值作为唯一标准。只要是网友喜欢的项目,都可以通过众筹方式获得项目启动的第一笔资金,为更多小本经营或创作人提供了无限的可能。

(二)互联网众筹的特点

1. 活动本身具有开放性

众筹的开放性表现为众筹项目的开放性和众筹参与人(包括项目发起人和支持者)的开放性。众筹项目的发起人并没有特别的年龄、性别、经济或经历的要求,项目发起人的信息只是作为支持者进行支持决定的参考。众筹项目的类别也没有要求,更多强调的是项目的创造性、可操作性等,以便吸引支持者,并能够保证项目的顺利完成。而支持者的个人化、目标的多元化和地理分布的分散化也体现了众筹的开放性。

2. 具有较强的互联网基因

众筹从一开始就是基于互联网而发展起来的,通过互联网,众多的互联网用户群体得以互联并进一步合作。和传统融资方式相比,在基于互联网的众筹模式中,借款方与投资者借助互联网可以高效地进行信息交换,有效地建立信任机制,相比之下,融资成本更为低廉。

3. 作用具有多样化

众筹出现带来的最基本的也是最重要的作用是解决项目发起人的资金问题,通过众多参与者的投资,得以使项目成功进行。但随着众筹活动的开展,不同的众筹模式带来的作用远不只如此。众筹可以通过平台和支持者的筛选对某个项目进行评判;通过支持者的监督对项目进行保障;通过项目发起人和支持者的沟通对项目进行改进;甚至可以通过众筹直接将消费者需求提取,并更便捷地植入生产过程;通过项目对产品或品牌进行口碑传播等。

二、众筹的起源及发展历程

(一)众筹的起源

最早的众筹起源于文学艺术领域,曾有艺术家为了完成自己的创作,向大众筹措资金,捐助者可以优先获得作品,或者艺术家在作品上署上捐助者的名字表示感谢。

【知识链接】

众筹的起源——传统众筹

1713年,英国诗人亚历山大·蒲柏着手将15 693行的古希腊诗歌翻译成英语。他花费近5年的时间完成了注释版的"伊利亚特",该译本被第一部现代英语词典的编纂者塞缪尔·约翰逊博士称为"世界前所未见的高贵的诗译作"。蒲柏因此获得荣誉与收入的双丰收,荣登英国桂冠诗人的宝座。这个项目得以成功完成,离不开蒲柏创新性的运作方式——初露端倪的众筹。

启动翻译计划之前,蒲柏即承诺在完成翻译后向每位订阅者提供一本六卷四开本的早期英文版的"伊利亚特",这一创造性的承诺带来了575名用户的支持,总共筹集了4 000多几尼(旧时英国的黄金货币)去帮助他完成翻译工作,这些支持者(订阅者)的名字也被列在了早期翻译版的《伊利亚特》上。

> 类似的众筹项目还发生在1783年，莫扎特想要在维也纳音乐大厅表演最近谱写的3部钢琴协奏曲，当时他去邀请一些潜在的支持者，愿意向这些支持者提供手稿。第一次寻求赞助的工作并没有成功。一年以后，当他再次发起众筹时，176名支持者才让他这个愿望得以实现，这些人的名字同样也被记录在协奏曲的手稿上。
>
> 1885年，诞生了一个最具影响力的众筹项目。为庆祝美国的百年诞辰，法国赠送给美国一座象征自由的罗马女神像，但是这座女神像没有基座，也就无法放置到纽约港口。约瑟夫·普利策，一名《纽约世界报》的出版商，为此发起了一个众筹项目，目的就是筹集足够的资金建造这个基座。
>
> 普利策把这个项目发布在他的报纸上，然后承诺对出资者做出奖励：只要捐助1美元，就会得到一个6英寸的自由女神雕像；捐助5美元可以得到一个12英寸的雕像。项目最后得到了全世界各地共计超过12万人次的支持，筹集的总金额超过10万美元，为自由女神像顺利竣工做出了巨大贡献，《纽约世界报》和普利策为此赢得美国民众的尊敬和爱戴。
>
> （资料来源：零壹财经. 众筹服务行业白皮书[M]. 北京：中国经济出版社，2014.）

众筹在西方的悠久传统，主要集中于文学、艺术等创意类领域；项目发起人具有较高的声誉或拥有较强的信息传播途径；投资兼具商业与慈善目的，既有预付费性质，又常带有资助和赞助性质。

（二）众筹的发展历程

世界上最早建立的众筹网站是Artist Share，于2001年开始运营，被称为众筹金融的先锋。Artist是艺术家，Share表示股份、分担的意思，Artist Share意指为艺术家分担，并得到一定份额的成果。Artist Share与西方众筹的历史渊源相吻合，这家最早的众筹平台主要面向音乐界的艺术家及其粉丝。Artist Share公司的CEO创建这家公司时的想法是支持粉丝们资助唱片生产过程，获得仅在互联网上销售的专辑；艺术家则可以获得更加合意的合同条款。艺术家通过该网站采用"粉丝筹资"的方式资助自己的项目。通过Artist Share，不少音乐家成功获得资助并发行了专辑，一些作品还获得知名奖项。

目前最大的互联网众筹平台是美国的Kickstarter，成立于2009年4月，是一个专门为创意方案筹资的众筹网站。Kickstarter在世界上影响力极大，尽管不是最早的众筹平台，但Kickstarter却是众筹平台在全球兴起发展的源头，也是美国最大的众筹平台。Kickstarter相信，一个好的创意，通过适当的沟通，是可以快速地广为流传的。同时，依靠众人的力量来获得资金与精神上的鼓励，可以让你更实际也更有勇气去实践自己的创意和点子。因此，Kickstarter众筹平台主要致力于支持和激励那些创新性、创造性和创意性的活动。作为全球知名的众筹平台，文化创意产业融资是Kickstarter平台起步的主要内容，目前依然是其核心业务。Kickstarter平台上众筹的项目包含艺术、电影、新闻、工艺品、时尚、设计、漫画等15个品类。Kickstarter的运作模式非常简单：项目、创意的提供者即资金的需求方在Kickstarter平台上进行申请，Kickstarter会对项目进行审核，通过后放在网站上向公众展示并筹集资金。

众筹作为互联网上一种新的融资模式，发展很快。2005年之后，众筹平台如雨后春笋般出现，如 Sellaband（2006 年）、Slicethepie（2007 年）、Indiegogo（2008 年）、Spot. Us（2008 年）、Pledge Music（2009 年）和 Kickstarter（2009 年）。

国内的众筹行业起步较晚，但发展迅速。国内第一个众筹平台——点名时间于 2011 年 7 月正式上线，至 2014 年一直是国内最大的众筹平台，专注于艺术、漫画、摄影、设计、音乐等领域。点名时间的运营模式与 Kickstarter 相似，主要来源于网友捐赠和产品的预售款，因此又被称为"中国的 Kickstarter"。但点名时间又是一家有中国特色的众筹网站，是一个可以让你发起和支持创意项目的平台。点名时间做的产品预售众筹，有自身特点，发起人要对所有支持者给予回报，但不会直接给予，而是要先推出产品或者服务，当在一定期限内收回一定的款项后，再返还给投资人，一般为 50%，待所有出资者确认收到回报后，再把余款交给发起人，所以被称为奖励制众筹或者"预付制"。同时，点名时间在管理上也比 Kickstarter 更加正规，初步具备了企业的特征。但点名时间 2014 年逐渐淡出众筹，向智能硬件销售平台转型。

自点名时间上线后，国内先后出现了满足不同需求的各种互联网众筹平台，目前较为成功的有人人创、京东众筹、淘宝众筹、淘梦网、追梦网等。

三、众筹活动参与者

一个完整的众筹模式一般包括三个要素：项目发起人（筹资人）、众筹平台（中介机构）、项目支持者（公众），三个部分有机结合，三个条件缺一不可，如图 5 – 1 所示。

图 5 – 1　众筹活动参与者

（一）项目发起人

项目发起人是项目的提出者或者创建人，项目发起人一般要有一个好的项目或者创意，需要资金支持。项目发起人通过众筹平台发布自己的项目信息，并对项目进行宣传推介。从筹集资金的角度，众筹项目发起人的动机包括降低项目资金筹集成本，利用网络和信息扩散吸引更多的投资者，同时带来更多的监督和风险管理。从开发和推广产品的角度，通过众筹，项目发起人可以缩减新产品开发的时间周期、吸引用户关注并增加和潜在用户的沟通以便完善新产品，可以帮助企业预测产品投放市场的潜力等。从公益的角度，众筹可以获得更多的关注，为项目完成带来更多机会。

（二）项目支持者

项目支持者即出资人，通过众筹平台寻找自己感兴趣的项目进行投资，并获得预期回报。项目支持者可以以资金、技术或其他形式参与,只要参与其中即可称为项目支持者。同时,项目及对公众的回报也是多样化的,可能是资金、某项服务、产品的衍生品等。一些公众参与项目希望通过众筹获得产品等实物回报,以及现金、利息、股息、证券、分红等金融回报或者服务等经济上的回报,这种动机往往出现在预售式众筹、借贷式众筹和股权式众筹中。还有一些公众参与项目是希望通过投资获得认知价值得以实现的期待感、企业发展后的成就感、相同投资人之间交流的社交情感和归属感、利他主义的精神满足感等,这种动机往往以公益性众筹和预售式众筹为主。

(三) 众筹平台

众筹平台则是为项目发起人和支持者提供中间服务的平台,在众筹活动中扮演着中介的作用。众筹平台要具有先进的网络技术,根据相关法律法规,采用虚拟运作方式,将项目发起人的创意和融资需求信息发布出来。众筹平台前期主要负责项目审核、发布、技术支持等资金撮合服务,并且提供法律、财务、管理等全方位增值服务。项目筹资成功后要履行监督职责,辅导和把控项目的顺利展开。项目完成后,众筹平台必须督促项目发起人履行协议承诺,回报所有投资者。当项目无法执行时,需督促项目发起人退款给出资者。

四、众筹活动运作流程

众筹活动分为三个阶段,分别为准备阶段、融资阶段、经营阶段。具体筹资活动运作流程如图 5-2 所示。

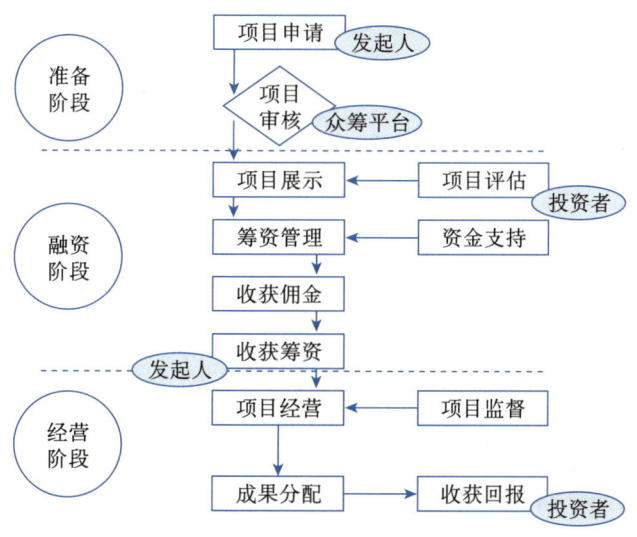

图 5-2 众筹活动运作流程

众筹项目运作流程分为四步:

第一步:项目发起人将项目策划交给众筹平台,经过相关审核后,通过视频短片、图片、文字介绍等形式在平台上发布创意项目,而出资人在平台中选择自己中意的项目。

第二步:项目发起人在平台筹集资金时,设定筹资项目的目标金额以及筹款的截止时间,对项目感兴趣的出资人在目标期限内进行一定数量的资金支持。

第三步：项目到达截止时间时，如果成功达到目标金额，该项目融资成功，创意者将获得融资资金，支持者确认资助，如果未达到目标金额，该项目融资失败，将撤回创意者融资资金返还给支持者。

第四步：项目发起人开始运行项目，出资人对项目进行监管并获得项目产品作为回报，对实物产品项目的融资，其回报即为产品，对购买股权进行的融资，其回报即为企业的股权。除了获取商品或者股权外，还有一些公众网站属于公益项目，该类型的捐赠项目，投资人一般不要求回报。

五、众筹模式的优势

（一）参与门槛低

对于项目发起人而言，众筹平台的要求很低，而且申请过程透明、简单。

对于投资者而言，由于互联网的开放性特征，投资人不受地区、职业和年龄等限制，只要具有一定的资金能力、管理经验和专业技能即可。如非股权众筹平台 Kickstarter 的支持门槛平均不到 100 美元。这种依托众筹平台的微创业活动在实现了"众人集资、集思广益、风险共担"的众筹理念的同时，也积累了经验和人脉。

（二）融资成本低、流程简单、容易获得

对于中小微企业而言，创业往往因为资金、技术或其他资源的短缺，难以发展，也没有更好的融资渠道。因民间融资成本高，银行资金难以获得等问题阻碍了中小微企业创业的进一步发展。在众筹平台项目的发起人不需要提供抵/质押物，项目发起人将项目方案提交给平台，向公众争取融资支持，如果项目通过审核并被大众认可，就可以获得非常低成本或者零成本的项目启动资金。众筹作为一种大众化的融资方式，简单、便捷，为中小微企业有效地解决了融资难的问题。此外，互联网的技术特征和商业民主化进程决定了"草根"创新时代的到来，每个人（文艺、科技人才等）都可以发挥自身的创新与研发能力，并借助社会资源把自己的创意变为现实的产品。

（三）获得市场宣传效果

众筹平台本质上讲也是一种社交平台，因此，它不仅有融资功能，还能起到市场宣传的作用。如果项目融资成功，相当于一次广告宣传。有些项目被关注但没有得到筹款，可能是因为投资人无法判断该项目是否具有一定实力以获得资金支持，从而获得盈利。但一旦项目融资成功，投资人就是未来的客户群。无论项目是否融资成功，都获得了展示的机会，能够吸引潜在的投资人。

以著名作家萧红传记电影《黄金时代》为例。该项目计划筹资 1 500 万元，最低筹资 10 元，时间为 2014 年 9 月 22 日至 10 月 22 日。至项目筹资结束后，共有 3 301 人参与此次众筹，筹集金额 1 800 余万元，超额完成筹资计划。该众筹项目采用"消费 + 金融"模式，收益将根据《黄金时代》的票房变化而定，如果该影片的票房低于 2 亿元，则以不超过 8% 的年利率进行补偿；如果票房为 2 亿~6 亿元（不包括 6 亿元），每增加 1 亿元票房收益率提升一个百分点；若票房为 6 亿元以上（包括 6 亿元），收益率则为 16%。

【知识链接】

众筹的鼻祖——Kickstarter

一位叫佩里·陈的华裔青年，正式职业是期货交易员，因为热爱艺术开办了一家画廊，还时常参与主办一些音乐会。2002年，他因为资金问题被迫取消了一场筹划中的在新奥尔良爵士音乐节上举办的音乐会，令他非常失落，进而就开始酝酿建立起一个募集资金的网站。

据佩里·陈回忆："一直以来，钱就是我创意事业面前的一个壁垒。我们脑海里常会忽然浮现出一些不错的创意，想看到它们能否有机会实现，但除非你有个富爸爸，否则不太有机会真的去做到这点。"经过漫长的等待之后，2009年4月Kickstarter终于上线了。

就这样，Kickstarter在美国纽约成立了，为那些艰难奋斗的艺术家们创作、筹措资金提供了一个平台。Kickstarter充当了交易双方的"桥梁"，一方是有新创意、渴望创作的人；另一方则是愿意出钱、帮助他们实现想法的人。艺术家们需要介绍自己的项目有什么价值，并且标清楚集资多少。投资商看到这些项目后，如果觉得有价值就可以出钱，每个创意实现后都会在Kickstarter展示，也可以看到是哪些人出钱资助了这个创意。

这就是Kickstarter的众筹模式，他的运作模式很简单：一方是缺钱的人，另一方是提供钱的人。该网站则充当一个平台，为双方提供一个沟通渠道。Kickstarter虽然完全处于自发的原始状态，但其仍被业界认为是众筹模式的开创者。

（资料来源：程侠义，魏艳．互联网+：金融理财新玩法［M］．北京：化学工业出版社，2016.）

技能训练

通过网络查询目前我国众筹的主要类型和代表性的平台有哪些？目前的众筹融资开展情况如何？

第2节 熟悉众筹平台运营模式

【导入案例】

疫情之下，中国新国货品牌走出海外！直播声卡获得众筹超500万元

一场成功众筹，能为企业撬开无数国际市场，早前小米有品众筹的走步机首次登录海外最大的众筹平台之一Indiegogo以来，就拥有3 115名支持者，获得了126万美元的

支持。这不仅是国内外头部众筹平台的首次强强联手,也是小米有品探索海外市场、助力优质品牌出海的重要一步。同年,红遍国外极客圈子的编程智能六足机器人,在众人瞩目中登上了众筹平台 KickStarter,仅仅用了 3 天时间就达到了预期目标的 10 万美元。

无独有偶,2020 年 6 月在深圳的一家音频创新公司摩罗志远旗下一款直播声卡 MAONOCASTER,首次登录海外最大众筹平台 KickStarter,上线仅用 45 天就众筹了 716 088 美元,折合人民币超过 500 万元。获得了 3 384 位专业音频爱好者、主播的支持,打破了音频行业声卡众筹获得的最高纪录。

据摩罗志远创始人回忆,MAONOCASTER 声卡原计划从 2 月初开始众筹的,原本令人万分期待的众筹,却由于新冠疫情的突然暴发,时间只能一推再推,直到 4 月底国内疫情出现了好转,项目才能开展,当时的美国疫情仍然处在高发期,国际航班大面积取消,国际物流价格飞涨,大部分美国人也在居家办公,所有发起人对于这次众筹的结果都是抱着很大的怀疑态度,不确定会有什么样的结果。没想到项目刚一上线,迅速成为 Kickstarter 平台上的热门项目,并一举拿到了"Project We Love"(我们喜爱的项目)标签,随后一路攀升到超过 500 万元的战绩。

(资料来源:大众新闻,2020 年 7 月 30 日.)

讨论:改革开放以后,特别是市场经济确立以来,我国的经济不断发展,企业、公司如雨后春笋般涌现出来,面对发展,各企业都开始不断扩大经营规模,在这种情况下,资金来源问题成为困扰每个公司发展的主要问题,"众筹"作为一种融资模式开始出现并发挥重要的作用,作为现代经济发展中一种不可缺少的融资模式,众筹平台都有哪些运营模式?在此次疫情防控中,众筹起到了什么样的作用?

根据项目的融资形式、项目支持者的支持形式、对项目支持者的回报形式、项目支持者的支持动机等因素,众筹可以分为四种类型:奖励制众筹、募捐制众筹、股权制众筹、借贷制众筹。

一、奖励制众筹

(一)什么是奖励制众筹

奖励制众筹是目前最受关注的融资方式,其直接表现形态乍看有些类似"团购"或者"预售",又称为预售制众筹。此类项目的发起人可以为了完成个人的某一梦想或者制造某种产品而发起项目,项目的支持者得到的回报是非金融性回报。具体而言,支持者可以得到奖励制的纪念性礼品或实物,或者是得到项目完成后的第一批实物产品。项目支持者的支持动机是被项目打动以帮助发起人完成梦想或对项目产品感兴趣希望得到最早的尝试和帮助产品落地。奖励制众筹的预售模式,在一定程度上可以替代传统的市场调研和进行有效的市场需求分析。

众筹运营模式

目前在国内,奖励制众筹的运营也非常成功,主要集中在图书、影视、出版、游戏和手工艺产品等小众产品方面。国内第一家众筹平台点名时间主要的业务方向就是产品预售,此后还有追梦网、众筹网、淘宝众筹、京东众筹等。

（二）奖励制众筹与团购的区别

从表面上看奖励制众筹与团购有很多相似之处，但两者的区别还是很大的。首先，目标产品的性质不同。奖励式众筹的产品是处于研发、设计或预售阶段，而团购的产品大多是已开始投入使用的成熟产品。其次，投资者的目的和地位不同。奖励制众筹的投资者认可目标产品，主要是为了能够参与到新产品的设计当中。奖励制众筹的投资者在产品设计中可以提出建议，不断地改进产品和服务。而团购的消费者参与其中主要是为了能够以便宜的价格获得产品，对产品的设计不能提出自己的特殊需求。最后，奖励制众筹可以通过项目的支持程度，验证项目是否符合市场需求，大大地降低了投资风险。

二、募捐制众筹

（一）什么是募捐制众筹

募捐制众筹也被称为公益性众筹，众筹项目的主题一般以公益性主题为主，募捐制众筹在众筹的过程中形成没有任何实质奖励的捐赠合约，支持者的出资行为带有明显的捐赠和帮助的公益性质。项目发起人以特定的公益目的为目标，例如，关爱贫困地区的老人儿童、关注小动物、保护环境等方面。项目发起人可以是公益热心人士、群体或者公益性组织。项目支持者是热心公益的个人或组织，支持者支持项目并不是为了获得物质或金钱回报，而是出于个人内在的慈善动机，得到的是精神上的"回报"。境内支持公益类项目的众筹平台有追梦网、淘宝众筹、京东众筹等。

（二）募捐制众筹与传统公益事业的区别

首先，传统公益事业项目的发起主体不再局限于慈善机构，募捐制众筹的发起人可以是公益机构或企业、社会公众，每个人都可以在众筹平台上发起公益事业，门槛比较低，操作过程公开、透明，并且项目的内容更加丰富，运营方式更加灵活。其次，虽然募捐制众筹与传统公益事业一样具有公益性质，但并不是没有任何回报。大多捐赠者获得精神层面的回报，比如，发电子感谢信、颁发荣誉证书、署名等。而传统的公益事业是无任何回报的，更多的是大众的自发行为，完全不计回报。此外，对于募捐制众筹平台来讲，具有一定的商业化模式，因此，操作时并不仅仅解决社会问题，还会追求一定的利益。最后，募捐制众筹项目存在失败的可能性，如果在预定时间内没有达成捐赠目标，所捐赠的款物必须退还给捐赠人，而传统公益事业的募捐则不会因为目的无法达成而退还。

三、股权制众筹

（一）股权制众筹的概念

股权制众筹是指公司出让一定比例的股份，面向普通投资者，投资者通过出资入股公司，获得未来收益。简单来说，股权制众筹是指基于互联网平台向大众筹资或群众筹资，并以股权作为回报的融资模式。

玩转股权众筹

股权制众筹项目发起人往往为创新型的初创企业，项目通常需要较多的资金，发起人无法通过传统的股票市场融资、风险资本投资等方式融资。同时，采用通常的上述众筹模式也往往难以获得足够的资金，而通过股权制众筹，投资者可以按照投资额获得对应的股权份额，进而获得项目公司未来获得成功后的收入或者利润分享，项目发起人也可以有机会接触潜在投资人和相关投资者。国外的典型代表有英国的 Crowd Cube、美国的 We Funder，国内的典型代表有第五创、人人创、众筹客等。

（二）股权制众筹的特点

1. 股权制众筹门槛低

股权制众筹的项目发起者没有身份、地位、职业、年龄、性别的限制，而项目投资者的资历几乎没有门槛限制，投资人通常是普通草根民众。

2. 股权制众筹是一种便利的筹资工具

股权制众筹主要解决初创型中小微企业的融资需求。小型公司非公开的融资渠道很少，监管很严，而小型企业上市融资的成本很高。股权制众筹的出现正是迎合了这些小企业的融资需求。它简化了小型企业的融资程序；降低了投资机构交易的门槛；减少了发行公司的交易成本和融资成本，也加强了对参与交易的中介机构的监管，并向中介渠道分散了部分监管职责，要求中介渠道提高对投资者的透明度。

3. 股权制众筹可能涉及较大风险

目前，在国内创业风险很大，很多投资都无法回收成本，低门槛的参与模式更是增加了其风险。此外，股权制众筹的发展冲击了传统的"公募"与"私募"界限的划分，使传统的线下筹资活动转换为线上，单纯的线下私募也会转变为"网络私募"，从而涉足传统"公募"的领域。在互联网金融发展的时代背景下，"公募"与"私募"的界限逐渐模糊化，使股权制众筹的发展也开始触及法律的红线。

4. 股权制众筹对人才要求高

目前，股权制众筹是一个专业性较强的投融资方式。需要对项目初步的尽职调查团队、分析师团队、法务团队协助投资者成立合伙企业及投后管理。

【知识拓展】

股权制众筹模式分类

1. 私募股权众筹和公募股权众筹

按照众筹行为的性质，可将股权众筹分为私募股权众筹和公募股权众筹。我国目前的股权众筹都是私募性质；美国、英国等股权众筹发展较快的国家，都是将众筹行为界定为公募性质，众筹平台可以向公众进行募集。

2. 有担保股权众筹和无担保股权众筹

按有无担保，可将股权众筹分为有担保股权众筹和无担保股权众筹。有担保股权众筹主要是指在股权众筹业务中加入了担保元素。目前我国绝大多数股权众筹属于无担保股权众筹模式。

3. 线上股权众筹和线下股权众筹

按照众筹业务开展的渠道，可以将众筹划分为线上股权众筹和线下股权众筹，线上股权众筹主要是指融资人、投资人以及股权众筹平台之间所有的信息展示，交易往来都是通过互联网完成的,当下许多股权众筹绝大多数流程都是通过线上完成的;线下股权众筹又称圈子众筹,主要是指在线下基于同学、朋友等熟人圈子开展的一些小型众筹活动。

4. 综合型股权众筹和垂直型股权众筹

按众筹平台的经营范围可将股权众筹分为综合型股权众筹和垂直型股权众筹。综合型股权众筹平台,其经营范围较广,基本很少涉及具体行业的划分,目前我国较大的股权众筹平台都属于综合型股权众筹平台;垂直型股权众筹平台,其经营范围有明确的行业划分,如联投汇,就是境内首家专注于医疗和生物健康的股权众筹平台。

5. 凭证式股权众筹、会籍式股权众筹和天使式股权众筹

按股权众筹的运营模式可以分为凭证式股权众筹、会籍式股权众筹和天使式股权众筹。

凭证式股权众筹主要是指通过买凭证和股权捆绑的形式进行募集,出资人付出资金取得相关凭证,该凭证又直接与创业企业或项目的股权挂钩,但投资者不成为股东。会籍式股权众筹主要是指在互联网上通过熟人介绍,出资人付出资金,直接成为被投企业的股东,最有代表性的是3W咖啡。天使式股权众筹是股权众筹模式的典型代表,是由一名出资人(领头人)发现好的项目后,先按比例投入部分资金,然后再通过网络平台发布信息,引领其他投资者(跟投人)跟投,最后成立有限合伙基金入股项目公司。天使式股权众筹中主要有"合投模式""领投+跟投模式""路演模式"等。

(资料来源:帅青红,李忠俊,彭岚. 互联网金融[M]. 辽宁:东北财经大学出版社,2016.)

四、借贷制众筹

(一) 借贷制众筹的概念

借贷制众筹又称债权众筹,是指项目发起人通过众筹平台发布借款项目,并承诺对支持者进行还款付息,而项目支持者支持的动机仅仅是为了追求资金的利息报酬。此类众筹项目已经越来越少地出现在众筹平台上,而是转换为专门的P2P网贷模式。

借贷制众筹是一种比较保险的众筹投资方式,当一些企业或者项目需要资金时,在众筹平台上公开发布信息,吸引投资者投资从而获得资金,而投资者得到的回报是对投资对象的债权以及利息收入,到期收回本金。借贷制众筹融资是中小企业或者项目募集资金的有效渠道。

(二) 借贷制众筹与股权制众筹的区别

1. 借贷制众筹与股权制众筹的流程不同

借贷制众筹的筹资者发布筹资需求后由平台审核信用资料,发布优秀的融资项目,投资者甄选符合自己投资意向的项目并投资,平台在筹资满额后放贷,寻求小贷公司担保,关注项目进展,监控风险;筹资者收到贷款用于项目运行,到期偿还。股权制众筹现有的通行模式一般是投资者通过众筹平台投资后,平台或者平台选择的公司/个人会作为"领投人"牵头设立一家合伙企业,投资者作为有限合伙人,虽然对外无权代表合伙企业,但是可以分红,并只对合伙企业的债务承担有限责任。合伙企业成立后,再以合伙企业的名义投资融资的项目公司,以合伙企业作为公司股东。

2. 借贷制众筹与股权制众筹获得回报的方式不同

借贷制众筹的项目支持人，通过借贷制众筹平台出资，得到的回报是对投资对象的债权以及利息收入，到期收回本金。而股权制众筹的项目支持者通过出资入股公司，出资者可以按照投资额获得对应的股权份额，进而获得项目公司未来获得成功后的收入或者利润分享。一般情况下股权制众筹的预期投资回报率更高，但同时也面临更大的风险。

3. 借贷制众筹与股权制众筹面临的风险不同

借贷制众筹相比股权制众筹投资更有保障。股权制众筹的预期投资回报率一般比借贷制众筹高，但是收益越高，风险越大。股权制众筹最大的风险在于项目公司运营收益的风险，因为对于债权本息，无论借款人的经济情况如何，甚至在破产的情况下，都有主张的权利。但是对于股权而言一般均由公司经营业绩决定其收益与否。如果公司控制人有意进行资金挪用、财务造假、利益输送等行为，那么投资人的投资收益乃至本金就有巨大的风险。而众筹平台或"领投人"能否有实力或意愿去监控公司账务，目前而言还没有一个很好的解决方案。

【知识拓展】

借贷制众筹的优缺点

1. 借贷制众筹的优点

首先，筹资的速度非常快。借贷制众筹没有太多繁杂的审批手续，也不需要银行的相关证明，所以筹集资金的过程相对于股权众筹要快速得多。

其次，这种债权众筹的资本成本要小一些，不会给筹资者带来太多的负担。在众筹的手续费用上，不会消耗太多成本，而利息上也没有其他的众筹高，所以很多企业喜欢用这种筹资模式。

再次，筹资的弹性大一些，这种筹资不像股权众筹，投入的资金是无法退还的，所以企业会背负沉重的担子。而借贷式众筹投资者可以根据企业的发展状况以及近期企业的财务状况等多方面考虑，对于债权的条件和数量可以和企业商定，也可以变动筹资数量，甚至是取出自己的筹集资金，所以灵活性是非常大的，当然筹资弹性也是股权众筹没法比拟的。

最后，借贷制众筹具有稳定性。企业在市场上募集的资金有限，所以到投资者手里的债权也是有限定的。而且作为投资的债权人，不能参加公司里的任何经营和管理，因此不会影响到整个企业的运营，也不会影响到其他股东的利益。这点和股权众筹相比优势更为明显。

2. 借贷制众筹的缺点

投放市场的债权众筹不能为企业带来稳定的资本。募集资金存在着不确定性，我们不一定能够筹集到预期的资金，而且这些资金都有到期日，等到这天来临，还要连本带息地还给投资者，因此只能是企业应急的资金，不能作为企业常需的资金，同时借贷式众筹还存在一定的风险。投资者在选择企业的时候，必须要研究企业的规模、企业的盈利情况，特别是企业的还款能力，这样才能把投资的风险降低一些。对于企业来说，要清算好自身的偿还能力，从而制定合理的投资报酬，当然，公司本身预留的准备资金也要足够多，这样面对投资者还款到期时的兑换才不会有资金上的危机。

【案例分析】

中国共产党第二十次全国代表大会上习近平总书记重点提到面对突如其来的新冠疫情，我们坚持人民至上、生命至上，坚持外防输入、内防反弹，坚持动态清零不动摇，开展抗击疫情人民战争、总体战、阻击战，最大限度保护了人民生命安全和身体健康，统筹疫情防控和经济社会发展取得重大积极成果。

此次疫情发生后，作为上海规模最大的慈善组织，上海市慈善基金会与澎湃新闻联手在民政部指定的20家公募平台之一的联劝网发布了"抗击新冠疫情专项行动"线上众筹项目，线上募捐起止时间为2020年1月26日至2020年4月26日，上述专项募捐行动自线上募捐开通后，便受到广泛关注，得到了广大网友及部分单位的积极响应，所筹集到的善款数额持续上涨。线上接收的善款将与线下接收的善款一起统筹使用，助力疫情防控。

思考："抗击新冠疫情专项行动"线上众筹项目，属于什么类型的众筹？该类型众筹具有什么特点？

技能训练

请选择你熟悉的互联网搜索工具，查找京东众筹官方网站，认真浏览网站内容，找出京东众筹主页的产品，众筹有哪些以及众筹是怎样分类的？判断京东众筹的运营模式。

第3节　掌握众筹平台风险与防范

【导入案例】

2021年3月，第十二届全国人民代表大会第四次会议上表决通过《国民经济和社会发展第十三个五年规划纲要（草案）》（以下简称《规划纲要》），《规划纲要》提出深入推进大众创业万众创新，把大众创业万众创新融入发展各领域各环节，鼓励各类主体开发新技术、新产品、新业态、新模式，打造发展新引擎。建设创业创新公共服务平台，全面推进众创众包众扶众筹。这是众筹首次正式写进十三五规划。同时2022年3月新增众筹平台明显增多，并且在移动端高速发展的大浪潮下，以微信端和App为主的众筹平台也开始兴起。网贷之家的研究报告显示，在新平台不断上线的同时，3月份倒闭的平台也不在少数，主要原因为经营不善和实力比较弱的平台。总体来说，在各种利好信号下，投资人对众筹这种新的投资方式也开始越来越了解，并且越来越能接受这种新投资方式。截至2022年3月底，全国各种类型的众筹平台总共328家，其中非公开股权融资平台最多，有131家；其次是奖励众筹平台，有112家；混合众筹平台为73家；公益众筹平台仍然为小众类型，仅有12家。

讨论： 尽管目前在政策利好下，中国众筹市场近来呈现出快速增长和多元化发展的态势，但也存在着一些不容忽视的问题和挑战。主要问题包括：监管滞后，信息不对称，项目质量参差不齐等，因此众筹仍然面临着一定的风险。那么众筹主要面临的风险有哪些？如何来防范这些风险呢？

（资料来源：2022年众筹行业分析报告.）

一、众筹平台的主要风险

众筹作为互联网金融的一种形式，由于其互联网基因契合了中小企业的融资需求，整个众筹产业发展迅速且潜力巨大。但是，作为一种新的融资模式，众筹在带来种种收益的同时，也不可避免地存在着风险。

（一）法律风险

在目前法律不完备的情况下，很多平台自身也没有从业务本身出发去建章立制，探索一套内部合规的管理方法。目前众筹最大的风险还是源于我们国家还没有建立起相应的法律制度环境，也没有支撑众筹的规范性文件和法律法规。众筹行业的发展首先冲击的是现有的金融融资与证券管理等法律监管，因而众筹首先要面对的就是如何与当前的法律制度相匹配。目前，中国有关众筹的相关法律制度尚未出台，众筹在中国的实践中需要面对的法律风险包括非法集资和非法发行证券。

认识众筹的主要风险与防范（上）

（二）信用风险

我国众筹的一大障碍就是诚信。虚拟网络背后的筹资企业信用如何，不得而知，筹集到位的资金如何监管，企业有了盈利之后如何分配，也都没有法律规范，并且我国的信用水平还相当低下。项目资金若没有按照既定用途使用，就会被项目发起人挪为他用。如果众筹项目失败，但项目支持者的资金在已经被使用的情况下，支持者遭受的损失往往很难得到赔偿。就算众筹项目成功了，但项目发起人承诺的回报，并没有严格法律意义上的约束力，项目发起人缺少履行项目承诺的法律约束，这有可能带来部分项目发起人主观上的项目成功后不履行义务的情况。

二、众筹平台风险的防范

（一）加强对众筹平台的监管

由于信息不对等、实力不一致的现实情况，投资者处于非常不利的位置。监管方要从制度层面加强对投资者权益的保护，对众筹平台的监管可侧重于以下几个方面：加强操作和融资的透明度；加大资金管控确保支付的安全；完善平台操作流程规范，确保投资人掌握更多的信息，避免欺诈发生。同时监管部门要加强对投资者的教育，提高投资者的风险意识和自我保护能力，引导其合理控制风险。引入第三方机构（如银行、券商）负责资金托管，代理众筹平台在投资者账户、平台账户与发行人账户之间进行资金划转，保证资金的安全性。

（二）短期采取规避法律风险的措施与长期完善众筹的相关法律制度相结合

短期内，在众筹的专门法律还未制定的时候，众筹的发展需要采取各种规避法律风险的措施，如对于实物类众筹项目发起人通过"预售"商品的方式进行众筹，可以避免"预购"行为，避免形成资金池及避开非法集资的嫌疑；对于股权式众筹可以采取线上项目众筹和线下股权投资操作相结合的方式，采取实名制及合格投资者领投模式，这些措施能够保证众筹在不违背法律红线的前提下得到尽可能的发展。

（三）建立项目审核的标准化评判体系，明确众筹平台的责任

尽管众筹网站会核实发起人的身份，并调查对方是否有完成项目的能力。但是对于创意或者项目是否具有可操作性，以及是否经过官方或正规检测机构的检验，尚未有完整或者统一的评判检测标准，因此项目的科学性和可行性存在很大的风险。资金筹集完毕以后，网站并不对项目能否按时完成负责，也不会对创业者是否有能力完成该项目进行考察。尽管在法律上创业者有实现承诺的义务，但如果创业者将资金使用完毕也未能实现承诺，也没有任何退款机制。甚至于目前几乎没有具体的法律法规能判定如果项目出现诈骗，平台方是否需要承担责任。因此需要建立项目审核的标准化评判体系，明确众筹平台的责任。

（四）健全我国信用体系

众筹活动中的很多风险产生的根源在于我国缺乏健全的信用体系，因此，完善的信用体系的建立可以有效降低众筹的信用风险，让更多企业和个人有从事众筹的强烈意愿，从而促进众筹产业的发展。

认识众筹的主要风险与防范（下）

众筹特别是股权众筹是一种游走在现行法律灰色地带的商业模式，就像是万丈深渊旁边的舞者，稍有不慎就有可能粉身碎骨。但众筹的理念、众筹的魅力以及众筹可能对现行创业模式的颠覆无疑又刺激着很多人投入到这个领域。众筹的风险具有隐蔽性、广泛性、突发性等特点，因此对众筹风险的防范也是一个系统的工程。这就要求其风险的防范措施要做到不断地与时俱进，及时根据实践发展进行调整。众筹风险防范的最终目标是要让众筹能够真正地服务于实体经济，同时让投资者能够获得收益。

技能训练

利用网络或相关书籍查看影视众筹到底是怎样的一个行业？它面临的问题和风险有哪些？

知识小结

互联网众筹简称众筹，是指项目发起人利用互联网和 SNS 传播的特性，利用众人的力量，集中公众的资金、能力和渠道，为小企业、艺术家或个人进行某项活动或某个项目或创办企业提供必要的资金援助的一种融资方式。一个完整的众筹模式由项目发起人（筹资人）、众筹平台（中介机构）、项目支持者（公众）三个要素组成。互联网众筹有参与门槛低；融资成本低、流程简单、容易获得；获得市场宣传效果等特点。

根据项目的融资形式、项目支持者的支持形式、对项目支持者的回报形式、项目支持者的支持动机等因素，众筹可以分为四种类型：奖励制众筹、募捐制众筹、股权制众筹、借贷制众筹。

众筹作为互联网金融的一种形式，由于其互联网基因契合了中小企业的融资需求，整个众筹产业发展迅速且潜力巨大。但是，作为一种新型融资模式，众筹在带来种种收益的同时，也不可避免地存在着风险，主要有法律风险和信用风险，法律风险主要表现为非法集资和非法发行证券。

知识拓展训练

一、名词解释

互联网众筹　股权制众筹　借贷制众筹　奖励制众筹　募捐制众筹

二、单项选择题

1. 下列四个选项中，（　　）不是互联网众筹的特点。
   A. 活动本身具有开放性　　　　　　B. 是一种个人对个人的直接信贷模式
   C. 作用具有多样化　　　　　　　　D. 具有较强的互联网基因
2. 以下四项中不属于互联网众筹参与者的是（　　）。
   A. 项目发起人　　　　　　　　　　B. 项目支持者
   C. 众筹平台　　　　　　　　　　　D. 监管机构
3. 众筹平台的兴起源于 2009 年 4 月在（　　）建立的 Kickstarter 网站。
   A. 美国　　　　　　　　　　　　　B. 英国
   C. 日本　　　　　　　　　　　　　D. 韩国
4. （　　）也被称为公益性众筹，众筹项目的主题一般以公益性主题为主，项目发起人以特定的公益目的为目标。
   A. 募捐制众筹　　　　　　　　　　B. 奖励制众筹
   C. 借贷制众筹　　　　　　　　　　D. 股权制众筹
5. （　　）通过众筹平台发布借款项目，并承诺对支持者进行还款付息。

A. 募捐制众筹 B. 奖励制众筹
C. 借贷制众筹 D. 股权制众筹

6. 中国的第一个众筹平台是（ ）于 2011 年 7 月正式上线。
A. 拍拍贷 B. 点名时间
C. 京东众筹 D. 天使汇

7. 以下四项中（ ）不属于借贷制众筹和股权制众筹的区别。
A. 回报方式不同 B. 风险不同
C. 流程不同 D. 借助的平台不同

8. 按照股权众筹业务开展的渠道，可以将股权众筹划分为（ ）。
A. 线上股权众筹和线下股权众筹 B. 有担保股权众筹和无担保股权众筹
C. 综合型股权众筹和垂直型股权众筹 D. 私募式股权众筹和公募式股权众筹

9. 以下四个选项中，（ ）不是众筹的优势。
A. 众筹具有市场宣传作用 B. 众筹流程简单
C. 众筹门槛低 D. 众筹风险低

三、判断题

1. 奖励制众筹就是传统意义上的团购。（   ）
2. 借贷制众筹项目的发起人通过众筹平台发布借款项目，并承诺对支持者进行还款付息，而项目支持者支持的动机仅仅是为了追求资金的利息报酬。（   ）
3. 按照股权众筹业务开展的渠道，可以将股权众筹划分为综合型股权众筹和垂直型股权众筹。（   ）
4. 互联网众筹主要解决中小微企业的融资问题。（   ）
5. 非法集资是众筹面临的一个重要风险。（   ）
6. 平台对投资者的资历要求较高。（   ）
7. 如果众筹项目没成功，则项目支持者所出资金不再返还。（   ）
8. 天使汇是我国第一个成立的众筹平台。（   ）
9. 与传统金融相比，互联网众筹融资成本低，操作简单。（   ）

四、简答题

1. 简单叙述众筹的优势。
2. 简要回答众筹的几种模式。
3. 简述众筹的特点。
4. 简述众筹活动的参与者。

五、案例分析

MW 传媒通过淘宝众筹，引来争议

2012 年 10 月 5 日，淘宝出现了一家店铺，名为"MW 会员卡在线直营店"。淘宝店店主是 MW 传媒的创始人朱某，原来在多家互联网公司担任高管。

消费者可通过在淘宝店拍下相应金额会员卡,但这不是简单的会员卡,购买者除了能够享有"订阅电子杂志"的权益,还可以拥有 MW 传媒的原始股份 100 股。朱某 2012 年 10 月 5 日开始在淘宝店里上架公司股权,4 天之后,网友众筹 80 万元。

MW 传媒的众筹试水在网络上引起了巨大的争议,很多人认为有非法集资嫌疑,果然还未等交易全部完成,MW 的淘宝店铺就于 2 月 5 日被淘宝官方关闭,阿里对外宣称淘宝平台不允许公开募股。

而证监会也约谈了朱某,最后宣布该融资行为不合规,MW 传媒不得不向所有购买凭证的投资者全额退款。按照《证券法》,向不特定对象发行证券,或者向特定对象发行证券累计超过 200 人的,都属于公开发行,都需要经过证券监管部门的核准才可以。

后来,MW 传媒创始人朱某复述了这一情节,透露了比"叫停"两个字丰富得多的故事:

"我的微博上有许多粉丝一直在关注着这事,当我说拿不到投资,创业启动不了的时候,很多粉丝说,要不我们凑个钱给你吧,让你来做。我想,行啊,这也是个路子,我当时已经没有钱了。"

"这让我认识到社交媒体力量的可怕,之后我就开始真正地思考这件事情了:该怎么策划,把融资这件事情当作一个产品来做。"

于是,朱某在 2013 年 2 月开始在淘宝店上众筹。

"大概一周时间,我们吸引了 1 000 多个股东,其实真正的数字是 3 000 多个,之后我们退掉了 2 000 多个,一共是 3 000 多个投资者打来 387 万元……"

目前公司一共有 1 194 个投资者。钱拿到之后,在上海开了一个年度规划会。我的助手接到一个电话:"你好,我是证监会的,我想找你们的朱某。"

"证监会做的让我觉得最了不起的一件事情,是给 1 194 个投资人都打过电话。一半的投资人接到电话就直接挂了,都以为是骗子,在群里说,今天遇到骗子打电话来说是证监会,要来了解 MW 传媒,我告诉他们的确是证监会在调查。"

据朱某描述,证监会重点问了所有投资人两个问题:第一,朱某有没有承诺你保本?第二,有没有承诺每年的固定收益率?

(资料来源:经济观察网,2015 年 10 月 23 日.)

问:
1. 众筹平台主要有哪些类型?案例中的众筹平台属于什么类型的众筹平台?
2. 众筹平台面临哪些风险?分析 MW 传媒为什么不合规。

【扩展阅读指南】

电子书《互联网金融》 作者:李耀东	《2015 世界众筹大会开幕式直播特别节目》

第 6 章
探求大数据金融

【知识脉络图】

```
                    ┌─ 认识大数据金融 ─┬─ 大数据概述
                    │                  └─ 大数据金融
探求                │
大数                │                         ┌─ 大数据金融的模式
据金  ──────────── ├─ 熟悉大数据金融的模 ────┼─ 大数据金融产品的运作
融                  │   式和运作               └─ 了解国内外大数据金融的应用
                    │
                    └─ 掌握大数据金融的风 ────┬─ 大数据金融风险分析
                        险与防范              └─ 大数据金融的风险防范
```

【学习目标】

1. 知识目标

（1）了解大数据的概念及其特点。
（2）了解大数据金融的概念、特点及常见模式。
（3）熟练掌握大数据金融产品的运作方式。

2. 能力目标

（1）能够对国内外大数据金融的应用现状进行对比分析。
（2）能够根据所学知识初步判断大数据金融存在的风险并进行防范。

第1节 认识大数据金融

> 【导入案例】
>
> ### 中原消金：数字化引擎激发普惠金融"新动能"
>
> 每位进入中原消费金融职场的来访者都会被中庭巨大的破壁系统监控大屏吸引，大屏上中国地图被不断闪耀的小白点点亮。中原消费金融相关负责人介绍，地图上白点亮起，就意味着相应地区有一名消费者通过中原消费金融办理了一笔消费贷款业务。
>
> 近年来，中原消费金融以数字"赋智"经营管理、"赋能"金融服务、加快发展步伐，打造了市场领先的"自主获客""智能风控""数字运营"三大数字化核心能力体系，为客户提供优质、高效、便捷、有温度的一体化消费金融服务。
>
> 在自主获客方面，中原消费金融结合行业内不断涌现的流量业务场景，充分利用自主研发的大数据人工智能模型联合构建获客模型，建立360°精准营销体系，为不同职业、不同需求的客户群体推出相应的产品。
>
> 在数字化运营方面，中原消费金融打造了"AI模型平台和BI指标体系"，该平台内部署了大量数据模型，能够充分利用数据智能驱动业务运营与经营决策，沉淀数据资产，提供数据赋能，营造"用数据说话"的文化氛围。
>
> 在智能风控方面，中原消费金融风险团队搭建起了红岸机器学习平台、雾伞特征工程平台、阶梯变量加工平台、雪地模型部署平台等四大平台，构建高质量多维度数据体系，层层技术把关，有效地形成"千人千面"的智能化信贷服务。
>
> 作为河南省唯一一家持牌消费金融机构，中原消费金融自成立之初就确定了以大数据、云计算等高新科技创新为驱动的发展战略，在提升研发实力上狠下功夫，全面推进数字化转型升级，走出了一条高质量发展的普惠金融之路。
>
> （资料来源：大河财立方，2023年3月13日．）
>
> **讨论**：互联网时代到来，大数据成为我们生活中不可或缺的一部分，它悄悄地改变了我们的生活和工作的方式。大数据是什么？它又能如何和金融结合起来呢？

一、大数据概述

1. 大数据的定义

大数据（Big Data），或称巨量数据、海量数据、大资料，是指无法通过人工在合理时间内而需要新处理模式才能具有更强的决策力、洞察力和流程优化能力的海量、高增长率和多样化的信息资产。

伴随着互联网时代的到来，人们获得信息的途径越来越多，也越来越快，数据通过网络日志、社交媒体、互联网搜索、手机通话记录等形式产生出来，给社会生产和生活提供了重要的资源。

2. 大数据的类型

数据根据存储形式可划分为三类：结构化数据、非结构化数据和半结构化数据。

结构化数据是指事先被人为组织过，能够存储在数据库里，可以用二维表结构来实现的方便被处理和访问的数据。以前存储的数据基本上都是结构化的数据。

非结构化数据是指没有一个预定定义的数据模型或不是以一种预先组织好的方式进行组织，且这些数据不方便用二维表结构来表现的数据。非结构数据不能存储在数据库中，只能以各种类型的文本形式进行存放，常见的非结构化数据包括所有格式的办公文档、文本、图片、XML、HTML、各类报表、图像和音频/视频信息等。

了解大数据金融

半结构化数据是跨结构化和非结构化的数据。它是结构化数据，但不适合正式的关系数据库模型或其他序列来源。很多 XML 文件也可能属于这一类，虽然也有结构化和非结构化的 XML 文档。

3. 大数据的典型特征

（1）数量大。大数据简单地说就是海量数据，在近 20 年间，数据的存储单位从最初的 KB、MB、GB 到现在的 TB、PB，甚至于 ZB、EB，可以看出全球数据存储数量呈现出爆发式增长的状态。据科学家估算，把人类存储的数据全部记在书中，这些书可以覆盖整个美国 52 次。如果存储在只读光盘上，这些光盘可以堆成 5 堆甚至更多，每堆都可以伸到月球。

（2）类型多。伴随着各种传感器、智能设备、社交写作技术的发展，人们存储和处理的数据变得越来越复杂，不仅包括大量的结构化数据，还有各种来源不同、格式不同的非结构化数据以及半结构化数据。目前，存储和处理的数据 80% 以上都是非结构化数据。

（3）速度快。大数据的"快"有两个层面：一是数据产生得快，二是数据处理得快。数据的产生有的是爆发式产生，有的是涓涓细流式产生，不管以哪种方式产生，都能在短时间内产生庞大的数据流。例如，点击流、日志、射频识别数据、GPS（全球定位系统）位置信息。同时大数据的急速产生，要求实现快速的数据处理。以一个存储 1PB 的数据为例，即使带宽（网速）能达到 1G/s，且计算机的容量足够且 24 小时运行，要将 1PB 的数据存入计算机也需要 12 天。大数据通过云计算，可以实现将 12 天才能存储完毕的数据，在 20 分钟之内完成。

（4）价值高。大数据的价值非常高，但是价值密度却非常小。以视频为例，一部 1 小时的视频，在连续不间断的监控中，有用数据可能仅有一两秒。如何通过强大的机器算法更迅速地完成数据的价值"提纯"成为目前大数据背景下亟待解决的难题。

【知识拓展】

FinTech

FinTech，即 Finance + Technology 的缩写，英文原意是"金融科技"。FinTech 是当下金融圈、互联网圈极其风靡的概念，它的核心就是用技术驱动金融创新，维基百科对其有这样一段解释："所谓 FinTech，就是一种运用高科技来促使金融服务更加富有效率的商业模式。"

FinTech 通过利用云计算、大数据、移动互联等新兴技术对传统金融进行改造、革新乃至颠覆，从而提供更为普惠的金融服务。FinTech 几乎正在被应用到金融领域的方方面面：借贷、财富管理、支付、保险、众筹、征信，甚至是零售银行和房屋中介。

在美国，在传统金融体制已经比较完备、成熟的情况下，PayPal、Lending Club、On Deck、MCX 等 FinTech 公司依然给金融业带来了巨大冲击，首先冲击的对象就是体量庞大的金融机构，如银行、投行。

花旗银行在银行内部通过引入更多的互联网新技术创新，来提升服务效率、降低运营成本。在过去，花旗的电子银行安全认证工具，是一个物理的 eToken，如今彻底被更新为手机 App。同样作为传统银行的富国银行，每年在新技术方面的投入超过 60 亿美元，在美国国内技术投入上仅次于国土安全部。

当然，更好的办法是与 FinTech 公司直接合作，甚至是投资。比如，大通银行与 MCX（二维码扫码支付公司）合作，将 8 900 万个人客户开放给 MCX，以此给自己的零售客户提供全新的支付体验；大通银行还与 On Deck 合作，借助后者大数据挖掘和信用评价技术，拓展自己的中小企业贷款业务。

此外，富国银行直接投资了 Lending Club；高盛收购了线上退休账户理财平台 Honest Dollar，并大举进军人工智能和机器学习领域。摩根大通甚至投资了超过 300 家初创科技企业，覆盖金融科技、数据分析、安全等领域。

（资料来源：搜狐网. FinTech 行业深度研究报告.）

二、大数据金融

1. 大数据金融的概念

大数据金融（Big Financial Data）是指将海量非结构化的数据，通过互联网、云计算等信息化方式对数据进行分析，并与传统金融服务相结合，创新性开展相关资金融通工作的统称。

真正的互联网金融是大数据金融

大数据金融的本质就是将"大数据"和"金融"进行结合，对客户的交易和消费信息数据进行实时挖掘和分析，从而掌握客户的消费习惯并准确预测客户行为，使金融机构和金融服务平台做到有效的产品设计、精准营销和风险管理等。

2. 大数据金融的典型特征

（1）金融服务个性化。大数据金融通过实时地挖掘、分析客户的消费习惯，能够更精准地了解每个客户的需求，可以提供给客户个性化的金融服务。现在移动支付已经成为很多人生活中不可缺少的部分，因此如微信钱包、支付宝余额中就会有很多沉淀下来的资金，为了给客户更好的金融服务体验，在微信的腾讯理财通中，提供了工资理财、余额+、稳定理财、进阶理财、高端理财、股票和一起投等多种金融服务供客户选择，让不同的客户都能找到适合自己的理财方式。

（2）便捷高效化。在互联网时代，人们获得的信息资源非常多，如何从大量的信息中找到适合自己的资源也是一个令人非常头疼的问题。大数据金融通过实时分析消费者的搜索行为和消费习惯，为客户推送最合适的金融服务，不仅为客户带来方便，而且节省客户搜索时间的成本，进而提高搜索效率，与此同时，还给金融服务提供者带来了潜在的客户。

（3）金融服务边界扩大化。在移动互联网时代，每一个金融消费者都好像随身携带着投资顾问、交易平台，金融的门槛大幅度下降，数据收集和分析的成本也大幅度下降，这就使金融企业的经营成本很大程度地下降。经营成本的下降，使单个金融企业扩大经营规模，也就不断地开发一些成本偏高不愿意开发的金融服务产品，进而扩大了金融服务边界。

（4）降低信息的不对称性。通过大数据分析，金融服务的提供者和消费者对金融产品和服务的支持和评价，消费者可以实时获得信息，这样就可以大大降低金融产品和服务的供给者与消费者之间的信息不对称程度。

（5）普惠金融服务。传统金融服务对象仅限于需要金额比较大能够带来利润比较多的客户，而大数据可以通过各种途径获得更多客户的信用情

普惠金融

况、消费习惯，使提供金融服务和获得金融服务更加容易，这样就极大程度地扩大了金融服务的提供者和服务对象的范围。像余额宝、零钱理财等这些0.01元起的极小金额理财服务、融资服务极尽能力地让用户利用碎片化的时间、碎片化的资金，使每个人都可以享受到金融服务。

技能训练

1. 请谈谈你所存储的数据类型。
2. 请分享一下你使用过的如京东白条等互联网融资服务的经历，譬如你的额度是多少，你认为它给你提供这个额度的理由。

第 2 节　熟悉大数据金融的模式和运作

【导入案例】

"微粒贷"强势来袭

腾讯作为亚洲的互联网巨头,同时也是 BAT 的巨头,这次不惜花重资 1 800 亿元打造了微粒贷重创支付宝借呗。

"微粒贷"是微众银行推出的面向微信用户和手机 qq 用户推出的纯线上个人小额信用循环消费贷款产品。自 2015 年 9 月上线以来,一直还是采取白名单邀请注册机制,也就是说,不是每个 qq 用户或微信用户都能在 qq 钱包或微信钱包中看到"微粒贷"选项。微粒贷平均利息 0.05%,腾讯为了微粒贷也是下了大力,半年时间不到,为微粒贷用户一共贷款 1 800 亿元,借呗有了危险的气息。

(资料来源:搜狐网.)

讨论: 大数据金融发展得如火如荼,涌现了大批的大数据金融服务平台和金融产品,这些平台都是采用何种模式来运营,产品又是如何运作的呢?

一、大数据金融的模式

根据企业处于大数据金融服务中的环节及价值的差异,可将大数据金融运营模式分为平台模式和供应链金融模式。

1. 平台模式

平台模式是指金融服务平台依据自身系统掌握的贷款人交易数据,对其信用状况进行核定,利用互联网技术,向企业或者个人提供金融服务,主要解决的是小额贷款的风险控制问题。依据平台的构建基础不同,分为以电子商务为基础平台模式和以传统金融机构为基础平台模式。电子商务平台模式主要是指平台以互联网业务发展为基础,主要利用互联网上交易数据作为评价贷款人的信用状况的依据,目前采用这种模式的以百度小贷为代表。传统金融机构平台模式则是以传统金融业务发展为基础,对贷款人的信用状况以中国人民银行的征信系统、信息通信行业掌握客户的信用数据以及其他互联网社交媒体大数据相结合来评定的模式,这种模式以招联金融为代表。

2. 供应链金融模式

供应链金融模式是指核心龙头企业依托自身的产业优势地位,通过其对上下游企业现金流、进销存、合同订单等信息的掌控,依托自己的资金平台或者合作金融机构对上下游企业提供金融服务的模式,即把资金作为供应链的一个溶剂,增加其流动性。

通常情况下，一种商品的供应链是从原材料采购，到制成中间及最终产品，最后由销售网络把产品送到消费者手中，将供应商、制造商、分销商、零售商，直到最终用户连成一个整体。整个供应链中，竞争力较强、规模较大的核心企业因其强势地位，往往在交货、价格、账期等贸易条件方面对上下游配套企业要求苛刻，从而给这些企业造成了巨大的压力。供应链中的弱势成员企业通常是一些中小企业，他们会面临既要向核心企业供货，又要承受着应收账款的推迟，或者在销售开始之前便以铺货、保证金等形式向核心企业提前支付资金。这些供应链上下游企业分担了核心企业的资金风险，但却没有得到核心企业的信用支持。即使银行想给这些企业进行授信，也往往因为这些中小型企业规模小、抵押物不足、生产经营情况难以掌握以及抵御经济波动能力差等诸多因素，让银行等金融机构认为风险很大而止步。

从供应链内部角度来看，核心企业不愿承担资金风险，而供应链上下游的中小企业就会因缺乏融资能力使整个供应链资金流出现"梗阻"。如果核心企业能够将自身的资信能力注入其上下游企业，银行等金融机构也能够有效监管核心企业及其上下游企业的业务往来，那么金融机构作为供应链外部的第三方机构就能够将供应链资金流"盘活"，同时也获得金融业务的扩展，而这就是供应链金融产生的背景。

对上游企业而言，赊销在供应链结算中占有相当大的比重。上游企业向核心企业输出产品或服务，通常资金结算都有一段账期，而在账期内，上游企业仍然需要正常运营生产，于是就会出现资金短缺的问题，因此就产生了应收账款融资的需求。

对于下游企业而言，购买核心企业的产品或服务，则需要提前铺货或者交存一定数额的保证金，就会出现预付款代付及存货融资的需求。

电商涉足金融，其最大的优势在于对交易数据的掌控和应用。通过对仓储、物流的监控，电商可以及时了解货物的动向，提供另外一种风险控制模式。在海量交易的数据基础上，作为核心企业，以信息提供方的身份或以担保方的方式，通过和银行等机构合作，对产业链条中的上下游进行融资的模式。

二、大数据金融产品的运作

1. 百度联盟贷

百度是全球最大的中文搜索引擎，坐拥中国80%的搜索市场，拥有5个亿的客户。2013年9月，百度设立了小贷公司，它依托于自己网络的搜索引擎，为企业提供金融服务。百度和许多网站进行合作，成立百度联盟，通过人群定向、主题词定向等精确定位方式，分析网民用户行为及网站页面内容，将最具竞争力的百度推广内容投放到网站相应的页面，为推广客户和网站主带来推广内容投放效益的最大化。网站用户通过点击这些推广内容产生收入，网站主就可以从百度获得相应的分成。2014年8月21日，百度联盟正式宣布推出"联盟贷"业务，首创根据流量、收入及合作时间作为评估标准为联盟内的合作伙伴提供金融服务，它在帮助伙伴挖掘流量的推广价值的同时为推广客户提供最佳回报。

资产证券化

（1）服务对象。伴随着互联网的爆炸式成长，大量的创新型互联网小微企业开始涌现，这些成长中的企业，虽然拥有过硬的技术和大量的客户，网站的流量和广告投放量也很大，但是却不能据此从传统的金融机构获得资金援助。因此，联盟贷则把服务对象定位于与百度有合作关系的互联网创业者,这些创业者是中小企业、小微企业,甚至是个体工商户。2016年6月,百度金融事业部与中行北京分行在北京签署战略合作协议,至此也将服务对象扩展到个人消费者领域。

(2) 贷款依据。联盟贷是根据百度联盟认证体系来发放信用贷款的金融服务。百度联盟认证体系由"会员认证体系"与"流量质量认证体系"两部分构成。

百度联盟会员认证成长体系是通过多维度的评定标准对联盟会员进行综合素质及价值评定,并以明晰化的成长机制为不同认证级别的会员提供不同的专属权益。会员成长将分为钻石、白金、黄金和普通四个级别。联盟系统将根据会员的合作情况,基于会员收入指标、流量质量指标、内容质量指标、违规记录、合作时长多维度进行综合评定会员的级别。每年1月和7月联盟将根据合作会员前6个月的成长情况,依据综合指标评定得出会员认证成长等级,无须会员主动申请。会员认证成长等级有效期为6个月,起始日为认证通过的日期。

"流量质量认证体系"将帮助联盟合作伙伴清晰地判定、优化自身网站的流量质量,并以此向更优质的推广客户进行推荐,进一步提升合作收益。"流量质量认证"的认证标准将从网站的点击质量、代码位可视时间、产品支持类型、物料支持类型等指标进行综合评定。站点星级评定根据一个评定周期内每天的站点流量质量将联盟网站分为"一星""二星""三星"三个级别。"三星"站点的流量质量出色,无点击质量问题,且与网盟合作充分,推广价值高,会员网站在评为"三星"期间将享受分成比例提升的奖励,从而增加合作收益;"二星"站点可通过具体的优化建议来优化网站,在星级提升后即可享受"三星"站点权益,将不进行惩罚或奖励;"一星"站点是根据站点的历史投放数据被判断为投放质量欠佳的站点,可能存在违反联盟政策的行为,对推广客户的投入价值有限,当会员网站被评为"一星"站点期间,将在点击计费上受到惩罚。

(3) 资金来源。百度联盟贷的资金来源比较广泛,除了来自百度的自有资金外,还广泛吸收社会上的其他优质资金。2016年6月,百度金融事业部与中国银行北京分行进行战略合作,将银行的低成本资金进行有效的利用;同年7月15日,百度发起并设立的西安百金互联网金融资产交易中心(以下简称"百金交")宣布正式开业,百度金融生态圈进一步完善。百金交作为资产与资金的"连接器",未来与百度金融布局中消费金融、银行、保险等板块的协作空间巨大,百金交连接了资产与资金,既可以为百度资管提供资产,也可以为百度消费信贷资产的证券化操作提供可交易场所。更重要的是,百金交还广泛连接多元投资客户,并汇聚全社会的优质资产。

(4) 贷款额度和贷款期限。在2016年百度联盟峰会上,百度正式宣布将对原有金融产品"联盟贷"进一步升级,面向首批进入白名单的联盟伙伴推出大额贷、随时贷等产品,增加贷款额度,降低贷款利率,缩短放贷周期,最快一天放贷。贷款额度最高可达到月分成额的6倍。其中,大额贷主要面向中头部联盟伙伴,采取单笔申请的授信方式,贷款额度一般为3~6倍的百度联盟流量月分成额。例如,一家每个月分成80万元的联盟伙伴,即可申请高达近500万元的贷款。而且对于有特殊需求的用户,百度还可视情况增加授信额度,还款期限分为3个月、6个月、12个月三档。随时贷则面向中长尾联盟伙伴,采用循环授信方式,贷款额度一般为2倍月分成额,增强产品对于客户短期债务的适应性。此外,联盟贷还将通过增长期限和浮动利率的方式减轻客户短期偿还的压力。

2. 招联好期贷

2015年3月，招商银行和联通集团共同出资20亿元成立招联消费金融公司，好期贷是招联金融倾力打造的互联网在线个人消费贷款平台，它整合了双方各自的优质资源来开展7×24小时的互联网金融服务。

（1）目标客户。通过联通集团和招商银行两者的客户资源进行分析，锁定它的目标客户定位于年龄在23周岁到60周岁的有稳定收入的群体。

（2）信用体系。好期贷有央行征信系统和互联网征信两个信用支撑体系共同为其做好风控。

信用报告是来自央行征信系统，在招联好期贷贷款都会先查询申请人的信用报告，信用报告主要有五部分内容：第一是基本信息，包括身份证明、居住地点和职业信息等；第二是信贷情况，包括借款还款信息，例如，额度使用了多少，有没有逾期记录等；第三是先消费后付款形成的信息，如水、电、燃气等的缴费情况；第四是公共信息，包括社保公积金信息、法院信息、欠税信息、行政执法信息等；第五是查询信息，例如，过去两年内，何人何时因何查询过信用。

在互联网征信上招联好期贷引进沃信用分、芝麻信用分和甜橙信用分。沃信用分是联通集团根据用户在网时长、话费情况、履约情况以及缴费情况等大数据进行分析计算出来的信用评分，分值范围在200～1 000。芝麻信用在670分以上的申请人直接可以获得最高额度20万元的贷款。甜橙信用分则是中国电信旗下天翼互联网征信公司的产品，它的信用评级是根据中国电信海量数据和核心技术来综合评定的，包括借款人的历史信用、账户等级、还款能力、行为偏好、社交关系5个维度，运用多种大数据分析技术进行综合测评，给每个借款人打出一个"甜橙分"，对应显示该借款人的可借贷额度。

（3）资金来源。好期贷的资金除了来自招联消费金融公司的自有资本外，还可以依靠它的两大股东招商银行和联通集团。招商银行作为一个传统的金融机构可以获取大量低成本优质的资金，而联通则是有稳定的现金流，这些都可以支撑好期贷的资金需求。

（4）贷款额度、期限以及还款方式。好期贷的额度根据申请人的信用情况设置在1万～20万元的额度，获得的额度在3年内有效，并可以循环使用，如果还款行为好，额度还会定期调高，借款期限最长为60个月。还款期限可以采用分期，并且可以提前还款。

3. 京保贝

2013年12月3日，京东供应链金融第一款，也是京东金融第一款互联网金融产品"京保贝"正式上线。它是互联网模式下的供应链保理融资业务，主要面向京东商城自营商品的供应商。2016年6月 京保贝升级成2.0版本，将保理能力进行对外输出，适合服务于各种核心企业的供应链供应商。

平台上采购、销售、财务等数据进行实时分析处理对其信用评级以及融资额度计算并传入京保贝后台，信用评级在C级以上供应商可以获得融资，一旦销售数据和结算数据发生变化，京保贝后台则根据实时的数据进行分析计算获得新的供应商融资额度。在贷款额度内，供应商可以申请任意金额进行贷款申请，审批、风控和放款的整个过程都是自动化处理，只有异常情况时才需要人工处理，这样不仅放款速度控制在3分钟以内，而且使每笔业务的变动成本几乎为零，直接摊薄了成本。

京保贝的整体设计非常人性化。首先，贷款额度根据每个供应商的特点和需求不同给出几万元到几千万元的额度,供应商在额度内自定借款金额;其次,在 90 天内采用随借随还的方式,使供应商借款毫无压力。

它的资金来源主要是京东的自有资金,也通过股权转让获得更多的投资,除此之外,也采用资产证券化的方式获得资金支持。

三、了解国内外大数据金融的应用

1. 国外大数据金融的应用现状

伴随着大数据的快速发展,大数据在国外的金融服务业已经创造了巨大的价值,具体表现在以下几个方面:

(1) 大数据为客户提供个性化服务,提高了客户黏性。金融业归根结底是服务业,单纯提供同质化服务很难提高客户的忠诚度,大数据的发展使金融业"以客户为中心、个性化服务"的经营理念得以实现。国外的金融服务业的服务形式和服务方法已经发生了巨大的改变,不再单纯提供标准化的金融产品的服务,而是挖掘客户在金融产品以外的需要。例如,澳大利亚的一家大型银行应用"大数据"分析为自己的小微企业客户提供了一项免费的关于客户与其竞争对手情况分析的增值服务。该项服务的具体内容涉及客户的财富结构、购买偏好以及与竞争对手客户结构的差异等,它分析的基础数据来自本银行零售业务中的个人支付数据。银行依据掌握的数据海量而精准的优势,得出的分析结果比一般的市场分析机构的成果更富有洞察力,这一项服务的运用不仅大大提高了存量客户的黏性,并且成为吸引新客户的重要工具。无独有偶,另外一家海外大型银行通过大数据分析为一个手机零售商分析其客户在购买手机前后的其他购买行为,以确定最佳的营销地点来达到客户营销资源的优化配置。

(2) 找准目标客户,精准营销。传统模式下,对需求不同的客户采取相同的营销模式,营销相同的产品,达不到预期的效果,在大数据时代,通过大数据可以进行客户的行为特征分析,获得客户的不同特征信息,将不同客户群体进行聚类,从而根据不同客户特性打造差异化的产品营销服务方案,将最适合的产品服务推介给最需要的客户。例如,西班牙一家大型金融机构通过客户的兴趣爱好和其金融行为进行"大数据"分析发现,高尔夫球爱好者为金融企业创造的价值最高,而足球爱好者的忠诚度最高,由此对这两类人群进行精准化营销,取得了非常好的效果。

(3) 助力风险管控,催生风控创新。风控是金融行业的立根之本,一直以来都是被倾注大量物力和人力的对象。但是传统情况下风控成本较高、效率偏低,大数据不仅被应用于现有的风控手段中,而且还催生了许多创新手段进行风险预警。例如,西班牙的精品银行 Bankinter 发现对公客户的信贷风险除了与企业自己的状况有关之外,还会极大地受到行业发展的影响,于是尝试进行行业模拟以支持公司客户的风险控制。以前这家银行做一个行业的宏观模拟分析,一次运算平均耗时需要 23 个小时,而现在应用亚马逊的云服务,借助"大数据"分析,同样的分析只用 20 分钟左右,极大地提高了这种分析的可行性,从而使他的风控效率提高,单体客户利润往往比规模领先的大型同业高上几倍。

美国一家创业公司尝试应用电梯数据和黄页数据帮助银行进行风险预警,摒弃了进行每季度或每年贷后检查这种风控方法的弊端。电梯数据是指电梯在某栋楼的每层停靠的次数,而黄页数据是指某栋楼的某一层是哪家公司,将两者进行匹配,就可以得出某家公司每天电梯停靠的次数，而公司电梯数据的异常变化可能反映了经营的变化。电梯停靠次数异常减少可能意味着员工的减少或者客户拜访次数的减少，这样的信号应该引起银行的及时关注。

（4）为长尾客户寻找征信，获取金融服务。互联网巨头早早就开始布局大数据征信。在传统的征信系统中，没有银行账户则无任何征信记录，从而无法通过贷款审查而获得贷款支持，而大数据则让其从不可能变为可能。美国一家公司 First Access 则以手机数据源为突破口，为更多的人获取个人征信记录。它通过监控客户的手机通话的时间、时点、地理位置、频率、通话费用等数据以及通话记录与短信记录来形成对客户的行为特征判定，然后通过内算法计算出相应的信用额度，并且有通信联系的关联人之间的信用额度也会成为彼此的影响因素，整个信用状况评判的过程非常迅速，仅需几分钟的时间就可以公布客户的信用额度。同样为没有传统征信数据的申请提供可信的信用分析，来自英国的 VisualDNA 则以心理学为切口，需要申请贷款的用户通过完成一份问卷并同意访问其 Cookie 数据，而系统则通过用户回答问卷的答案及其网络行为记录形成一个心理学特征，从而根据用户的心理学特征赋予相应的信用评级。

2. 国内大数据金融的应用现状

国内的大数据金融应用虽然较国外起步较晚，但是已经加入大数据金融应用的快车道，加快速度追赶国外，在金融行业各领域的应用发生了质的飞跃，位列前三位的是银行、证券和保险领域。

在银行领域，大数据应用最活跃的群体为股份制银行，他们都纷纷开始尝试通过大数据来驱动业务运营。光大银行建立了社交网络信息数据库，通过社交媒体将银行的内部数据与社会化数据进行联通，获得客户的详细画像，并通过与客户的社交媒体的互动来拉近距离，从而增加客户黏性，并将此作为社会营销的基础；中信银行信用卡中心采用 Greenplum 数据仓库解决方案，在国内银行业率先实现了接近实时的商业智能和秒级营销，运营效率得到全面提升；招商银行则利用大数据发展小微贷款。

中信银行信用卡中心利用大数据进行精准化营销

证券领域是和大数据贴合最近的领域，我国的证券业通过多年的摸索，尝试着利用大数据研发属于自己的股市指数取得了一定的成功。国泰君安推出了"个人投资者投资景气指数"（以下简称"3I 指数"），通过大数据分析，了解交易个人投资者交易行为的变化、投资信心的状态与发展趋势、对市场的预期以及当前的风险偏好等信息，以此得出投资人的投资景气水平。从实验数据来看，从 2007 年至今，"3I 指数"的涨跌波动与上证指数走势拟合度相当高。

目前在保险领域大数据运用最火爆的就是用于优化产品和精准营销方面，将传统保险结合互联网基因，提高自身服务和运用水平。很多保险公司都愿意提供的退换货险，虽然不能为公司带来很大的利润，但是能够根据客户购物情况来为客户精准推送利润率更好的保险产品。

在其他金融领域，如小额贷款，大数据被用于对借款方进行资质审核、风险把控、资金用途监管和贷后管理，大大降低了金融产品和服务的消费者和提供者之间的信息不对称程度。

3. 国内外大数据金融应用比较

国内的大数据金融虽然应用已经相当广泛，但是相比国外仍处在初级阶段。

在提高客户黏性方面，国内的大数据金融主要运用于提高服务质量方面，而国外的企业已经着重于提供增值服务方面。

在大数据征信方面，基于电子商务交易平台的芝麻信用评分原则与国外的 FICO 评分法非常相似，但是加入了阿里电子商务平台交易的数据丰富了评分维度。基于手机数据源的评分法也在初步尝试之中，应用范围也比较小。

技能训练

请找出在生活中为你提供过服务的大数据金融产品，谈谈你对它运作方式的认识，以及它对你的生活有着怎样的影响。

第 3 节　掌握大数据金融的风险与防范

【导入案例】

大数据时代，金融行业数据安全尤为重要

随着大数据时代的到来，在众多金融风险中，金融行业数据泄露等问题近年来频频发生，金融行业的数据安全情况值得关注。

2023 年 6 月，国家金融监督管理总局向银行业、保险业下发《关于加强第三方合作中网络和数据安全管理的通知》（以下简称《通知》）。《通知》中披露了近两年金融行业在企业微信服务和科技外包上出现的数据泄露事件，比如某微信代理商未经银行同意，将数家银行 600 余万条包含部分客户姓名、身份证号等敏感个人信息的聊天会话存档数据用于该公司模型训练，并提供给关联公司，造成重大数据泄露事件；又如 2022 年 8 月发生的 4 家省联社托管在某服务商的网银系统因存在越权访问漏洞，被不法分子攻破，大量客户信息和账户信息被窃取。

金融是国民经济的血脉，是国家核心竞争力的重要组成部分。全面加强金融监管，有效防范化解金融风险，对风险早识别、早预警、早暴露、早处置，健全具有硬约束的金融风险早期纠正机制是关键。

（资料来源：人民数据，2023 年 11 月 7 日．）

讨论：当金融遇上大数据，在风光无限的背后，有哪些不为我们所知的风险呢？我们应该如何做到风险防范呢？

一、大数据金融风险分析

（一）技术风险

大数据为现代金融业的发展提供了巨大契机，利用大数据为客户提供更适合的金融服务，提高金融服务的满意度，因此，越来越多的金融企业建设大数据中心作为金融服务的核心和基础。但是伴随着大数据规模的逐渐扩大，关于大数据的管理和有效保护成为困扰企业的难题。

大数据的数量巨大，但是其中真正有价值的信息却是比较小的部分，将所有的数据不分层次来存储管理，既会造成存储系统成本过高，还会导致寻找的机会成本超高。如果将价值高、搜索量大的数据和价值低、搜索量小的数据进行分层管理，将会有效地降低存储系统的整体拥有成本。

在大数据的有效保护上，对数据存储的物理安全性、多副本和容灾机制的要求比较高。花旗集团在 2005 年承认，它丢失了一盘包含近 400 万零售客户数据的备份磁带；2012 年 6 月，雅虎日本服务器系统发生故障，导致近 5 700 家企业数据丢失，数据几乎无恢复的可能；2023 年 3 月，美国富国银行称该公司系统出现技术故障，导致部分储户的存款数据丢失。大数据的广泛使用为黑客攻击打开方便之门，一个基于大数据的自动化攻击工具可以将数十亿安全漏洞、十亿多账号和密码字典、数千万攻击脚本、数亿数万种网站配置信息输入到一个分析工具中，对这些大数据进行统计和分类，只需输入一个网址，就能够发现其存在的安全漏洞，然后就可以直接进行攻击，因此，目前的数据存储安全也需要增加大量的防御措施。

（二）操作风险

1. 个人信息泄露风险

2013 年中国人寿 80 万元保单个人信息泄露事件的曝光，以及目前在网上随处可以买到的个人信息等都凸显了在大数据时代个人信息安全面临着前所未有的挑战。

伴随着互联网经济的高速发展，在线交易、在线对话、在线互动越来越多，社交网络、智能终端已经是人们生活中不可或缺的一部分，从而使用户的个人信息收集和应用日趋便捷和全面。譬如，用户个人所在或行经位置、购买偏好、健康和财务情况的海量数据被收集，再加上金融交易习惯、持有资产分布，以及信用状况以更细致的方式被储存和分析，金融机构通过这些数据为金融消费者提供更低价格、更符合需要的金融服务彰显了其积极的一面，然而跨越雷池，挖掘过多的私人信息，从而造成过多个人隐私被泄露的风险则暴露了其消极的一面。有研究机构对收集的 50 万欧洲用户的数据进行的研究表明，只需要 4 项参照因素就可以确认其中 95% 的个人身份。大数据的隐私问题远远超过了常规的身份确认风险的范畴。在大数据时代，安全性和便利性将难以获得平衡。

2. 数据监听风险

通过 2013 年"棱镜门"事件发现，"海量数据 + 数据挖掘"的大数据监听模式可以对他国重要机构进行精确监听，包括微软、雅虎、谷歌、苹果等在内的 9 家国际网络巨头皆参与其中。无论是软硬件设施还是数据服务，我国个人消费者和金融企业都过度依赖国外厂商。在信息收集和传输的各个环节，中国金融企业和金融机构的内部信息可能通过国外厂商预留的"后门"泄露给国外机构，从而成为大数据监听的受害者。

3. 虚假数据风险

以大数据为基础的金融决策分析是采用相关关系取代了传统的因果关系，因此对数据的信息非常敏感，一旦数据中混杂了虚假的信息，就可能导致错误的交易行为，进而引发金融市场风险。但是随着网络存储技术和手段的发展，各种移动设备、智能终端通过有线和无线网络彼此交互相连，数据呈海量式增长，数据种类也日益繁多，许多不科学、不真实、不可靠、未经验证的数据进入了数据库，这就很难保证每一条数据信息都是真实可信的。另外，面对大量的来源不同的数据混杂在一起，容易出现更多的虚假相关信息，斯坦福大学 Trevor Hastie 教授用"在一堆稻草里面找到一根针"来比喻大数据时代的数据挖掘，海量数据带来显著性检验的问题，将使找到真正关联的难度增加，从而导致"错误发现"的风险增加。而数据的相关处理者按照自己的需要对超大的数据规模进行搭配、组合和筛选后，再进行分析与研究所形成的真真假假的"规律"，使数据分析和处理的结果具有很大的不确定性，而普通大众又很难判别分析结果及结论的可靠性，在现实以及网络传播的过程中容易导致虚假信息泛滥。

（三）法律风险

大数据金融的法律风险除了来自大数据的来源、取得方式，还拥有大数据的企业跨界金融涉及金融监管的问题。

与互联网相关的企业，尤其是电商企业在为客户提供金融服务的时候，积累了大量的客户个人信息，其中有商业价值的信息逐渐被发现和利用，为了获取更多有价值的信息，很多企业和个人采用"蜘蛛程序"（也叫"网络爬虫"）自动搜索并抓取数据。这种技术有一个专门的协议，即"robots 协议"（也叫"爬虫协议""机器人协议"），此协议要求所有网站都有一个指定名称的文件可供爬虫随意抓取，但是有人在利益的驱使下，突破"robots 协议"范围抓取网站数据去获取更多有价值的信息，这就导致大量涉及个人隐私被窃取的侵权行为随即出现。造成这种侵权行为产生的另一个重要原因就是我国没有完整的法律法规体系对个人信息的收集、使用、披露给以规范，呈现零星、分散状态，主要通过宪法和相关的法律法规给予间接的保护，并且大数据收集的过程比较专业和隐蔽，普通人举证困难，缺乏可操作性，使法律法规很难真正地保护个人隐私。

创新无禁区，大数据企业跨界金融是社会发展的巨大进步，与政府金融创新和金融改革的理念不谋而合，获得了政府在态度上的支持。但是这些跨界金融的企业却不在金融监管机构的监管之下，缺乏监管，虽然有利于创新，但是难免会创新过头，踩法律红线，打法律的擦边球，加大了金融风险，使消费者和投资者成为任意宰割的对象。

二、大数据金融的风险防范

（一）多重手段做好大数据的安全存储

在收集和使用大数据的过程中，最需要保护好大数据的存储安全，以防止个人信息泄露，造成不必要的麻烦。据波耐蒙研究所的一项近期调查显示，数据安全面临的第一大威胁是粗心大意的内部人员，而不是居心叵测的内部人员或者来自外部的黑客。接受调查的 IT 专业人士表示，88% 的泄密事件与粗心大意的内部人员有关，而黑客引起的数据泄密在安全威胁方面远远排在其后，仅列第五位。做好大数据的安全存储可以采用以下几种手段：

1. 经常情况下数据的安全存储措施

通常情况下,有条件的企业都需要利用异地数据备份。异地备份是目前保护数据的最安全方式,无论发生任何情况,哪怕是不可抗力的事件,当其他保护数据的手段都不起作用时,异地备份的优势就会体现出来。它不仅可以很好地保护数据不会丢失,更能对数据进行集中管理,并且进行合理的规划,可以加速数据的传输,并且可以减少数据丢失引起的不必要成本。

2. 防范内部出现问题的数据安全存储措施

对于员工粗心大意通过共享网络或丢失笔记本电脑造成的数据泄露,可以采用禁止把个人识别信息放在笔记本电脑上,另外,要求笔记本电脑上的个人信息进行加密,以保护备份设备上的数据,禁止在公司网络上使用 P2P 文件共享,许多员工把共享软件安装在远程和家用个人电脑上,容易无意中泄露重要的数据。

而对于可能是员工居心叵测出现的数据泄露问题,首先,应当实施基于角色的访问控制工具,以便严格控制谁在访问宝贵资产,尤其是含有客户或员工信息的数据库允许的访问权限应当非常有限;其次,使用数据丢失预防工具,限制个人数据被电子邮件发送、打印或拷贝到笔记本电脑或外部存储设备上,要是有人试图拷贝个人数据,这类工具会发出警报以通知管理员,并且为这类事件建立日志文件;最后,加强内部控制和审计措施,维持详细的网络和数据库活动日志并进行反复检查,还需要落实审计措施,查看有没有人改动日志或非法访问日志。

3. 防范来自外部威胁的数据安全存储措施

网络管理人员认真分析各种可能入侵和攻击的形式,制定符合实际需要的网络安全策略,防止可能从网络内部或外部发起的攻击行为,通常采取访问控制技术、防火墙技术、入侵检测技术、安全扫描、安全审计和安全管理等一整套有效措施来防止入侵和攻击。

(二)将大数据分析和传统数据分析相融合

在大数据时代,人们对大数据的依赖愈加突出,大数据被看成绝对的权威,甚至被赋予了预测未来的能力,不仅如此,人们甚至开始怀疑之前所用的计量经济学的小数据方法论,考虑用机器完全取代传统的线下调查。实际上,大数据和传统数据各有所长,分别有不足之处。大数据由结构性数据和时时刻刻都会产生的非结构数据共同组成,由于数量巨大且来源丰富就会出现数据噪声以及颗粒度大的问题,使数据清洁的成本比较高,得出结论与数据之间是相关关系;传统数据采用传统的思维方式,来源比较少,却可以抽取最核心的实务基本内容,得出的结论和数据之间是属于因果关系。例如,银行的数据属于传统数据,只能覆盖到部分潜在客户,但是它直接反映的是客户在银行的交易活动的最终结果,相对来说可信度会比较高一些;而单纯采用大数据随机抽取的行为数据作为分析考量因素,高估大数据的分析能力,容易出现错误。

只有将大数据和传统数据结合起来,利用传统数据的完备性、准确性和大数据的多维性和及时性,才不会出现简单的判断,从而增强数据分析的影响力。

【知识拓展】

关于数据的专业名词

数据噪声：在正常的数据测量中出现的偏差。

数据颗粒度大：主要是指标数据的计量范围。通常在大数据中独立计量的单元中会混合含有不同类型的数据，数据颗粒度越大，预示着数据的价值密度越小。

数据清洁（Data Cleaning）：对数据进行重新审查和校验的过程，目的在于删除重复信息、纠正存在的错误，并提供数据一致性。

（资料来源：知网百科.）

（三）完善法律法规，加强行业自律及行业监管

互联网经济时代，大数据本身没有错，关键是看人们如何正确地利用好它，每个人都需要调整隐私保护的理念。对于个人隐私的保护，需要在大数据的采集、处理、分析及使用的整个流程中加强监管，尤其是需要把监管重心放在数据的使用环节。

近年来，我国加快了个人信息安全保护的立法和修法的进程。2012年，全国人大常委会出台《关于加强网络信息保护的决定》，重点强化对个人隐私信息的保护；2015年，全国人大常委会通过《刑法修正案（九）》，扩大了侵犯公民个人信息犯罪主体的范围；2021年1月1日，我国首部《民法典》正式实施，确立了个人信息保护的基本原则和规则；2021年9月1日施行《数据安全法》，要求国家机关在履行职责中知悉的个人隐私、个人信息不得泄露或者非法向他人提供；2021年11月1日，我国第一部个人信息保护的专门性法律《个人信息保护法》开始施行，开启了依法全面保护个人信息的新时代。

《网络安全法》

由于行业的准入门槛比较低，造成行业内企业质量良莠不齐，随着互联网金融规模的不断扩大，市场出清仍有一个阶段性的过程，需要加强行业自律意识。2015年12月31日，经国务院批准，中国互联网金融协会准予成立。伴随行业协会的成立，可以形成行业的准入标准，设置包括经营者的资质、技术和数据能力、对金融风险的理解程度、合理商业模式和商业逻辑等准入门槛，清理少数害群之马，净化互联网金融行业的氛围。

2023年5月18日，国家金融监督管理总局正式揭牌，至此，我国金融监管告别"一行二会"，迈入"一行一总局一会"新时代。根据《国务院机构改革方案》，总局统一负责除证券业之外的金融业监管，强化机构监管、行为监管、功能监管、穿透式监管、持续监管，统筹负责金融消费者权益保护，加强风险管理和防范处置，依法查处违法违规行为。"升格"为国务院直属机构，可以看出高层对金融乱象整治的力度。

中国金融牌照大全

技能训练

请选择你熟悉的互联网搜索工具,在网上搜索关于一个大数据金融服务平台在从事大数据金融服务过程中存在的风险,它是采用何种手段进行风险防范的?

知识小结

大数据,或称巨量数据、海量数据、大资料,指的是无法通过人工在合理时间内而需要新处理模式才能具有更强的决策力、洞察力和流程优化能力的海量、高增长率和多样化的信息资产。

大数据金融是指将大数据与传统金融服务相结合,创新性开展相关资金融通工作的统称。大数据金融有着金融服务个性化、便捷高效化、降低信息的不对称性、金融服务边界扩大和普惠金融的典型特征。提供大数据金融服务平台采用平台金融模式和供应链金融模式两种,在提供金融服务的过程中会存在技术风险、操作风险和法律风险,需采取多种手段来防范风险的发生。

知识拓展训练

一、名词解释

大数据　大数据金融　普惠金融　平台模式　供应链金融模式　技术风险　操作风险　法律风险

二、单项选择题

1. 关于大数据说法不正确的是（　　）。
A. 数量巨大　　　　　　　　　B. 价值密度高
C. 类型多　　　　　　　　　　D. 处理速度快

2. 下列（　　）关于大数据金融的说法是错误的。
A. 大数据金融只是大数据与传统金融相结合,没有创新
B. 大数据金融是指将大数据与传统金融服务相结合,创新性开展相关资金融通服务
C. 大数据金融服务涉及金融产品的精准化营销
D. 大数据金融服务采用的是相关关系进行金融决策的

3. 以下金融产品属于供应链金融的是（　　）。
A. 联盟贷　　　　　　　　　　B. 支付宝
C. 京保贝　　　　　　　　　　D. 好期贷

4. 以下四项中不属于大数据金融主要特征的是（　　）。
   A. 金融服务个性化　　　　　　　　B. 便捷高效化
   C. 降低信息的不对称性　　　　　　D. 金融服务边界缩小
5. 以下金融产品中，不属于平台金融模式的是（　　）。
   A. 京小贷　　　　　　　　　　　　B. 支付宝
   C. 联盟贷　　　　　　　　　　　　D. 好期贷
6. 以下哪些手段可以做好数据的安全存储？（　　）
   A. 所有数据仅存在一处　　　　　　B. 可以在公司网络上使用 P2P 文件共享
   C. 把个人识别信息放在笔记本电脑上　D. 任何情况下做好异地备份
7. 中国互联网金融协会成立的时间是（　　）。
   A. 2015 年 7 月 18 日　　　　　　B. 2015 年 12 月 31 日
   C. 2016 年 7 月 18 日　　　　　　D. 2016 年 12 月 31 日
8. 小王酷爱做手工，她利用电商平台给她的 3 万元贷款开了家网店专门售卖自己做的手工作品，这种贷款模式属于（　　）。
   A. 平台金融模式　　　　　　　　　B. 混合模式
   C. 产业链金融模式　　　　　　　　D. 供应链金融模式
9. 以下哪些不是大数据金融的操作风险？（　　）
   A. 个人信息泄露风险　　　　　　　B. 虚假数据风险
   C. 数据存储安全　　　　　　　　　D. 数据监听风险
10. 《中华人民共和国网络安全法》的实施时间是（　　）。
    A. 2016 年 6 月 1 日　　　　　　B. 2017 年 6 月 1 日
    C. 2016 年 12 月 1 日　　　　　D. 2017 年 12 月 1 日

三、判断题

1. 大数据金融实质上是将"大数据"和"金融"相结合。（　　）
2. 信用卡自动授信不是大数据金融。（　　）
3. 以大数据为基础的金融决策分析是采用传统的因果关系。（　　）
4. 联盟贷首创根据流量、收入及合作时间作为评估标准为联盟内的合作伙伴来提供金融服务。（　　）
5. 银行业是大数据金融发展最有潜力的领域。（　　）
6. 在提高客户黏性方面，国内的大数据金融主要运用于提供增值服务方面。（　　）
7. 数据安全面临的第一大威胁来自黑客。（　　）
8. 大数据金融的法律风险除了来自大数据的来源、取得方式，还有拥有大数据的企业跨界金融涉及金融监管的问题。（　　）

四、简答题

1. 简述大数据的定义和特点。
2. 简述大数据金融的定义和典型特征。
3. 大数据金融的模式有哪些？

4. 什么是供应链金融模式？
5. 大数据金融的操作风险有哪些？

五、案例分析

抖音开放贷款直播，微众银行、网商银行、360 借条等纷纷加入

当前最火的短视频平台应属抖音了，2016 年 9 月左右上线，2018 年开始全面升级并慢慢火起来，到现在用户总数已经突破 8 亿人，是一个巨大的流量池。

抖音的业务主要涉及三个方面："社交娱乐""内容生产与分发"和"广告展示"。在广告领域，抖音允许用户花钱投放信息流广告，没有开通广告投放合作的，流量看得见的差，尤其是金融贷款这一类广告，除了金融行业本身监管力度大，敏感词筛选严格外，平台限流也是主要原因之一。

现在，事情出现了变化，抖音对贷款平台开放了自然流量生态，给一批金融机构开放了贷款或者信用卡直播获客的口子。交通银行、网商银行、微众银行、宁波银行、360 借条、安逸花等都开展了直播测试，且直播间页面上还挂上了贷款申请 H5 链接，网商银行"点击链接即可免费测试额度"，宁波银行"猛推年化3.6%的个人贷款"，360 借条直播间"玩游戏，抽好礼"，还有各种福利和卡券。这类用户账号挂链接，不但不会被限流，还不用花钱投流，纯靠自己产品和营销吸引用户，获取自然生态流量，金融行业新媒体玩法再次更新。

据一本财经统计，在抖音数据分析工具"抖查查"平台上，"财经"相关账号超过了 300 万个，"金融"相关账号超过了 200 万个，"银行"相关账号超过了 400 万个，"理财"相关账号超过了 600 万个。银行、保险、基金等金融机构占比达到了 10%，网商银行、微众银行、平安银行的抖音号粉丝都达到了百万。

金融 C 端获客方式无非线上线下两种，在付费获客效果明显的情况下，大多愿意加大投放，可长期大额的投放又会大幅度增加获客成本，这是金融行业的普遍困境，也滋生了更多违法违规的获客渠道和手段，用户的个人隐私被侵犯，金融机构和平台也易遭到处罚。免费的渠道被重视起来，更有利于贷款类账号摸索平台玩法，找到流量密码，化解获客困境。互联网金融的发展，新媒体内容的爆发，自然流量的涌进都给金融扩张提供了机会。

问：各类金融机构在贷款平台直播中运用了哪些方式，推广了哪些金融产品吸引用户？自然流量的开放带给金融行业哪些有利机会？

【扩展阅读指南】

电子书《赢在大数据》 作者：陈新河	CCTV2 对话节目《大数据时代的金融创新》

第 7 章 解析互联网金融门户

【知识脉络图】

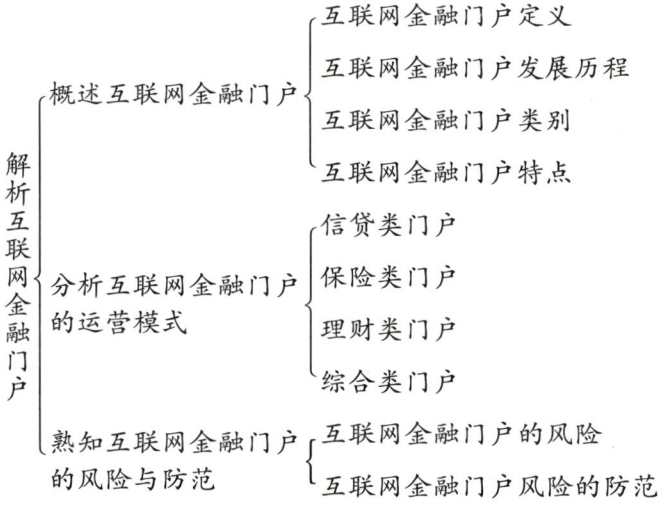

【学习目标】

1. 知识目标

(1) 理解互联网金融门户的定义、类别。

(2) 了解互联网金融门户的发展历程。

(3) 掌握互联网金融五类门户的运营模式。

(4) 熟知互联网金融门户的风险与防范。

2. 能力目标

(1) 能够运用第三方资讯平台检索所需要的各种互联网金融信息，并指导投资理财。

(2) 能够运用金融垂直搜索和在线金融超市，寻找并选择满足特定需求的产品。

(3) 能够根据所学知识判断各种互联网金融门户的运营模式。

第 7 章 解析互联网金融门户

第 1 节 概述互联网金融门户

【导入案例】

未央网——专注金融科技与创新

随着互联网金融发展,资金的供需不再受到地域的限制,投资者可以通过互联网直接接受大量金融投资项目信息。

未央网是清控未央(北京)科技有限公司旗下的金融科技门户网站,立足于前沿性、交叉性、高起点和开放式、国际化、与市场紧密对接的思想,设立的促进互联网与金融交叉融合的网络平台。为互联网金融的企业家、管理者和从业者提供行业数据研究报告、行业资讯、监管借鉴、会议交流与探讨等实用信息,为中国金融业创新提供智力与知识支持。

在"未央推荐"专栏中,针对互联网金融行业市场细分资讯领域,涉及金融市场、银行、保险、证券、数字货币、众筹、互联网小贷、消费金融、第三方支付、征信、金融信息服务;针对金融科技领域有人工智能、大数据、区块链、云技术、物联网等模块。未央网在为用户甄别那些具有价值的金融信息的基础上,提供独特的金融财经解析,并用心做好优质金融机构和投资者之间的互动服务。

(资料来源:整理自未央网官方网站.)

讨论:在信息化的时代里,互联网金融门户有哪些?我们应该如何充分利用各类信息门户,更好地进行理财规划或融资决策呢?

一、互联网金融门户定义

互联网金融门户(Internet Financial Portal)是指利用互联网提供金融产品、金融服务信息汇聚、搜索、比较及金融产品销售并为金融产品销售提供第三方服务的平台(见图7-1)。

互联网金融门户

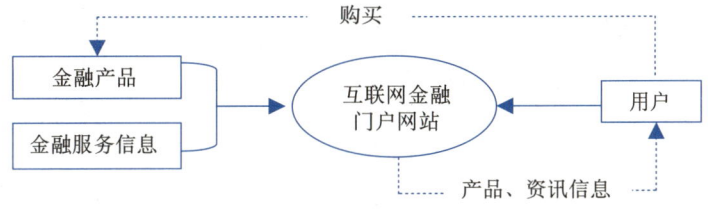

图 7-1 互联网金融门户

二、互联网金融门户发展历程

门户网站在互联网的发展历程中占据了重要的地位,从最早的门户——雅虎的出现,直到今天,无论是信息覆盖的广度还是信息内容的深度,再或是门户的运营模式以及盈利模式等,都已经发生了翻天覆地的变化,从最初的综合门户逐渐衍化出了如今众多的垂直门户。

(一)门户变革

在互联网发展初期,大多数网民以浏览新闻等信息为主,信息检索相对容易。此后,有着"门户网站的鼻祖"之称的雅虎凭借其著名的搜索引擎、丰富的内容以及独特的营销策略,迅速成为网民进入网络世界搜索信息的重要途径,开创了互联网发展史上的门户时代。此时,新浪、网易以及搜狐争相效仿雅虎的运营模式,三大综合门户在其成立之初便吸引了大量的用户。

垂直搜索

伴随着互联网的迅速发展,具有特定需求的网民想在信息极度过剩的互联网上找到符合自身喜好的信息需要耗费大量的时间,综合门户已经不能满足人们的需要。因此,一批能够满足特定群体信息检索需求的垂直门户便应运而生。随着网络技术的不断进步,又衍生出了许多依托于垂直搜索技术的垂直搜索平台。

垂直搜索平台相对于通用搜索平台的信息无序化,其最显著的特点就是搜索结果专业、精确及深入。此外,垂直搜索平台往往服务于某一特定领域中的特定人群,客户可以在平台进行信息反馈,因此,垂直搜索平台还带有浓厚的社区化特点。总之,垂直搜索平台的本质仍旧是垂直门户,只是依托于垂直搜索技术对垂直门户信息提供方式进行了一次优化整合。

(二)互联网金融门户的产生与发展

从门户网站的发展可知,其经历了从综合门户到垂直门户、从通用搜索平台到垂直搜索平台两个重要阶段。而互联网金融门户便产生于第二阶段,即垂直门户的快速发展时期。此时,随着国内互联网逐步向大众渗透,网络应用逐渐深化,网络服务垂直化已成为重要的发展趋势,为互联网金融门户的形成提供了可能性。

首先,网络营销逐渐成为金融领域重要的营销途径之一。随着互联网的发展,越来越多的客户倾向于先通过网络查询金融机构及相关产品的信息,充分了解后再进行交易。借此,营销从过去的被动式营销逐步转化成为现在的互动式营销,这需要线下和线上的不断结合,为互联网金融门户提供了生存发展的市场空间。

其次,随着金融产品不断增多,客户面临着严重的信息过剩问题。而随着金融搜索逐渐趋向垂直化,不仅高效地整合了金融机构资源,同时还将相关金融产品信息准确快速地传递给客户,便于客户更加快速、精准地搜寻到其自身所需的产品,有效地降低了搜寻成本。

上述两点为互联网金融门户的产生和发展提供了宝贵的契机,促使其形成了依托垂直搜索引擎、云计算等网络技术,以金融产品信息汇集和金融产品在线销售为主的门户网站。随着互联网金融热潮不断持续,互联网金融门户也迎来了快速发展的良好机遇。

三、互联网金融门户类别

(一) 根据互联网金融门户平台服务的内容及方式不同分类

根据相关互联网金融门户平台服务的内容及方式不同,互联网金融门户分为第三方资讯平台、垂直搜索平台以及在线金融超市三大类。

(1) 第三方资讯平台是提供全方位、权威的行业数据及行业资讯的门户网站,典型代表为和讯网。这类门户不直接把互联网金融产品放在平台上进行销售,而是以客观、中立、公开的角度,将相关的资讯信息进行整合和分类,为用户提供更全面、更专业的相关参考信息,即利用大量信息资源来获得优质的浏览量,并将用户的浏览量转化成金融产品的购买力和消费力。

(2) 垂直搜索平台是聚焦于金融产品的垂直搜索门户,消费者在门户上可以快速地搜索到相关的金融产品信息,典型代表有融 360、大家保以及国外的 eHealthInsurance、Insurance Hotline 等。所谓垂直搜索,是针对某一特定行业的专业化搜索,在对某类专业信息的提取、整合以及处理后反馈给客户。互联网金融垂直搜索平台通过提供信息的双向选择,从而有效地降低信息不对称程度,从而减少"柠檬市场"现象出现的概率。它的核心是"搜索+比价"的模式,即通过采用金融产品垂直比价的方式,将各家金融机构的产品放在平台上,供用户对比挑选合适的金融产品。

柠檬市场

(3) 在线金融超市的业务形态是在线导购,提供直接的购买匹配,因此该类门户集聚着大量金融类产品,利用互联网进行金融产品销售,并提供与之相关的第三方服务。典型代表为传统金融机构互联网化开设的销售平台,如中国银行的"中银在线"、软交所科技金融服务平台等;还包括新兴的第三方机构汇集其他机构的各类产品搭建的代理销售平台,如格上财富、91 金融等。

表 7-1 所示为互联网金融门户模式的比较。

表 7-1　　　　　　　　　　互联网金融门户模式的比较

典型分类	产业链位置	代表网站
第三方资讯平台	下游(服务提供商)	和讯网
垂直搜索平台	下游(媒介)	融 360
在线金融超市	中游(代理商)	财富云

从产业链角度分析,第三方资讯平台在产业链中充当的是外围服务提供商角色,垂直搜索平台在产业链中充当的是媒介角色,这两类门户在产业链中所处的位置相同,前者提供行业的资讯信息和金融行业信息,而后者则提供相关的产品信息。而在线金融超市则居于二者上游,该类门户在产业链中充当的是代理商角色。三者均为产业链下游客户服务,而处于三者的上游企业便是金融机构(见图 7-2)。

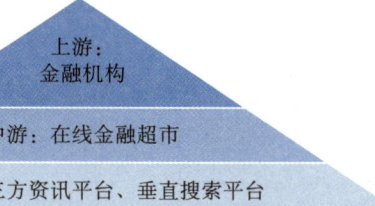

图 7-2　互联网金融门户产业链分析

（二）根据汇集的金融产品、金融信息的种类不同分类

根据汇集的金融产品、金融信息的种类不同，将互联网金融门户细分为信贷类门户、保险类门户、理财类门户以及综合类门户四个子类。其中，前三类互联网金融门户主要聚焦于单一类别的金融产品及信息，而第四类互联网金融门户则致力于金融产品、信息的多元化，汇聚着不同种类的金融产品和服务信息。

上述两种分类方式并非互斥关系，仅是分类的依据和角度不同，前一种分类方式是从金融产品销售产业链的层面进行归类，后一种分类方式是从互联网金融门户经营产品种类的角度进行划分。

四、互联网金融门户特点

1. "整合+搜索+对比"方便快捷

"整合+搜索+对比"是互联网金融门户最主要的核心竞争力，通过打造金融产品在线搜索方式，对海量金融产品信息进行挖掘、甄别、加工、提炼，建立符合其经营产品类别的金融产品数据库。客户通过对各类金融产品的价格、收益、特点等信息进行对比，自行挑选适合其自身需求的金融服务产品。

2. 注重客户导向

互联网金融门户的另一核心竞争优势是客户导向型战略。从经济学角度分析，随着门户规模的扩大，其平均成本会随着产品供给的增加而不断下降，互联网金融门户额外增加一个产品或提供一次服务的边际成本较低。但是，互联网金融门户获取规模经济的先决条件是掌握大量的客户资源。因此，顾客导向型战略可以使互联网金融门户根据客户的行为变化及信息反馈，及时了解客户实时需求，为其提供差异化金融服务。

3. 凸显渠道价值

互联网金融门户从产业链的角度分析，上游为金融产品供应商，即传统金融机构，下游为客户，即金融产品及信息需求者，而互联网金融门户则是中间桥梁，其最大的价值就在于它的渠道价值，即为厂家的商品提供销售路线、流通路线，通过一定的社会网络或代理商而销往不同的区域，以达到销售的目的。

从图 7-3 可以看出，互联网金融门户作为金融产品销售中间渠道，承载着大量的信息流，客户不需要在互联网金融门户上逐一浏览商品信息，而是根据其特定需求进行反向地搜索比较，极大地节省了客户选购金融产品的时间，降低了交易成本。因此，互联网金融门户网站拥有大量的用户和浏览量之后，就会逐渐变为金融机构的主要销售渠道之一，从而实现其渠道价值。

第7章 解析互联网金融门户

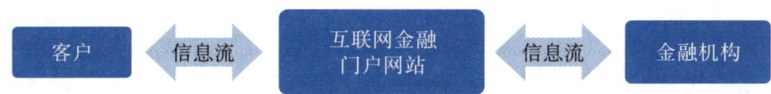

图7-3 互联网金融门户渠道价值

4. 更新信息频繁

由于金融市场经常处于快速变化中，互联网金融门户网站不断地更新网站内容，以便用户可以通过该网站及时了解到相关资讯。与此同时，互联网金融门户中的信息来源具有多样性，其中包含了互联网金融甚至是整个金融行业的相关金融产品信息、新闻资讯以及其他相关信息等，使门户网站中的金融资讯信息更加丰富、全面。

技能训练

现在大多数金融搜索网站还处于"烧钱砸市场、赔本赚吆喝"的阶段，传统金融机构的电子化程度相对较低，且在意识和形态上都处于转型之中，你能对此谈谈制约金融垂直搜索平台发展速度的因素有哪些吗？

第2节 分析互联网金融门户的运营模式

【导入案例】

一站式服务——融360

融360（北京融世纪信息技术有限公司）是一家新型的网络金融服务公司，成立于2011年10月，总部位于北京，主要提供贷款、信用卡、理财等金融产品的搜索比价及申请服务。

融360的模式是"搜索＋匹配＋推荐"。登录网站，融360为用户提供了一个筛选用户真实情况的表单，在勾选了基本的财务状况后，用户输入贷款用途、金额、期限，即可以查询到有哪些金融机构提供这种贷款，以及贷款条件。此外，融360提供了货比多家的功能，让整个借贷需求和条件一目了然。用户可以根据自己的偏好，在线选择跟哪家金融机构的借贷经理联系。

理财搜索和比价服务，使老百姓能够获取更全面的理财产品信息。"互联网理财、银行理财、网贷理财还没有专门做信息归集和查询比较的平台，融360理财搜索正好弥补了这一市场空间。"叶大清表示。

> 融360上线了手机应用（App），可进行搜索比价的信用卡有1万多张，理财产品8万个，贷款产品7万款，金融产品均按时间、金额、申请人职业等进行了标准化，方便用户快速检索比价。个人信用若出现不良记录会直接影响贷款的审批，甚至会影响到就业、出国等多个方面，针对这一问题，App新增了个人信用查询功能，后续还将陆续增加各类商业征信的一站式查询服务，使国内金融用户能够方便地了解自己的信用状况。
>
> **讨论：** 互联网金融门户提供了交易环节外的在线金融服务，这种智能化的运营模式将大数据技术、垂直搜索技术与金融顾问、贷款初审等传统金融服务相结合，实现了金融搜索方式以及金融业务流程的更新。互联网金融门户还有哪些运营模式呢？

一、信贷类门户

1. 定位

信贷类门户主要与银行及相关金融机构直接对接。目前，信贷类门户核心业务形态主要以垂直搜索+比价的方式，也就是说，信贷类门户实际上是各类信贷产品的垂直搜索平台，除了信贷产品的信息，还将传统的线下贷款流程以及信贷产品信息转移到网络，将传统的信贷业务逐步互联网化，扩大其信贷业务范围。但由于信贷产品极其复杂并具有一定风险性。因此，目前国内客户购买信贷产品的方式依然以O2O模式为主，即客户通过在线搜索信贷产品信息进行比对，然后到线下的相关金融机构进行购买。现阶段，国内典型的信贷类门户有融360、安贷客、融道网等。

2. 运营模式

鉴于信贷类门户的核心定位为垂直搜索平台，因此，该类门户不参与到借贷双方的交易，也不做属于自己的信贷产品。

以融360为例，该门户是一个集合线下分散的各类金融机构贷款信息的大数据平台。用户只需在网上输入贷款金额、期限以及选择用途等关键词，系统就会对银行、小贷公司、典当行等各类正规金融机构的信息进行比对和处理输出相应列表。这张列表上呈现了银行名称、月供、信贷产品、放款时间、利率、总利息和贷款总额等信息。用户进行比较后，可以在线填写申请材料，申请一家或多家银行的贷款产品。另一端信贷员则通过客户的申请，便捷迅速地找到他们的贷款客户，这样一个意向性的贷款几分钟内就可以搞定。

此外，部分信贷类门户，还采取了信贷经理入驻信贷门户的方式，为客户及金融机构搭建了信息交流及网络直销平台。所谓信贷经理入驻，是指任何一家金融机构的信贷经理或业务人员在经过审核后，均可入驻门户，从而达到获取更多客户资源的目的。

最后，在客户申请贷款完成后，可通过信息反馈系统，即信贷经理评价以及用户短信评价两种方式，来实现金融O2O模式的闭环。

3. 盈利模式

信贷类门户以垂直搜索模式为主，由于涉及具体的金融产品，其收入来源主要以推荐费以及佣金为主，广告费、咨询费以及培训费等收入相对占比较低。此外，信贷类门户依然具有门户网站属性，因此，互联网门户的流量价值自然会吸引在线广告的入驻，从中收取广告费用，但这并不是实现盈利的主要方式。

二、保险类门户

1. 定位

保险类门户是指以第三方服务平台的身份,根据用户需求为其提供详细的保险行业相关资讯信息,并协助用户完成保险产品的选购。根据其核心定位和功能不同分为两类:一类是聚焦于保险产品的垂直搜索平台,利用云计算等技术精准、快速地为客户提供产品信息,从而有效解决保险市场中的信息不对称问题,典型代表为大家保。另一类保险类门户定位于在线金融超市,充当的是网络保险经纪人的角色,能够为客户提供简易保险产品的在线选购、保费计算以及综合性保障方案等专业性服务,典型代表为慧择网等。

2. 运营模式

通过保险类门户,保险业务流程网络化,具体包括保险信息咨询、保险计划书设计、投保、核保、保费计算、缴费、续期缴费等。

保险类门户对各家保险公司的产品信息进行汇总,并为客户和保险公司提供了交易平台。同时,为客户提供诸如综合性保障方案评估与设计等专业性服务,以确保在以服务营销为主的保险市场中,依靠更好的增值服务争取到更多的客户资源。目前,保险类门户按其业务模式划分,主要以 B2C 模式、O2O 模式以及兼具 B2C 和 O2O 的混合业态经营模式三类模式为主。

B2C 模式的保险类门户典型代表是慧择网、新一站保险网,其本质是在线金融超市。客户通过对不同保险产品的价格、内容等详细信息的对比,逐步进行筛选,最终选择适合自身需求的保险产品,完成在线直接投保。

O2O 模式的保险类门户典型代表是大家保,其门户本身并不从事保险销售业务,而是通过"搜索+比价"的方式为客户提供保险机构、保险产品、代理人的搜索和比价服务。客户只需要填写投保人信息,门户即可为其筛选出适合投保人的保险产品及投保方案。在确定所购买的产品后,客户直接点击相关链接,预约现场服务的产品,待理财客户致电回访后向客户签署保单,最终完成产品购买,极大地节约了交易成本。

3. 盈利模式

盈利模式根据业务模式通常可以分为以下三种:第一种 B2C 模式,盈利来自客户完成投保后所收取的手续费;第二种 O2O 模式,依托保险类门户规模大、种类全、流量多等优势,盈利来自于通过广告联盟的方式收取的广告费用;第三种混合模式,是向保险机构或保险代理人提供客户信息和投保意向,从中收取佣金。

【拓展阅读】

保险线上化是方向,但不能唯流量论。虽然乱象频出,但互联网保险仍被看作蓝海。中国社会科学院金融研究所、中国社会科学院保险与经济发展研究中心发布《2023年互联网保险理赔创新服务研究报告》认为,中国互联网保险的理赔服务已全面呈现线上化、智能化、无纸化三大趋势,预计到2030年,互联网保险的保费收入规模将比2022年增长近6倍,或将超过2.85万亿元,通过互联网渠道销售并完成理赔的金额将接近1万亿元。如今,互联网保险市场快速扩张,作为保险业中重要组成部分,互联网保险能够极大地满足消费者的个性化需求,进而在市场竞争中获得优势。

三、理财类门户

1. 定位

理财类门户作为独立的第三方理财机构，可以客观地分析客户理财需求，为其推荐相关理财产品，并提供综合性的理财规划服务。

理财类门户与信贷类门户、保险类门户定位的差别只是在聚焦的产品类别上有所不同，其本质依然分为垂直搜索平台以及在线金融超市两大类，并依托于"搜索+比价"的核心模式为客户提供货币基金、信托、私募股权基金（PE）等理财产品的投资理财服务。此外，根据理财产品金额，将理财类门户分为两类：大额理财类门户和小额理财类门户。这两类门户在运营和盈利模式上并没有本质上的差异。典型代表为格上财富、钱大掌柜等。

2. 运营模式

理财类门户为独立的第三方理财机构，并不参与交易。门户通过聚合各银行、相关金融机构发行的理财产品、债券、基金、信托等各类理财产品，建立海量理财数据库，解决平台与理财人士之间的信息不对称，节省逐个访问理财平台的时间成本，帮助投资人规避风险。

同时，此类门户网站通过分析客户当前的财务状况和理财需求，如资产状况、投资偏好以及财富目标等，根据其自身情况为用户制定财富管理策略以规避投资风险，向其推荐符合条件的理财产品，并为之提供综合性的理财规划服务。

3. 盈利模式

目前理财类门户的盈利模式较为单一，主要以广告费和推荐费为主。理财类门户通过为合作金融机构带来大量的用户和交易而收取相应的推荐费，而广告费也与网站的用户量息息相关。所以理财类门户盈利模式的关键在于流量，有效地提高转化率，将成为理财类门户稳定收入来源的重要保障。

四、综合类门户

1. 定位

综合类门户汇聚了信贷类门户、保险类门户以及理财类门户所能提供的多种金融产品，是互联网金融门户"混业经营"的典型代表。综合类门户本身不参与交易，而是引入多元化的金融产品和大量相关业务人员，为客户搭建选购各类金融产品以及与业务人员联系对接的平台。

综合类门户的核心定位依然是互联网金融领域的垂直搜索平台和在线金融超市。现阶段，以垂直搜索平台为核心定位的综合类门户的典型代表有百度金融等，以在线金融超市为核心定位的综合类门户的典型代表有91金融超市以及软交所科技金融服务平台等。

2. 运营模式

综合类门户主要起到金融产品垂直搜索平台以及在线金融超市的作用，业务模式仍然以B2C及O2O模式为主。

在以垂直搜索平台为核心定位的综合类门户，客户不仅可以快速、精确地搜索到各类金融产品，对其进行比价，还可以通过平台与相关业务人员联系对接，进行线下咨询及购买，并通过信息反馈系统实现金融O2O模式的闭环。

在线金融超市为核心定位的综合类门户，充当的是金融中介的角色，其业务形态是在线导购，不提供信息的双向选择，只提供直接的购买匹配及导购服务，解决的是服务不对称的问题，如91金融超市、软交所科技金融超市等。

3. 盈利模式

综合类门户的盈利模式可以划分为以下三种：首先，综合类门户依托其流量价值，吸引在线广告的入驻，从而收取广告费用；其次，综合类门户通过向金融机构推荐客户和交易量，从中收取相应的费用；最后，综合类门户通过撮合交易，收取相应佣金。在客户购买金融产品的过程中，综合类门户可为其进行全程协助，待交易完成后向金融机构收取一定比例的费用作为佣金。

【拓展阅读】

度小满

度小满金融，原百度金融。2015年12月，百度整合旗下金融业务，成立金融服务事业群组（FSG）。金融科技与无人车、DuerOS成为百度AI战略的三大重要赛道。

2018年4月，百度宣布旗下金融服务事业群组正式签署拆分融资协议，拆分后百度金融启用全新品牌"度小满"，实现独立运营。2018年5月21日，度小满正式成立，延续百度技术基因，探索人工智能在金融领域的应用，先后布局信贷、财富管理、支付、保险、个人金融科技和供应链金融科技六大业务板块，其主要产品及服务如图7-4所示。

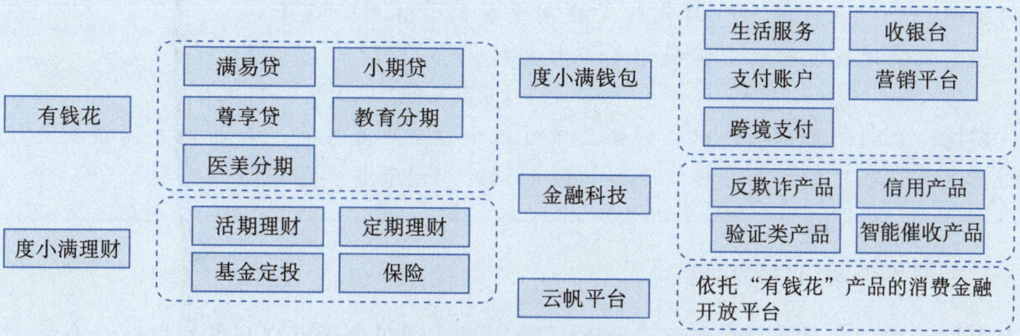

图7-4 度小满金融主要产品及服务

（资料来源：度小满官网．）

技能训练

李先生想申请一张信用卡，但信用卡种类繁多，优惠不同，李先生正好是一位观影爱好者，他想通过信用卡消费享受到免费看电影的会员福利，请您通过第三方资讯平台帮李先生寻找一家合适的产品吧。

第3节　熟知互联网金融门户的风险与防范

> 【导入案例】
>
> ### 某行因门户泄露客户信息等被罚
>
> 　　2021年1月29日，原银保监会行政处罚信息显示，某行因"互联网门户网站泄露敏感信息""数据安全管理较粗放，存在数据泄露风险""制卡数据违规明文留存"等违法违规行为，被罚款420万元。
>
> 　　针对互联网金融领域存在的问题和风险，在加快互联网金融法律法规体系建设的同时，必须要根据互联网自身的特点，另辟蹊径，着手解决互联网金融发展中面临的比较紧迫的问题。"解铃还须系铃人，互联网的问题还要靠互联网来解决。正是因为互联网技术本身为互联网金融发展的监管提供了重要的机遇，如何构造一个'互联网+'时代的互联网金融监管体系，这是金融信息化快速发展的新形势提出的重大需求。"
>
> （资料来源：新浪网.）
>
>
>
> 网贷评级第一案宣判"差评"不构成商业诋毁
>
> **讨论：** 互联网金融门户仅作为第三方资讯平台或垂直搜索平台为用户提供相关信息及增值服务，在延续了部分传统金融风险的同时，还面临哪些风险呢？

一、互联网金融门户的风险

互联网金融门户具有部分传统金融的风险因素，同时由于其自身的特性还会有一些独特的网络风险特征。互联网金融门户风险可以按照金融风险的起源划分为操作风险、技术风险、信用风险、征信体系风险、法律风险等几类。

（一）操作风险

操作风险作为主要金融风险之一，在金融体系中无处不在。根据《新巴塞尔资本协议》，操作风险是指由不完善或有问题的内部程序、人员及系统或外部事件所造成损失的风险。从这个定义上看，基于互联网金融门户的内部程序在任何环节出现的问题，相关业务人员有意无意地疏漏，都属于操作风险的范畴。

《新巴塞尔资本协议》

（二）技术风险

互联网金融门户网站的安全问题十分严峻。利用网站操作系统的漏洞和 Web 服务程序的 SQL（结构化查询语言）注入漏洞等，黑客能够得到 Web 服务器的控制权限，篡改网页内容，窃取重要内部数据，甚至在网页中植入恶意代码（俗称"网页挂马"），使金融机构的交易数据以及用户的个人信息存在泄密的可能性，导致难以估量的损失。

SQL（结构化查询语言）

（三）信用风险

1. 违约风险

互联网金融门户作为信息中介，在代理金融产品和销售产品时，还需要承担资金往来支付的保障。投资者对于大的互联网金融门户所代理的金融产品有一种无形的信用。

互联网金融门户的违约风险包括融资方出现信用违约，以及履行对客户的承诺或投资者出现违约等情况而给客户以及本公司带来的损失。目前，互联网金融门户上的投资者只是通过第三方支付平台购买金融产品，对资金的去向及融资者的信息知之甚少，包括相关限制条件、风险信息及期限结构，这些无一例外都存在着违约风险。

2. 信息披露风险

现在互联网金融的信息披露没有一个行业标准，容易导致信息不透明或过度披露以及虚假信息等。其风险在于一旦出现有纰漏的相关信息被广泛援引、转载，不仅会导致因新闻失实而使互联网金融门户的专业水准及公信力遭到质疑，还会导致因造成客户的经济损失而面临赔偿或法律纠纷等严重后果。

另一方面，披露信息时，由于缺乏业内标准，就会存在第三方出于恶意报复而涉嫌泄露贷款方私人信息的风险。众所周知，交叉的信息流是大数据的源泉，所以说信息的效用明显是 $1+1>2$，一旦披露过多的原始数据，贷款方的竞争者就可以根据这些原始数据分析推算出贷款方的核心商业机密，使贷款方蒙受损失。

（四）征信体系风险

我国的征信体系尚不完善，各类信用信息不仅局限于数据挖掘技术和信用评分能力，而且无法在短时间内覆盖国内多数企业和居民，缺乏企业和个人信用信息的正常获取和检索途径。这就使互联网金融门户在征信过程中承担高额成本，部分机构为了获得更多收益，有意放松或放弃征信过程，致使投资者承担了额外风险。

（五）法律风险

互联网金融门户是将线下宣传和交易的传统金融业务通过第三方服务平台搬到线上，其交易主体实质上并未发生变化，交易双方所产生的法律关系性质并未改变。在消费领域，知情权是《消费者权益保护法》规定的消费者基本权利之一。但是，金融产品与服务的专业性、技术性非常强，金融机构往往会隐匿产品潜在风险、后果责任等重要信息，在交易时又普遍采用格式条款的方式订立合同。因此，对于金融机构而言，保证交易信息的真实性，对格式条款进行提示、说明是基本义务。但是专门性金融消费者的法律法规在我国还尚未出台。

同时，互联网金融门户网站作为金融信息提供的中间人，相对于消费者而言，是否负有和金融机构同等的信息披露义务，发生纠纷时，门户网站是否需要就虚假信息承担责任，这些都有待确认。目前，互联网金融门户网站的服务条款基本一致地免除了自己对交易风险的责任，对于金融交易信息的准确性、真实性也不负保证责任。

门户网站在服务条款中完全将自己放在了独立的第三方的位置，只提供搜索服务或交易平台，不负有审查义务和保证责任。对金融消费者的救济只能依据《合同法》关于格式条款解释规则的规定，而在互联网金融门户的场景下又缺失了面对面的提示、说明和解释行为，这对消费者而言具有比传统金融交易方式更大的风险。

二、互联网金融门户风险的防范

为了应对上述风险，互联网金融门户需要从以下几个方面进行风险控制与管理。

（一）操作风险防范

一方面，要减少终端、平台、网络的设计缺陷，提高使用的简单明了性，同时建立业务操作规范和系统，消除互联网金融门户人员因操作失误带来的损失。另一方面，需要增加对互联网金融从业人员和交易对象的培训，提高他们对设备操作的熟悉度。

（二）技术风险防范

要加强技术团队建设，开发新型可靠的安全技术，不断对漏洞进行修补，采用认证授权、防火墙、数据加密等技术保证数据安全，通过多重用户名和密码、校验码、短信验证等方式实现身份验证，有效降低技术风险。监管部门需要建立一套行之有效的技术标准，并保证这套技术标准的适用性和国际化。

（三）信用风险防范

可以对行业准入门槛、行业经营准则进行明确规定。平台有责任及时、准确地进行信息披露；保证消费者充分了解互联网金融服务，包括信息公开、产品要求等信息都要在合同条款上列明。同时，加强金融知识普及，使消费者具有风险识别能力，主动承担风险。

（四）征信体系防范

完善个人征信体系、加快信息共享、拓宽信用数据收集渠道。例如，互联网协会可以通过建设信用信息共享平台，依法有序纳入信用信息。这不仅能够完善互联网金融行业信用体系，还能够与国家金融信用信息基础数据库及其他行业信用数据库的现有数据形成互补。此外，通过信用信息共享平台，能够打通不同机构间的"信息孤岛"，实现信用信息的有效整合和充分运用。最后，通过信用信息共享平台，督促会员机构在现有法律和规则框架下使用数据，履行法定义务，保护客户隐私信息，提高信用信息管理水平，完善互联网金融行业自律体系。

（五）法律风险防范

健全法律法规，全面落实《"十四五"数字经济发展规划》，加快发展网络安全产业体系，促进拟态防御、数据加密等网络安全技术应用。建立健全数据安全治理体系，研究完善行业数据安全管理政策。另外，完善互联网金融门户在交易中的法律地位。

此外，消费者要善于利用《消费者权益保护法》来维护自身的合法权益。这种自我保护意识，既包括事后的维权意识，如积极寻求消费者协会的帮助，向人民法院提起诉讼等；也包括事前的维权意识，如对信息的真实性做出积极的调查、思考，不盲目地相信网站上的介绍，不依赖网站提供的信息。同时，消费者本人也应该恪守诚实信用原则，对所提供的个人信息、交易的真实性负责，严禁任何以合法形式掩盖非法目的的交易行为，切实维护好国家的金融市场秩序。

国务院印发《推进普惠金融发展规划（2016—2020年）》

技能训练

请结合所学的五个互联网金融门户风险，搜索相关案例，分析案例所面临的风险，并提出风险防范建议。

知识小结

在信息化的时代里，互联网金融门户的出现为客户提供了差异化的服务，成为利用互联网提供金融产品、金融服务信息汇聚、搜索、比较及金融产品销售并为金融产品销售提供第三方服务的平台。以平台提供的服务内容及方式不同，将互联网金融门户划分为第三方资讯平台、垂直搜索平台以及在线金融超市三大类。以汇集的金融产品、金融信息的种类不同，将互联网金融门户细分为信贷类门户、保险类门户、理财类门户以及综合类门户四大类。

虽然互联网金融门户聚集的产品类别不尽相同，但是其核心均在于利用数据的可追踪性和可调查性等特点，依托数据分析以及数据挖掘技术，根据客户的特定需求，为其筛选并匹配符合条件的金融产品。在盈利方面，互联网金融门户稳定且可持续的主要收入来源有佣金、推荐费、广告费、培训费以及咨询费等，其核心在于流量及在流量基础上提高的转化率。

互联网金融门户提高了金融产品信息化的程度，同时也面临着诸多风险，例如，操作风险、技术风险、信用风险、征信体系风险及法律风险。这一方面需要通过开发运用多种网络安全的核心技术来提升网络安全水平，保障互联网金融门户安全、稳定、顺畅地运行；另一方面也需要尽快健全法律法规、完善监管体系，为互联网金融的发展提供有力的法律保障。

知识拓展训练

一、名词解释

互联网金融门户　第三方资讯平台　垂直搜索平台　在线金融超市　P2P网贷类门户　信贷类门户　保险类门户　理财类门户　综合类门户

二、单项选择题

1. 本章中介绍的金融之家网站具体属于（　　）网站。
   A. 保险类行业门户　　　　　　　　B. 综合类门户
   C. 众筹行业门户　　　　　　　　　D. 理财类门户

2. （　　）不属于互联网金融信息门户的主要分类。
   A. 第三方资讯平台　　　　　　　　B. 垂直搜索模式
   C. 股权众筹平台　　　　　　　　　D. 在线金融超市

3. 以下四项中不属于互联网金融门户特点的是（　　）。
   A. 注重客户导向　　　　　　　　　B. 凸显渠道价值
   C. 风险小　　　　　　　　　　　　D. 更新信息频繁

4. "中国有几百家商业银行，上千家村镇银行，未来还有民营银行也将授权开放。如果再加上7 000多家小额贷款公司，越来越多的金融机构意味着机构间的竞争将异常激烈。而高效、低成本、精准化对接的互联网金融销售，将成为未来金融机构争夺用户的一个新入口。"这里的"新入口"是指（　　）。
   A. 第三方资讯平台　　　　　　　　B. 金融垂直搜索模式
   C. 在线金融超市　　　　　　　　　D. 网贷行业门户

5. 下列关于各类互联网金融门户的说法，正确的一项是（　　）。
   A. 根据汇集的金融产品、金融信息的种类不同，互联网金融门户分为第三方资讯平台、垂直搜索平台以及在线金融超市三大类
   B. 为传统金融机构提供客户信用评估的收费服务，有望成为金融垂直搜索门户收入的重要来源
   C. 根据相关互联网金融门户平台服务的内容及方式不同，将互联网金融门户细分为信贷类门户、保险类门户、理财类门户以及综合类门户四类
   D. 第三方资讯平台的盈利模式与传统资讯类网站差异较大，主要是通过广告联盟的方式来赚取利润

6. 互联网金融门户盈利的核心在于（　　）。
   A. 垂直搜索　　　　　　　　　　　B. 流量及其转化率
   C. 广告收入　　　　　　　　　　　D. 对海量金融产品的信息进行挖掘

7. 现阶段，信贷类门户虽然将线下信贷产品业务流程转移到线上，初步实现了信贷业务流程的在线化，但由于信贷类产品极其复杂并具有一定风险性。因此，目前国内客户购买

信贷产品的方式依然以（　　）模式为主。

A. P2P B. B2C
C. O2O D. C2B

8. 以信息服务为核心的互联网金融门户，对金融业最显著的影响就是有效地降低了金融市场的信息不对称程度，从而有效地减少了（　　）现象出现的概率。

A. 郁金香事件 B. 黑天鹅事件
C. 庞氏骗局   D. 柠檬市场

三、判断题

1. 在线金融超市能否吸引足够的"上游"金融机构入驻和"下游"客户流量，决定了盈利水平。（　　）
2. 互联网金融信息门户作为信息服务平台，应避免行业潜规则，防止出现恶性竞争、虚假信息等问题。（　　）
3. 理财类门户结合国内外宏观经济形势的变化，依托云计算技术，通过合作机构等供应渠道汇集了大量诸如信托、基金等各类理财产品，并对其进行深度分析，甄别选出优质的理财产品以供客户搜索比价。（　　）
4. 在线金融超市为核心定位的综合类门户，充当的是金融中介的角色，提供信息的双向选择，解决服务不对称的问题。（　　）
5. 鉴于信贷门户的核心定位为垂直搜索平台，因此该类门户不参与到借贷双方的交易，但做属于自己的信贷产品。（　　）
6. 综合类门户与其他门户的不同之处在于所经营的产品种类，后三者均聚焦于某种单一金融产品，而综合类门户则汇聚着多种金融产品。（　　）
7. 互联网金融信息门户最突出的功能定位是提供资金中介服务。（　　）
8. 互联网金融门户是将线下宣传和交易的传统金融业务通过第三方服务平台搬到线上，其交易主体实质上并未发生变化，交易双方所产生的法律关系性质发生了改变。（　　）

四、简答题

1. 试述互联网金融门户的定义与特点。
2. 根据服务内容与服务方式的不同，互联网金融门户可以分为哪几类？各有哪些特点？
3. 根据汇集的金融产品、金融信息的种类不同，互联网金融门户可以分为哪几类？各有哪些特点？
4. 面对诸多风险，互联网金融门户应有哪些风控措施？

五、案例分析

把"互联网+传销+非法集资"赶出农村

2017年防范和处置非法集资法律宣传座谈会在京召开，通过研究会议文件，发现农村地区的非法集资呈现上升趋势，"互联网+传销+非法集资"模式有蔓延之势，也许上峰

2017年下半年打击处置的重要环节就是：农村金融非法集资案件。

1. 非法集资，下乡进村

某些农民合作社打着合作金融的旗号，突破"社员制""封闭性"原则，超范围对外吸收资金。诚然，在社员内部进行募集资金是法律允许的，如果突破了限制，进入公共人群就涉嫌触犯《刑法》第一百七十六条非法吸收公众存款罪或者变相吸收公众存款罪。

还有的理财公司、非融资性担保公司改头换面，在农村市场部署"熟人业务员"，虚构高额回报理财产品吸收资金。这里的"虚构"二字是定性的关键，如果熟人业务员推销了假的、不存在的高回报理财产品，其行为涉嫌诈骗类犯罪，具体而言就是涉嫌《刑法》第一百九十二条集资诈骗罪。

2. 互联网+传销+非法集资

随着"互联网金融概念"的传播，在不法分子的策划下，利用农村社群结构（属于"熟人社群"），人与人之间信任感强，农村群众收入增加等因素，开展"人介绍人"的金字塔销售理财产品的网络，处于金字塔上层的人拿到更多回扣富裕起来，形成示范效应，一个村的人也跟着参与"击鼓传花"。更有甚者，将养老投资、消费返利等噱头加入非法集资手段中，使金融消费者"乱花渐欲迷人眼"，分辨不清"圈套"还是"红包"，金融消费者教育跟不上。

3. 重点提醒"涉农"金融

有的理财公司为了业绩增长，放任区域老总发展线下销售团队，在农村地区走街串巷，羊圈上、马槽边都刷上了理财广告，这是明晃晃的"作"。

总之，从上峰的公开文件中，我们已经领会到下一步重点打击的领域是农村非法集资。老少爷们，大姐婶子们，俺们要向村里的非法集资活动说不！把打着支持农业养殖、夕阳养老幌子，实际上想骗我们手里"种子钱""猪崽钱"的不法分子赶出村去！

（资料来源：把"互联网+传销+非法集资"赶出农村．未央网，2017年4月27日．）

问：面对农村非法集资的风险，你有什么好的建议和防范措施吗？你能为他们推荐些好的门户网站吗？互联网金融门户同样存在着风险，在推荐门户之前，你需要提前告知他们哪些风险？

第 8 章
把握其他互联网金融模式

【知识脉络图】

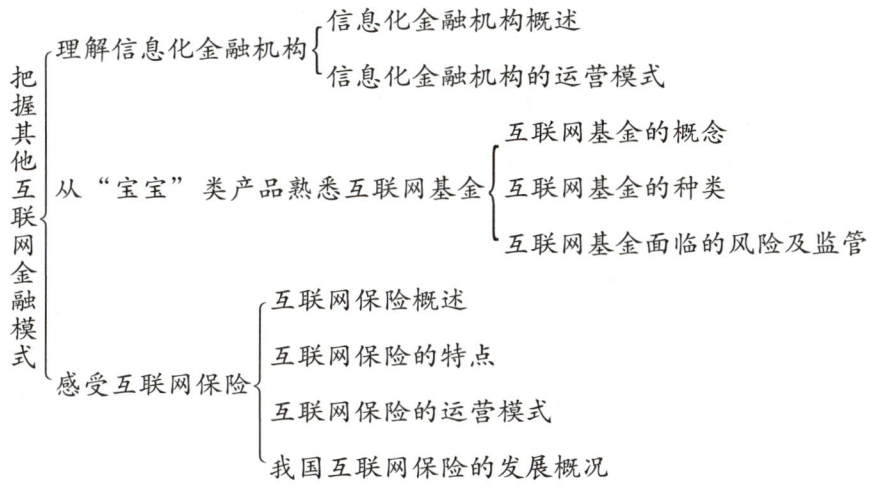

【学习目标】

1. 知识目标

（1）理解信息化金融机构的概念、特点、运营模式，掌握信息化金融机构的特点、不同的运营模式。

（2）了解互联网基金的概念、特点，掌握互联网基金的不同种类，理解互联网基金面临的风险及监管。

（3）了解我国互联网保险的发展概况，理解互联网保险的概念、特点，掌握互联网保险的不同运营模式。

2. 能力目标

（1）能够运用所学知识，独立完成信息化金融机构、互联网基金和互联网保险的不同运营模式的实际操作。

（2）要求学生树立开放性思维，就上述 3 种互联网金融模式提出创新需求。

第 1 节 理解信息化金融机构

> 【导入案例】
>
> **2021 年金融信息化 10 件大事**
>
> 2021 年是中国共产党成立百年华诞，是"十四五"开局之年，也是全面建设社会主义现代化国家新征程开启之年。这一年，金融业立足新发展阶段，贯彻新发展理念，充分发挥数据与技术的双轮驱动作用，苦练内功，开拓创新，为金融业高质量发展带来新的经验和研究成果，收获颇丰。
>
> 在经历了初选和复选两个阶段的专家评审，"2021 金融信息化 10 件大事"评审结果成功揭晓。它们分别是：
>
> （1）中国人民银行发布实施《关于规范金融业开源技术应用与发展的意见》；
> （2）中国进出口银行企业级核心系统数字化转型集成工程投产上线；
> （3）中国工商银行完成全分布式开放生态银行系统；
> （4）中国银行建成海外分布式核心银行系统；
> （5）建设银行全栈创新技术"协同办公系统"率先实现全集团单轨运行；
> （6）中信银行联合人行发布金融业生僻字开源项目，助力弥合"数字鸿沟"；
> （7）深交所打造上市公司智能监管平台助力监管数字化转型；
> （8）上交所设立证券基金行业信息技术应用创新基地；
> （9）中国银保信城乡居民大病保险信息平台上线；
> （10）中国人寿搭建隐私计算平台。
>
> （资料来源：《金融电子化》期刊 2022 年 1 月期．）
>
> **讨论**："2021 年金融信息化 10 件大事"，是我国金融业科技创新成果的缩影。获选的"10 件大事"不仅洞察、抓住了 2021 年金融信息化建设的主旋律，也适时、精准地踏响了我国金融机构信息化建设发展与创新的时代节奏。在重大技术变革和金融业全面创新的大背景下，信息化金融机构从无到有、从有到优，那么什么是信息化金融机构？它和金融机构信息化之间有哪些区别和联系？

金融信息化是指将信息系统引入金融活动中并形成在金融系统发展中居主导地位的信息产业，从而推动金融系统协调发展的过程。从本质上来讲，是现代信息技术应用于金融领域后，二者相互影响、相互变化、共同发展的过程。在金融信息化过程不断演进的影响下，信息化金融机构应运而生，完成了从金融信息化到信息化金融机构的发展转变。

一、信息化金融机构概述

(一) 信息化金融机构的定义

信息化金融机构(Informationized Financial Institution),是指在互联网金融时代,通过广泛运用以互联网为代表的信息技术,对传统运营流程、服务产品进行改造或重构,实现经营、管理全面信息化的银行、证券和保险等金融机构。

从上述定义不难看出,信息化金融机构的范畴定位在实现电子化服务转变的传统金融机构,而不包括诸如淘宝、京东在内的电子商务公司,支付宝、快钱在内的第三方支付,新浪、搜狐在内的门户网站等其他互联网金融参与主体。

(二) 信息化金融机构的历程

经过20多年的发展,中国金融机构信息化建设从无到有、从小到大、从单项业务到综合业务,取得了令人瞩目的成绩。我国金融信息化的发展,已从根本上改变了传统金融业务的处理模式,建立在计算机和通信网络基础上的电子资金清算系统、柜台业务服务系统和金融管理信息系统表明一个多功能的、开放的金融电子化体系已初步形成。

1. 我国银行业信息化发展历程

我国银行业信息化发展建设已有悠久的历史,从最初电子设备在银行业的使用和普及到银行网络化的建设和应用,银行业信息系统建设已经走过了40多年的历程,大体经历了三个阶段,如表8-1所示。

表8-1 我国银行业信息化发展的三个阶段

时间	阶段	主要内容
20世纪70年代末至80年代末	第一阶段	以电子银行业务为主,银行开始采用信息技术代替手工操作,实现银行后台业务和前台兑换业务处理的自动化
20世纪80年代末至90年代末	第二阶段	以连接业务为代表的银行全面电子化建设阶段,全国范围内建起了一批基于计算机网络的应用系统,实现了处理过程的全过程电子化
20世纪90年代末至今	第三阶段	以业务系统整合、数据集中为主要特征的金融信息化新阶段

总体来说,银行业的互联网业务规模仍远大于支付宝等非银行机构。从最近几年的统计数据来看,我国网上银行市场的交易额几乎万倍于支付宝等第三方支付的交易额。但从具体的细分领域来看,在新兴的互联网金融领域,如个人电子商务支付领域,网上银行的发展速度要落后于第三方支付,客户占有率更是低于支付宝。

2. 我国保险业信息化发展历程

我国保险业信息化发展历程也大体经历了三个阶段:20世纪80年代到90年代初是起步阶段,国内一些大型保险公司初步实现了办公系统信息化;20世纪90年代中后期,随着网络技术的发展,我国保险公司加快网络的应用,基本实现保单电子化、保险业务流程信息化和网络化,所有大型保险公司开始对业务进行系统整合;2000年以后,保险业信息化程度有了新的飞跃，这一阶段的保险业积极开展电子化建设，信息化主要成就有不断开发新的保险产品，精算的效率与保险计费的科学性不断提升。其间一些重要事件相继发生，具体如表8-2所示。

表8-2　　　　　　　　　　　我国保险业信息化过程中的重要事件

时间	重要事件
2011年	《互联网保险业务监管规定》发布
2013年	我国第一家互联网保险公司——众安在线财产保险公司正式成立
2015年	蚂蚁金服成立保险事业部并建立互联网保险平台
2016年	i云保、蚂蚁宝陆续成立
2019年	中国人寿发布"科技国寿建设三年行动方案"
2021年	中国保险行业协会发布《保险科技"十四五"发展规划》

3. 我国证券行业信息化发展历程

与其他国家相比，我国证券行业信息化起步较早、发展较快。证券业最早应用信息技术的是证券交易所。1990年，上海证券交易所通过计算机进行了第一笔交易。1992年，深圳证券交易所复合系统正式启用。20多年来中国证券市场快速发展，目前证券交易所的信息化的主要成就包含四个方面：交易系统的信息化、信息平台系统、通信系统和监管系统。证券公司作为证券业的主体，也是证券信息化的主体。目前国内的所有证券公司都建立了网上交易系统，通过互联网实现了全公司互联和集中交易。在管理、决策和风险控制方面，也基本实现了信息化，包括稽核系统、财务系统和统计分析系统等。

2013年以来，金融行业信息化进入了创新机遇期。经过了之前十余年的数据和业务的大集中建设，包括银行、保险、证券等在内的金融行业信息化正在走向一个全新的阶段。基于云计算、大数据、移动与智能设备以及社交网络等第三类平台的金融服务，正在成为新的金融业务创新及增值点。

（三）信息化金融机构的特点

1. 金融服务更加高效便捷

传统金融机构通过信息技术投入，硬件设施升级等基础性信息化建设，实现了工作效率的极大提升。信息化金融机构通过以互联网技术为基础的更高层次的信息化建设，对传统运营流程、服务产品进行改造或重构，更是在金融服务方面同样取得了质的提升。更加高效便捷的金融服务，成为信息化金融机构的一个显著特点。

2. 资源整合能力更为强大

对于金融机构来说，其管理的资产比较特殊，一般是来源于负债性业务所得，具有高风险特性。现代金融机构的业务构成复杂，信息化的建设使金融机构能够实现业务的整合。同时，通过完整的IT建设，可以使金融机构按照一个统一的IT架构将机构内部各管理系统全部整合到一个系统管理平台，实现各系统的互联互通。通过信息化建设集成的统一内部管理系统，使金融机构可以运作的空间更为广阔。以银行业为例，现代银行的业务分布非常广泛，对于一个规模较大的银行来说，其信贷业务可能遍布于某一行业的整个产业链中。在信贷链条上，可能有几百家上游企业，同时可能有几千家下游企业，他们之间是相互关联的。而上下游企业相互之间就可能有直接的业务往来，身处这一产业链中的银行完全可以把上下游结合起来，这也就是所谓的供应链金融。所以，这个方面系统的整合就是要真正实现将现代科学技术与企业或者银行的经营理念、核心业务管理方式和客户服务进行高度融合，使银行的经营更具活力。

3. 金融创新产品更加丰富

金融机构的信息化建设极大地提高了金融的创新能力，各金融行业不断推出新型的金融产品。作为移动互联网时代的产物，手机银行作为银行业的创新产品，方便了人们的日常生活，无论是转账、生活缴费，还是投资理财，仅仅通过触摸屏幕就能够实现。理财产品的日益丰富也是金融产品创新的一个体现，更多平民理财产品的出现，改变了金融行业理财产品带给人们的高门槛印象。金融行业线上线下业务的创新组合，也给人们的生活带来了便利，同时拓展了金融机构自身的服务空间。

二、信息化金融机构的运营模式

（一）传统金融业务的电子化模式

传统金融业务的电子化是指金融企业采用现代通信技术、网络技术和计算机技术，提高传统金融服务行业的工作效率，降低经营成本，实现金融业务处理的自动化、业务管理的信息化以及决策的科学化，为客户提供快捷、方便的服务，达到提升市场竞争力的目的。它是一种基于传统的、封闭的金融专用计算机网络系统，其本质是金融行业内部管理的自动化与信息化。

根据金融电子化过程中金融机构的业务所表现出来的不同特征，可以将其发展进程分为三个阶段：第一阶段从20世纪70年代末开始至80年代末结束，是金融机构自动化建设阶段，金融机构的对外业务开始以计算机的处理代替传统的手工操作；第二阶段从20世纪80年代末至90年代中期，是金融机构全面电子化阶段，这一阶段电子化的应用从最初的试点实验开始向全行业普及；第三阶段从20世纪90年代中期至今，是我国金融机构的网络化建设阶段，这一阶段也是金融电子化的高速发展阶段，其主要标志就是实现了全国范围的同行业内计算机联网。

（二）基于互联网的创新金融服务模式

信息化金融机构借助互联网技术高效的信息与资源的整合能力，可以有效改进当前服务模式并发现投资者的未被关注到的潜在金融需求，从而提供基于互联网的创新金融服务模式。

1. 银行业的创新金融服务模式

（1）直销银行。所谓直销银行（Direct Bank），是指业务拓展不以柜台为基础，打破时间、地域、网点等限制，主要通过电子渠道提供金融产品和服务的银行经营模式和客户开发模式。全世界最早的直销银行是英国的第一直通银行。目前，直销银行在国外的发展已经比较成熟，国内的直销银行正处于试点阶段，最先涉足此模式的是民生银行和北京银行。2013年9月16日，民生银行宣告与阿里巴巴合作，最

"拥抱未来银行"
——中原银行直销
银行App正式发布

早把直销银行的概念送入了公众的视野。然而最先推出直销银行业务的却是北京银行，2013年9月18日，北京银行宣布与其境外战略合作伙伴荷兰 ING 集团正式开通直销银行服务模式，尝试开展直销银行的运营。表8-3 所示为2022年度中国直销银行排行情况。

表8-3 2022年度中国直销银行排行榜

排名	银行名称	直销银行名称
1	江苏银行	江苏银行直销银行
2	民生银行	民生直销银行
3	杭州银行	杭银直销
4	中信银行	百信银行
5	宁波银行	宁波银行直销银行
6	中国邮政储蓄银行	邮惠万家银行
7	上海银行	上行快线
8	广州农商银行	珠江直销银行
9	恒生中国	YOU 理财
10	北京银行	北京银行直销银行

（资料来源：腾讯网，2022年8月15日.）

（2）社区银行。社区银行（Community Bank）的概念来自于美国等西方金融发达国家，其中的"社区"并不是一个严格界定的地理概念，既可以指一个省、一个市或一个县，也可以指城市或乡村居民的聚居区域。

凡是资产规模较小、主要为经营区域内中小企业和居民家庭服务的地方性小型商业银行都可称为社区银行。与以往的大型营业网点不同，社区银行是以服务于区域生活、商业中心为目的的快捷、便利银行服务场所。作为银行服务的延伸，社区银行将承担起未来零售业务市场开拓的重任。站在银行的业务经营角度，社区银行的发展将成为银行改变传统业务模式，从后台走向前端，从"坐商"走向"行商"的重要一步。

社区银行盈利不容易：获客成最大难题

而近期国内各大主要银行，都已经开始了社区银行这个未来蓝海的布局，从目前的竞争态势来看，大有发展成为"红海"的趋势。其中进程最快的是几家股份制银行：民生、兴业、平安，中信、广发、招商等也紧跟其后。除了这些全国性的股份制银行，还有大量区域性经营的城商行，如上海农商行、包商银行、龙江银行等，也在积极布局社区银行，以抢占未来零售客户的市场。

2. 非银行金融机构的创新金融服务模式

2010年后，随着网上购物和移动互联网的兴起，电子金融服务逐渐被消费者，尤其是年轻群体认可。保险公司抓住这一历史机遇，增加在互联网上的投入。2013年，众安在线作为专业的网络保险公司成立，其摒弃了传统建立分支机构和人员展业的经营模式，通过网络展业，发展成为了保险电子商务中里程碑式的标杆。

> 【知识链接】
>
> **中国首家互联网保险公司——众安保险**
>
> 众安保险，全称"众安在线财产保险股份有限公司"，2013年11月6日揭牌，由腾讯、中国平安等知名企业发起成立。作为中国首家互联网保险公司，众安也是一家以技术创新带动金融发展的金融科技公司。
>
> 众安保险总部设在中国上海，注册资本12.40625亿元，不设任何分支机构，完全通过互联网进行在线承保和理赔服务。
>
> 2015年6月，成立仅17个月的众安保险获得57.75亿元的A轮融资，新增摩根士丹利、中金、鼎晖投资、赛富基金、凯斯博5家财务投资机构，估值达到500亿元。2015年12月，澳大利亚知名金融科技风投机构H2 Ventures联手KPMG（毕马威）发布的全球金融科技百强榜，众安保险摘得桂冠。
>
> 截至2017年2月28日，众安保险累计服务客户数量5.59亿人次，保单数量超过78.77亿元。
>
> 目前，众安保险的业务经营范围包括：与互联网交易直接相关的企业/家庭财产保险、货运保险、责任保险、信用保证保险；短期健康/意外伤害保险；机动车保险，包括机动车交通事故责任强制保险和机动车商业保险；上述业务的再保险分出业务；国家法律、法规允许的保险资金运用业务；保险信息服务业务；经原中国保监会批准的其他业务。
>
> 作为一家服务互联网生态的公司，众安保险已与200余家公司开展了基于不同行业场景的业务合作，其中既有百度、腾讯等大型互联网企业，也有招财宝、小赢理财等互联网金融平台，还有爱彼迎（Airbnb）、大疆科技、华大基因、蘑菇街等知名创业公司，甚至还有平安保险等传统保险公司。
>
> （资料来源：众安保险官网，www.zhongan.com.）

此外，互联网平台对基金公司来说也是一个巨大的渠道，淘宝、腾讯、京东等互联网平台将给基金带来可观的客户流量。在互联网公司与基金公司的合作模式下，双方各司其职、发挥特长：互联网的第三方支付、基金销售等平台扮演的是渠道角色，而基金公司则将更多的注意力放在产品创新上，进行"产品定制"，扮演内容提供商的角色。其中的典型代表就是淘宝与天弘基金合作的余额宝模式。

从初期看，由余额宝带来的互联网基金风潮，主要是渠道和客户量的突破，基金行业规模的进展。基金借助强大的第三方互联网销售平台，终于实现了基金销售的"非银行化"。余额宝模式所引领的互联网基金，其意义不止于此，互联网基金很可能在一定程度上解决了基金业面临的痼疾——客户体验不佳，未来的互联网基金的突破口可能在于更多地推出低风险的固定收益产品。

(三) 金融电商模式

1. 银行业的金融电商

就表现形式而言，目前银行业的金融电商主要表现形式有两种：第一种是以中国建设银行为代表的自建平台模式。建行的"善融商务"平台是一家比较综合性的银行电商，经营范围分为个人商城、企业商城和房 e 通三个部分，并以"亦商亦融，买卖轻松"为主要的宣传宗旨。第二种是以招商银行为代表的银行与平台合作模式。招商银行与腾讯公司推出的微信社交软件平台合作，经营业务包括：借记卡账号查询、转账汇款、信用卡账单查询、信用卡还款、积分查询、网店查询、贷款申请、办卡申请、手机充值、生活缴费、预约办理、跨行资金归集、在线智能客服实时解答客户咨询等。

2. 证券业的金融电商

与银行业的电商模式类似，证券业的金融电商模式也主要分为依靠传统电商平台渠道及自建电商平台等模式：一种是目前部分券商正在做的，自己搭建电子商务网站；另一种是通过与淘宝、腾讯等大型网络公司合作，在对方的平台上销售产品的模式；此外，资本较充足的券商甚至可以直接收购第三方电子商务公司。在券商进军电子商务领域的竞争中，一批券商已经抢得先发优势。其中，国泰君安的网上商城，已经成为各家券商模仿和学习的模板。在国泰君安的网上商城，金融产品同一般商品一样销售，甚至引入了目前火热的团购模式。

> 【知识链接】
>
> **首家券商亮相天猫商城　方正证券泉友会旗舰店开业**
>
> 2013 年 3 月 13 日，方正证券宣布泉友会天猫商城旗舰店（quanyouhui.tmall.com）正式上线。这也是继保险、银行、基金等金融企业进驻天猫商城之后，证券行业首家券商亮相天猫。
>
> 据介绍，通过天猫平台，方正证券"泉友会旗舰店"目前主要定位为业务展示及服务产品销售，推出的主要是服务产品，也就是整合公司优势资源为客户提供的收费增值服务，包含独家资讯、投资顾问服务以及自主研发、独具特色的泉量化投资决策系列软件等。
>
> 在购买方式上，除了通过阿里旺旺咨询店内产品，若有更深层次的理财需求，客户可以通过在线客服人员预约方正证券专家级理财顾问量身定做理财规划，或是要求附近的营业网点上门服务，以期全方位、多角度满足客户的不同需求。
>
> 方正证券对于券商电子商务的尝试，有望给公司带来更大的市场空间。公司表示，入驻天猫商城，目的是希望可以利用天猫第三方电子商务平台庞大的用户群，吸引更多的投资者关注方正证券、了解公司优质的产品和服务、提升网上销售业务能力。公司表示，线上渠道营销增量虽无法精确预估，但潜力巨大。今后，公司也将结合第三方电子商务平台的优势和特点，加强产品和服务创新，全面提升金融创新的能力。
>
> （资料来源：中国证券报，中证网，2013 年 3 月 13 日.）

3. 保险业的金融电商

目前国内各大保险公司纷纷试水电商，试图通过电商平台的建立来取得渠道的突破。平安、太平洋等保险公司陆续推出网上商城，消费者可以在其官网上购买保险产品。同时，保险公司也和电商企业积极合作，淘宝保险便是保险公司和电商企业合作的产物。目前保险业的运营模式主要分为两大类：大型险企倾向于自建网销渠道或依托官网进行互联网销售；中小型险企则普遍选择"借力"第三方的模式。但是总体来说，保险电子商务基本还处于"赚吆喝"的阶段，大部分通过电子商务平台销售的保险产品利润率较低，整体盈利前景尚未明朗。

【知识链接】

"平安金融旗舰店"上线

随着互联网金融市场的快速发展，保险行业在金融领域的创新力度不断加强，金融账户管理将更加便捷。2014年12月初，中国平安旗下的"平安金融旗舰店"（chaoshi.pingan.com）正式上线，消费者可通过网上金融管理账户工具"平安一账通"注册并登录该平台，体验一站式金融产品购买和财富管理服务。

该金融旗舰店根植于平安集团官网，是集服务、商品导购于一体的综合性互联网财富管理平台，目前已可提供保险、银行、信托、贷款等金融产品，还将陆续上线基金、证券等金融业务。同时，平安一账通作为创新的网上账户管理工具，可支持用户在线管理几乎所有的平安账户。

（资料来源：经济导报，2014年12月19日，金融B2版.）

技能训练

请利用互联网搜索工具，收集我国四大国有银行自建的电商平台相关信息，了解其主要业务和特色。

第2节 从"宝宝"类产品熟悉互联网基金

【导入案例】

余额宝并非阿里独创 美版"余额宝"缘何黯然消失

较早关注国内电子商务市场的朋友可能都还记得10年前的景象：在那个支付宝刚呱呱坠地，腾讯还未上市，百度也只是一家搜索网站的时代，来自美国的eBay以1.5亿美元收购了当时中国最大的电子商务公司EachNet（易趣），强势推出联名B2C网站eBay易趣，成为国内电子商务领域的翘楚。eBay易趣与正在上升期的本土企业淘宝，以及两家公司旗下的第三方支付平台（贝宝与支付宝）之间，展开了激烈的竞争。尽管面对当时堪称逆天的淘宝免费策略，eBay易趣和贝宝最终在中国市场不敌阿里，但贝宝曾经在美国互联网金融领域的探索和兴衰往事却值得我们借鉴和警醒。

1. 贝宝的来龙去脉

贝宝（PayPal）是一家总部在美国加州圣荷西市的网络第三方支付服务商，允许在以电子邮箱来标识身份的用户之间转移资金，避免了传统的邮寄支票或者汇款的方法。贝宝也和一些电子商务网站合作，成为它们的货款支付方式之一，但是用这种支付方式转账时，贝宝收取一定数额的手续费。

1998年12月诞生后，贝宝于2000年起陆续扩充业务，包括与其他国家推出业务及加入美元以外的货币单位。2002年10月，全球最大拍卖网站eBay以15亿美元收购贝宝，此后贝宝便成为eBay最主要的支付途径。

在金融监管较健全，互联网发展也较发达的美国市场，早在上一轮互联网泡沫的巅峰期，1999年，贝宝就率先插足货币市场基金，为用户提供回报率较高的储蓄存款服务。在美国互联网经济最繁荣的那段岁月，当贝宝发现自己手上已积攒了大量客户资源，而贝宝作为支付平台，也已一只脚迈入金融业的时候，贝宝的高层便有了和今天BAT老板们相同的想法：既然我已经拥有了这些现成资源，为什么我不能再进一步深入金融业掘金呢？

为了开拓新的利润增长空间，也为了更多地服务和吸引消费者，贝宝便开始为客户建立储蓄账户，涉足货币基金市场。按照约定，只要客户同意，任何客户在贝宝支付账户（类似支付宝）上的余额都可以投入到这一储蓄账户（类似余额宝）并获得货币基金投资带来的利息。

借着当时美联储宽松货币政策的东风，也由于这种互联网型货币市场基金卓有成效地降低了渠道和管理费用，大额申赎请求对基金投资带来的负面影响也大为减少，于是在2000年，贝宝储蓄账户的年回报率竟然高达5.56%，远高于当时美国一般银行储蓄存款的回报率。使贝宝版货币市场基金在刚推出后的那段岁月里，风光无限，火爆异常。

虽然贝宝货币基金回报率较高，但和今天的余额宝一样，一经推出后，其安全性就一直受到外界质疑。因为说到底贝宝不是银行，所以没有美国联邦政府的保险。如果该货币市场基金出现问题，客户的储蓄资金无法获得赔偿保障。

2. 美版"余额宝"何以衰亡

明眼人一眼就能看出，贝宝版货币基金之所以那么吸引人，关键在于它为客户提供了一种非常便利的高回报投资方式。这类货币基金的风光能持续多久，关键就在基金的赚钱效应能持续多久。

然而正所谓花无百日红，贝宝版货币基金的辉煌转瞬即逝。随着2001年美国互联网泡沫的破灭，市场流动性冻结，美国投资者信心跌到谷底，美联储也一再降息刺激经济。面对突如其来的系统性风险，2001年起，贝宝版货币基金的收益就迅速走上了下坡路：2001年全年收益仅为2000年的一半，只有2.86%，2002年进一步下降到1.85%，2003年为1.16%，2004年为1.37%……与银行的储蓄账户回报率相差无几。

第8章 把握其他互联网金融模式

但贝宝版货币基金并没有就此消失，随着美国房地产市场兴起，美国经济逐渐复苏，2005年贝宝版货币基金的回报率反弹到3.27%，2006年进一步上升为4%，2007年重新站上了"5"字头。

可惜人算不如天算，就在贝宝版货币基金准备重新迎接辉煌时，2008年美国次贷危机爆发，"两房"危机和雷曼倒闭事件迅速将危机推向全球，从而引发持续多年的全球金融危机。在美国市场上，无论是股票、债券、房地产、共同基金还是401K养老金账户，统统亏损连连，小小的贝宝版货币基金更如同沧海一粟般处于风雨飘摇中，根本无力改变自身命运。

2008年，贝宝版货币基金年回报率下降到2.61%。2009年，全球金融危机向纵深发酵，其收益率更是下降到0.23%，投资者纷纷赎回基金，规模的锐减进一步打压了贝宝收益率，而收益率的进一步下滑则又引发赎回雪球效应。在这样的世道下艰难维持一年多后，2011年贝宝只能宣布结束贝宝储蓄账户运作，贝宝版货币市场基金寿终正寝，贝宝公司的业务从在线投资理财重新收缩回在线支付的老本行。贝宝的声明也很实诚，表示这是由于市场情况和货币市场基金的金融优势不复存在。换句话说，既然没有了赚钱效应，就只好歇业。

（资料来源：理财周刊，2014年3月14日.）

讨论：今天在中国如日中天的余额宝并非阿里独创，早在10多年前美国就已出现了这种互联网基金。曾经风光无限的美版"余额宝"最终又为何黯然消失了呢？这类创新产品有哪些风险，又该如何进行有效的监管呢？

一、互联网基金的概念

互联网基金（Internet Fund）即互联网货币基金的简称，是指互联网公司对接由基金类金融机构开发的货币基金，并通过互联网渠道进行销售的理财产品。互联网基金在借助互联网媒介的基础上实现投资客户与第三方理财机构的直接交流，从而绕开银行介入，是对传统金融理财服务的延伸和补充。

互联网基金

在这种"金融脱媒"的理财模式下，银行在客户和第三方理财机构之间不再起着有偿连接作用，弱化了银行的金融中介地位，大大提高了理财效率并降低了理财成本。互联网基金作为互联网产业向金融产业快速渗透发展的成果，将一种传统的金融投资产品通过互联网的新载体带给了广大中小投资者。

2013年6月，天弘基金联合阿里巴巴推出了余额宝产品即天弘余额宝货币。与活期存款相比，余额宝产品利息是其10多倍，申购赎回快速到账更迎合了广大群众尤其是年轻人的理财需求。根据天弘基金披露信息，截至2017年12月31日，余额宝规模达1.58万亿元，用户数共计4.47亿，是国内规模最大的货币基金。余额宝的成功，被各界当作互联网企业进军金融领域的成功样本，颠覆了长久以来老百姓零散资金只能投资于收益率相对较低银行储蓄存款的现状。数据显示，截至2018年一季度末，74只互联网宝宝对接的56只货币基金的总规模为45 087.84亿元，较2017年第四季度末增加了6 067亿元，环比涨幅为15.55%，同比增长91%。在经历了2017年第四季度涨幅大跌之后，2018年一季度互联网宝宝的规模又回归正常增长幅度，虽然货币基金严监管，一些基金公司开始限量发售，但仍没有降低投资者购买宝宝理财产品的热情，互联网宝宝产品规模仍然保持稳定增长。

互联网基金本质上仍是货币基金，与传统货币基金的主要区别在于销售渠道。传统的基金销售渠道大多在银行，银行控制了渠道自然比较强势。互联网基金销售渠道一部分被转移到线上，除了通过银行代销之外，还可以通过基金公司直销，或通过第三方支付平台以及其他基金代销平台向互联网用户销售。总之，所有这些"宝宝"类互联网基金本质上是货币基金"T+0"快速赎回业务与互联网平台有机结合的产物：平台提供客户和销售渠道，基金公司提供专业的资金管理服务，两者各取所需。

互联网货币基金的前世、今生与未来

二、互联网基金的种类

余额宝的诞生开启了互联网金融元年，各类互联网基金虽然由不同类型的机构开发，但本质上都是货币基金。按照开发机构的主体类型，一般将互联网基金分为四大类，即把基金公司直接发行的互联网基金产品归类为"基金系"，把银行代销的归类为"银行系"，而互联网公司、电商平台、移动运营商等机构，由于发行"宝宝"类理财产品依靠的是自身的第三方支付平台，所以称为"第三方支付系"，而把除银行、第三方支付机构以外的基金代销平台代售的产品归类为"基金代销系"。

（一）基金系互联网基金

在互联网基金中，基金系产品占据了半壁江山。基金系"宝宝"既可以支持多家银行卡购买，也能支持支付宝、财付通等第三方支付通道。表8-4给出了部分基金系互联网基金产品。就这些产品的表现来看，基金公司"自营"互联网货币基金规模呈现两极分化之势，并且表现不稳定。截至2018年1月底，36家基金公司的"宝宝类"产品合计挂钩40只货币基金，其中华夏活期通的7日年化收益率为5.047%，排名居首，关联产品是天天基金和百度百赚销售的华夏现金增利货币基金。此外，中加基金——天添宝、汇添富基金——现金宝、博时基金——现金宝、南方基金——超级现金宝和富国基金——富钱宝5家基金的"宝宝"产品同样具有4.5%以上的7日年化收益率。但同时万家基金——现金宝、中海基金——e通宝、国富基金——现金宝等基金产品收益率低于3.5%，甚至国泰基金超级钱包的7日年化收益率仅有2.743%，不及3%。

表8-4　　　　　　　　　部分基金系互联网基金产品

产品名称	合作基金	平台	类别
华夏活期通	华夏现金增利货币 A/E	华夏基金	基金系
中加基金——天添宝	中加货币 A	中加基金	基金系
汇添富——现金宝	汇添富现金宝货币	汇添富基金	基金系
博时基金——现金宝	博时现金收益货币 B	博时基金	基金系
钱袋子	广发钱袋子货币 A	广发基金	基金系
长盛基金——添利宝	长盛添利宝货币 A	长盛基金	基金系
壹诺宝	新华壹诺宝货币 A	新华基金	基金系
超级钱包	国泰现金管理货币 A	国泰基金	基金系

(二) 银行系互联网基金

随着 2013—2014 年余额宝的爆炸式增长，互联网金融对商业银行的影响在不断深化，传统银行也陆续推出在线余额理财产品来应对互联网金融和利率市场化挑战，银行系"宝宝"军团在近几年迅速壮大。2013 年 12 月，平安银行携手南方基金推出互联网基金"平安盈"，对接南方现金增利货币 A，平安集团旗下基金公司平安大华也于 2012 年年底成立首只货币基金——平安大华日增利货币，与平安盈对接。2014 年 2 月，民生银行成为第二家推出互联网基金产品的银行，其与汇添富合作的"如意宝"正式上线，对接汇添富现金宝货币，后来加入民生加银现金宝货币。工商银行也与旗下基金公司工银瑞信基金合作，于 2014 年 2 月推出工银"现金宝"，对接工银货币，工银货币还同时对接工银瑞信旗下现金快线，其 2016 年年末规模涨至 1 152.02 亿元。2014 年 4 月 11 日，兴业银行又正式推出了"兴业宝"，与大成基金合作，对接大成现金货币增利 A。表 8-5 给出了部分银行系互联网基金产品。

四招教你轻松玩转中信银行"薪金煲"

表 8-5　　　　　　　　部分银行系互联网基金产品

产品名称	合作基金	平台	类别
平安盈	南方现金增利货币 A、平安大华日增利货币	平安银行	银行系
如意宝	汇添富现金宝货币、民生加银现金宝货币	民生银行	银行系
现金宝	工银货币、现金快线	工商银行	银行系
兴业宝	大成现金货币增利 A	兴业银行	银行系
朝朝盈	招商招钱宝货币 B	招商银行	银行系
薪金煲	信诚薪金宝货币、华夏薪金宝货币、嘉实薪金宝货币	中信银行	银行系

(三) 第三方支付系互联网基金

在第三方支付系互联网基金中，以 BAT（百度、阿里巴巴、腾讯）三大互联网巨头对接的货币基金占据了主导地位，总规模超过 9 000 亿元。毫无疑问，这三家互联网巨头在寻求与基金公司合作时占有绝对的主导地位，因而其产品的互联网属性也是最强的。从基金规模来看，对接"余额宝"的天弘余额宝货币 2016 年年末规模高达 8 082.94 亿元，对接微信"理财通"的 2 只货币基金——华夏财富宝、汇添富全额宝，2016 年年末规模分别为 180.81 亿元和 79.05 亿元；对接百度百赚利滚利的嘉实活期宝、对接百度"百赚"的华夏现金增利规模也分别为 157.22 亿元和 557.71 亿元。而 BAT 之外的互联网企业，苏宁、京东也均已打造互联网基金产品，如苏宁的"零钱宝"、京东的"小金库"、联通的"话费宝"等。它们都借助自身的网购平台、门户网站的强大"吸金"能力俘获了大批"草根"投资者。表 8-6 给出了部分第三方支付系互联网基金产品。

表8-6　　　　　　　　　部分第三方支付系互联网基金产品

产品名称	合作基金	平台	类别
余额宝	天弘余额宝货币	支付宝	第三方支付系
理财通	华夏财富宝、汇添富全额宝	腾讯	第三方支付系
百赚	华夏现金增利	百度	第三方支付系
零钱宝	广发天天红、汇添富现金宝	苏宁	第三方支付系
小金库	嘉实活钱包、鹏华增值宝	京东	第三方支付系
话费宝	安信现金管理货币A	中国联通	第三方支付系

（四）基金代销系互联网基金

随着第三方基金代销平台相继获得基金销售牌照，互联网第三方基金销售平台纷纷上线，如天天基金网、好买基金网、众禄基金网、数米基金网和天相投顾网等，使平台客户可以实现申购、赎回的一站式操作，为客户提供了更加便捷的服务。表8-7给出了部分基金代销系互联网基金产品。这一举动实现了互联网基金在基金业态的跨界创新。作为第三方基金销售机构的网站和货币基金公司合作，使网站变为该基金公司的直销平台，完成基金的线上销售。具体来讲，基金公司发行和销售基金，并将其嵌入第三方基金销售平台来代销。平台的客户是基金的购买者，通过平台账户将备付金转入或转出相应基金，实现对基金的购买和赎回交易。第三方平台与基金公司的合作显示出了基金公司跨界电商平台代销基金的模式，也为基金业的互联网化提供了更为广阔的发展空间。

什么是活期宝

表8-7　　　　　　　　　部分基金代销系互联网基金产品

产品名称	合作基金	平台	类别
活期宝	银河银富货币A、华夏现金增利货币A/E、鹏华添利宝货币、汇添富和聚宝货币、博时现金宝货币B等	天天基金网	基金代销系
理财宝	广发理财7天债券A、建信双周理财A、华夏理财30天债券A、南方理财60天A	同花顺	基金代销系
盈利宝	鹏华货币A	金融界	基金代销系
储蓄罐	工银现金货币基金	好买基金网	基金代销系
数米现金宝	海富通货币A	数米基金网	基金代销系
众禄现金宝	诺安聚鑫宝货币A、银华货币A、融通易支付货币	众禄基金网	基金代销系

三、互联网基金面临的风险及监管

（一）互联网基金存在的风险

互联网基金本质上还是货币基金，因此，其不但面临着传统基金本来具有的风险，还面临由互联网信息技术引起的技术风险、由互联网基金运行机制引起的流动性风险、由虚拟金融服务引起的业务风险以及由法律法规滞后引起的法律风险等。

1. 与传统基金共有的风险

（1）信用风险。互联网理财门槛低、管理松，其业务参与者和服务提供者都具有显著的虚拟性，增加了确认交易者身份、信用评价等方面的信息不对称性，在现实业务中难以全面了解借款人信息。客户可能利用他们的隐蔽信息做出不利于互联网金融服务提供者的决策，而从事互联网金融业务的机构却无法在网上鉴别客户的风险水平，导致其在选择客户时处于不利地位，从而诱发诈骗犯罪活动。

（2）利率风险。只有在社会资金偏紧、整体利率水平偏高的情况下，货币基金才有机会博取较高的利差收益，如果利率实现了市场化，在利率波动较大时，一旦利率水平下降，货币基金就难以获得利差收益。此时，规模庞大的互联网基金将无法应对广大的用户群体。换言之，如果出现利空因素，互联网基金的用户大量赎回，而基金公司没有大量的现金准备，就有可能引发巨大的赎回风险。

（3）市场风险。在信息不对称的情况下，互联网金融市场可能成为"柠檬市场"。而且互联网金融服务是一种虚拟的金融服务，加之我国的互联网金融还处于起步阶段，客户不了解各机构的服务质量，这就有可能导致价格低、服务质量相对较差的互联网金融服务提供者被客户接受，而高质量的互联网金融服务提供者，却因价格偏高被排挤出互联网金融市场。

2. 互联网货币基金特有的风险

（1）流动性风险。目前，规模较大的互联网基金大多采用联合第三方支付平台进行销售，其资金来源与支付平台的资金流量密切相关。例如，截至2023年6月30日，余额宝的规模为6746.73亿元，是国内规模最大的基金，持有人数达到7.46亿户。这得益于支付宝庞大的客户资源，但与此同时，余额宝的投资门槛几乎为零，同时基本可实现"T+0"的申购赎回模式，所以其资金随时都有赎回可能。此外，支付宝允许投资者直接使用余额宝中的余额进行消费支出。当遭遇类似"双十一"的大型促销活动时，支付的快捷性

互联网金融特色理财业务

使瞬间资金交易量剧增，余额宝极有可能面临巨额赎回。若不能妥善处理，会导致基金折价兑现，收益率下降，进一步使投资者的信心受损，陷入挤兑的恶性循环之中，甚至致使基金清盘。

（2）法律风险。我国目前互联网金融机构监管法律缺失，立法尚不完备，监管主体、职责和标准不明确。此外，由于互联网基金的快速发展，客户将大量的资金储存于基金账户中，大量的资金流转于银行体系之外，使中央银行对其失去足够的控制力，对于货币流通速度、货币流通量等无法准确估测。进一步而言，将对下一步中央银行的决策带来挑战。一旦资金链出现断裂或流动性缺乏，将在很大程度上阻碍社会经济、金融的正常运转。

（3）技术风险。互联网金融依托发达的计算机网络，相应的风险控制需由电脑程序和软件系统完成。因此，计算机网络技术是否安全与互联网金融能否有序运行密切相关。目前，我国互联网安全技术的应用缺乏统一的标准，金融系统平台经常匆忙上线，配套措施跟不上，系统维护、技术保障和应急管理投入相对不足，抵御黑客攻击和防范突发事件能力较差。其次，由于互联网传输故障、黑客攻击、计算机病毒等因素，计算机系统极有可能面临瘫痪风险。

进一步而言，互联网基金背后的网络技术公司和基金公司是否有足够完善的规章制度和系统，保证客户的个人信息安全、资金信息安全以及交易记录的安全，仍有待考证。在互联网金融领域，正是由于互联网技术的创新不断，政策法规跟不上其步伐，从而导致一些漏洞的出现，而金融创新也面临同样的问题。技术风险将成为互联网基金所面临的特有风险中极

为重要且难以解决的风险问题。

（4）操作风险。互联网金融业务的操作风险可能来源于互联网金融的安全系统，也可能是因为交易主体操作失误。从互联网金融的安全系统来看，操作风险涉及互联网金融账户的授权使用、互联网金融的风险管理系统、从事互联网金融业务的机构与客户的信息交流等，这些系统的设计缺陷都有可能引发互联网金融业务的操作风险。从交易主体操作失误来看，如果交易主体不了解互联网金融业务的操作规范和要求，就有可能引起不必要的资金损失，甚至在交易过程中出现流动性不足、支付结算中断等问题。

（二）对互联网基金的监管建议

1. 加快互联网金融法律法规建设，完善互联网金融监管体制

首先，以立法的形式明确互联网金融机构的性质和法律地位，对其准入资格、组织形式、经营模式、风险防范、监督管理和处罚措施等进行规范。加快互联网金融相关技术部门规则的制定，例如，数据保护、身份验证、客户识别等。其次，可以组建一支由"一行一会一局"、公安部、商务部、工信部等部门共同参与的互联网金融监管小组，加强协作，协商解决在监管过程中出现的困难。

2. 加强互联网金融企业自身的管理

互联网金融企业首先要加强自身风险管理。从事互联网金融业务的机构应从内部组织机构和规章制度建设方面着手，制定完善的计算机安全管理办法和互联网金融风险防范制度，完善业务操作规程；同时，增强对企业内部人员的诚信教育，防范可操作性风险。

3. 顺应利率市场化改革趋势，不断开发创新型互联网基金产品

发展互联网基金，降低了用户的投资门槛，为货币市场提供了一种新型的浮动利率工具，推动了利率市场化的进程。但是，同时也应该重视对其的监管。一方面，要坚持和加快利率市场化改革；另一方面，要推动金融工具不断创新。鼓励商业银行、互联网企业与金融机构合作开发新型金融产品，丰富普通居民的理财渠道，实现产品多样化发展。

4. 完善互联网交易平台，通过技术手段保障网上交易安全

一方面，要增强用户的信息安全意识，提高用户对防火墙、加密技术、认证技术、防病毒软件等保障技术的认识，将支付工具的用户安全交易责任落实到位。另一方面，从政策层面提升互联网基金的准入门槛，要求开展互联网金融业务的货币基金必须满足一定的注册资本、管理规模和管理经验要求，在产品设计上要优先确保客户账号安全，不能一味追求高流动性、高收益性。同时，与货币基金对接的互联网企业在软硬件上应能满足正常交易、网络安全、大数据等方面的要求。此外，还应加强对电子支付平台的监督管理和安全检查力度，要对第三方支付账户进行规范，保障资金安全，要求电子支付平台强制采用"数字证书"等经过权威部门认证的支付安全增强技术。

技能训练

请利用互联网搜索工具，搜集近期互联网基金市场的走势，分析我国互联网基金产品面临的风险，给出合理的建议。

第 3 节　感受互联网保险

【导入案例】

坚守合规与创新，平安人寿推动互联网保险"新变革"

2021 年 10 月，原银保监会公布了互联网人身保险的新规——《关于进一步规范保险机构互联网人身保险业务有关事项的通知》（以下简称《通知》），互联网保险迎来了规范、健康、有序的新时代。

以《通知》为指导，平安人寿坚守合规，在互联网保险领域推出了一系列新举措，以优质的产品和高效的服务，切实保障保险消费者的权益，积极推动互联网保险行业健康有序发展。

互联网保险正式进入"可回溯时代"，平安人寿始终坚持通过科技搭建可回溯系统，实现保险业务全流程、全场景、全数据的可回溯管理。同时，通过数字化运营，平安人寿有效提升了包括核保、理赔、续收、保全、增值服务在内的全流程服务能力。此外，平安人寿还通过挖掘多场景的数据价值，为用户提供可靠全面的产品，有效解决用户实际痛点，满足用户多样化需求。

据悉，平安人寿新近推出的"e 无忧惠民版"，就充分发挥了互联网保险产品的"普惠""普及"特点；而针对当下的全民运动热，推出了"运动意外"保险；针对不同出行场景的"航空意外险""高铁动铁意外险"等。作为互联网保险的先行者，平安人寿正致力于打造行业最佳的健康产品与服务场景。

依托医疗健康生态圈为百姓提供便捷服务。

《通知》同时也为互联网保险的发展提供了新思路：应用互联网、大数据等科技手段为老百姓提供便捷服务。从服务出发，平安人寿致力于在服务便捷性、获得感、认可度以及持续改善性等方面不断创新，为客户构建丰富的服务生态，优化服务体验。

为充分发挥互联网保险的优势，平安集团立足保险保障，融合保险产品服务周期，打造出一站式健康服务的创新模式，提供覆盖客户从健康、亚健康、慢病到重疾等全流程的服务。

比如，针对老百姓"看病难，就医难"等当下痛点，平安人寿依托集团强大的医疗健康生态圈资源，赋能医疗的各环节。本次平安人寿推出的 e 无忧惠民版产品匹配由平安医疗健康管理股份有限公司及其合作方提供全程住院服务。客户出险住院后拨打 95511 服务热线，可享受院前指导、院中服务、医疗垫付的全流程医疗服务，住院更安心,治疗更放心。

(资料来源:大众网,2022年01月28日.)

讨论:近年来,互联网保险逐渐进入了大众视野,并逐步发展壮大。相比传统的保险行业,互联网保险更加方便用户进行产品对比,而且保险费用低,极大地普及了保险概念。但是,随着互联网经济和金融科技的发展,互联网保险领域出现了不少新情况和新问题。那么,到底什么是互联网保险?与传统保险相比,它有哪些优势?为什么又需要严格监管呢?

互联网保险颠覆了保险营销员与客户面对面交流沟通的传统经营模式,开创了全新的保险销售方式和渠道以及全新的经营理念和管理模式。随着互联网金融的发展,我国互联网保险发展迅猛。因此,全面认识互联网保险,了解互联网保险的业务模式、产品创新与发展历程就迫在眉睫。

一、互联网保险概述

互联网保险(Internet Insurance),是指保险机构依托互联网和移动通信等技术,通过自营网络平台、第三方网络平台等订立保险合同、提供保险服务的活动总称,是实现保险信息咨询、保险产品选择、保险计划书设计、投保、缴费、核保、承保、保单信息查询、保全变更、续期缴费、理赔和给付等保险全过程网络化的保险新业态。互联网保

最近大火的"区块链"究竟是什么

险伴随着电子商务在保险业的渗透应运而生,但并不同于保险电子化,而是强调互联网的创新精神,利用大数据、云计算、区块链等互联网技术革新服务模式、销售模式和商业模式,其中包括产品开发模式、资金支付模式等的创新,而保险电子化只是单纯地把保险搬上互联网。

二、互联网保险的特点

(一)客户自主性更强

相比传统保险推销的方式,互联网保险让客户能够自主选择产品。客户可以在线比较多家保险公司的产品,保费透明,保障权益也清晰明了,这种方式可让传统保险销售的退保率大大降低。

了解互联网保险

(二)服务更方便、便捷

互联网保险采用电子保单、电子支付等方式来完成投保业务,基本上实现了无纸化交易。网上在线产品咨询、电子保单发送到邮箱等都可以通过轻点鼠标来完成,这样就克服了传统保险活动中书写任务繁重、保险单据保存量大且传递速度慢等缺点,不仅简化了整个流程,而且方便了相关数据的管理和开发。互联网保险投保流程如图8-1所示。

图8-1 互联网保险投保流程

（三）理赔更轻松

互联网让投保更简单，信息流通更快，也让客户理赔不再像以前那样困难。

（四）营利性更强

通过网络可以推进传统保险业的加速发展，使险种的选择、保险计划的设计和销售等方面的费用减少，有利于提高保险公司的经营效益。据有关数据统计，通过互联网向客户出售保单或提供服务要比传统营销方式节省58%~71%的费用。

三、互联网保险的运营模式

（一）自营网络平台模式

互联网保险的自营网络平台模式，又称官网模式，是指在互联网金融产品的交易平台中，大中型保险企业、保险中介企业等为了更好地展现自身品牌、服务客户和销售产品所建立的自主经营的互联网网站。建立官方网站要求互联网保险公司资金充足，产品线丰富且运营和服务体系完善。

官方网站模式运营特点：销售成本低廉、手续简单、流程极快，可以帮助保险公司获得价格优势。网站的客户不受线下销售渠道限制，可以有效拓宽投保群体，发挥大样本配置中和风险的作用。销售手续简单，线上出售的产品高度标准化，但赔付和评估依然在线下，而且投保人在赔付过程中承担全部举证责任，保证了保险公司在快速扩张销售的同时控制赔付风险。因为线上销售并不要求获得投保人的详细信息，因此建立官方网站要求保险公司具备成熟的线上销售线下理赔模式，系统和科学的保险产品设计，以及完善的内部风控控制，从而避免缺乏投保人评估步骤带来的风险。

（二）第三方平台模式

第三方网络平台，是指除自营网络平台外，在互联网保险业务活动中，为保险消费者和保险机构提供产品销售和专业服务的网络平台。此类平台属于互联网金融信息门户，是保险类网络平台，是通过第三方网络平台开展互联网保险业务的，第三方网络平台应具备下列条件：

（1）具有互联网行业主管部门颁发的许可证或者在互联网行业主管部门完成网站备案，且网站接入地在中华人民共和国境内。

（2）具有安全可靠的互联网运营系统和信息安全管理体系，实现与保险机构应用系统的有效隔离，避免信息安全风险在保险机构内外部传递与蔓延。

（3）能够完整、准确、及时地向保险机构提供开展保险业务所需的投保人、被保险人、受益人的个人身份信息、联系信息、账户信息以及投保操作轨迹等信息。

（4）最近两年未受到互联网行业主管部门、工商行政管理部门等政府部门的重大行政处罚，未被国家金融监督管理总局列入保险行业禁止合作清单。

（5）国家金融监督管理总局规定的其他条件。第三方网络平台不符合上述条件的，保险机构不得与其合作开展互联网保险业务。

第三方互联网保险平台聚合资源能力强大，具备专业服务优势，主要包括O2O（Online

恋爱保险哪家好？深扒4款恋爱保险的保障和区别

To Offline）模式、B2C（Business To Customers）模式以及 O2O 和 B2C 相结合模式 3 种。

（三）专业中介代理模式

原保监会在 2012 年 2 月正式公布第一批包括中民保险网等 19 家企业在内的获得网上保险销售资格的网站，互联网保险公司中介网络销售的大门就此打开，此后保险中介业务规模得到高速发展。保险专业中介机构是指经营区域不限于注册地所在省、自治区、直辖市的保险专业代理公司、保险经纪公司和保险公估机构。我国首批 19 家获得网上保险销售资格的网站如表 8-8 所示。

表 8-8　　　　　　　　我国首批 19 家获得网上保险销售资格的网站

序号	获得网上保险销售资格的网站	序号	获得网上保险销售资格的网站
1	瑞齐网	11	海南航空网站
2	慧保网	12	吉祥航空官方网站
3	中国货运保险网	13	南方航空网站
4	中民保险网	14	山东航空网站
5	新一站保险网	15	深圳航空公司网站
6	意时网	16	天津航空网站
7	意时旅行保险网	17	西部航空网站
8	快乐 e 行商务旅行网	18	云南祥鹏航空网站
9	芒果网	19	厦航电子商务网站
10	中国东方航空网站		

（资料来源：中国经济网，2012 年 2 月 10 日.）

专业的中介代理除了对资本金、网络系统安全性等多方面提出要求外，还需申请网销保险执照，较网络兼业代理模式更加安全可靠。专业中介代理网站做大做强之后能吸引庞大客流和现金流，利用保险风险数据、算法模型以及基于大数据的分析进一步加强自身的产品和价格优势，并进一步获得与合作保险公司深入合作的机会。

上千种保险的线上销售和线上理赔需要专业的互联网保险代理有科学的保险产品选择，以及完善的内部风控，以此来避免因缺乏复杂的风险评估步骤带来的风险。如何进一步涉足较评估工作更为复杂的传统险、健康险、分红险、家财险、责任险的销售，如何利用国内电商的发达在保险竞争激烈的环境中保持长期稳定的大客流，是专业中介代理模式面临的主要挑战。

（四）专业互联网保险公司模式

专业互联网保险公司是指依托互联网和移动通信等互联网线上技术，保险业务全程在线，完全通过互联网线上进行承保和理赔服务的保险从业公司。专业互联网保险公司的经营业务主体之间存在较大差别，根据经营主体的不同可以将专业互联网保险公司大致分为三种：产寿结合的综合性金融互联网平台、专注财险或寿险的互联网营销平台和纯互联网的"众安"模式。

专业互联网保险公司的优势体现在：

（1）在数据的收集、归拢、分析有先天优势，使个性化的保险服务成为可能。
（2）可利用大数据手段分析消费者行为，挖掘新的需求，开发新的保险产品。
（3）引入信用评价机制作为承保标准的参照之一，有效解决道德风险问题。

表8-9所示为中国的互联网保险公司概况。

表8-9　　　　　　　　　　中国的互联网保险公司概况

概况内容	众安保险	泰康在线	百安保险	安心保险	易安保险
资本组成	阿里持股20%，平安、腾讯均为15%，三家资本持股占比为50%	泰康人寿独资成立，中国第一家大型传统保险企业成立的互联网保险公司	百度、安联、高瓴资本联合设立的互联网保险公司，持股比例不明	北京洪海明珠软件科技有限公司、北京玺萌置业有限公司等7家股东发起设立	由上市公司银之杰和光汇石油等7家公司共同发起设立
发展动态	至2015年10月31日，累计服务客户超过3.39亿人，累计服务保单超过29.36亿元	2015年11月正式挂牌成立，首推"平台+征信+保险"模式	2015年11月成立，旅行健康险、互联网金融险将成为业务重点	2015年6月26日，安心保险筹建获原保监会批复，同年12月31日获得开业批复	2016年2月6日正式获得原保监会开业批复
产品特点	结合互联网交易场景创新产品是众安特色，但从近期的动作来看，传统产品的深度互联网创新也成为众安产品发展特点	发布首款"AI（癌）情预报险"产品，特点是传统产品借互联网技术升级，并增加了与产品相关的医疗服务	利用百度搜索结合O2O垂直电商平台，把大数据、大健康与保险业相结合	主打车险、小微企业财险和责任险	坚持"少而精"的特色，锁定目标人群，开发各种无缝嵌入线上线下场景的全新保险产品

（资料来源：中国互联网保险发展模式专题研究报告2015.）

四、我国互联网保险的发展概况

我国互联网保险的发展经历了大致四个阶段：

第一阶段：萌芽阶段（1997—2000年）

1997年11月28日，中国保险学会和北京维信投资股份有限公司成立了我国第一家保险网站——中国保险信息网（china-insurance.com）。同年12月，新华人寿保险公司促成的国内第一份互联网保险单，标志着我国保险业迈进与互联网融合的大门。

第二阶段：起步阶段（2000—2003年）

2000年是我国互联网保险发展史上极为重要的一年，国内保险公司纷纷建立自己的公司网站。8月1日，国内首家集证券、保险、银行及个人理财等业务于一体的个人综合理财服务网站——平安公司的PA18正式亮相，其强有力的个性化功能开创了国内先河。8月6日，中国太平洋保险公司成立国内第一家连接全国、连接全球的保险互联网系统。9月22日，泰康人寿保险股份有限公司独家投资建设的大型保险电子商务网站——"泰康在线"全面开通，这是国内第一家由寿险公司投资建设的、真正实现在线投保的网站，也是国内首家通过保险类CA（电子商务认证授权机构）认证的网站。外资保险公司也紧随其后。9月，友邦保险上海分公司网站开通，通过互联网为客户提供保险的售前咨询和售后服务。然而，随着2000年全球互联网泡沫的破灭，意气风发的互联网保险在经历了一波冲浪式的竞赛后便偃旗息鼓了。

第三阶段：积累阶段（2003—2007年）

2003年之后，随着国内互联网环境的好转，网购热潮的兴起、安全第三方支付的出现与法律制度的逐渐完善，互联网保险再度兴起。与2000年前后的触网狂潮相比，此后的互联网保险建设更显平缓与稳重。2003年，中国太平洋保险开始支付航空意外、交通意外、任我游（自助式）3款保险在线投保。2004年4月，"泰康在线"在网上主推的产品就包括亿顺4款旅行保险、亿顺2款综合意外保险。2005年4月1日，《电子签名法》正式实施，为电子保单技术的有效运行提供了一定的法律依据，大大推动了电子商务的发展。从2006年开始，以太平洋保险、泰康人寿、中国人寿保险为代表的保险公司纷纷对自身的官网进行改版升级，从产品线、支付与承保优化的角度对保险产品在线购买进行了有效改善。与此同时，网上超市建设也加快了步伐。2006年，慧择保险网以"互联网保险超市"概念上线运营，采用了"网络直销＋电话服务"的保险营销模式。

第四阶段：爆发阶段（2007年至今）

我国互联网保险在2007年迈入高速发展时期。从行业进入角度来看，目前已经有保险公司如中国人民保险公司、平安保险公司、泰康保险公司等，保险专业中介如中民保险网、慧择网、优保等，互联网企业如淘宝、京东、苏宁易购等，门户网站如新浪、网易等，行业聚集类网站如携程网、磨房网等，另外还出现了产品搜索、对比与导购型发展模式。我国的互联网保险业务开始呈现出多元化的发展态势。国内现有保险网站模式主要包括保险公司网站、第三方保险超市网站、搭载与合作等。近年来，我国最红火的模式莫过于保险公司和互联网平台的合作，即搭载与合作模式，这种商业模式在我国显现出惊人的营销潜力。因此，部分保险公司开始为互联网保险设计专有的保险产品，并与其他平台合作开展在线销售。

经济、政策、互联网技术、社会环境等多因素利好保险行业发展，保险行业互联网化进程不断加速：互联网保险公司增多、第三方保险机构力量壮大、保险产品从被动销售的产品转化到主动需求的金融产品、2015年成为中国互联网保险发展元年，根据原保监会公布的数据显示，2016年，我国互联网保险业务继续保持快速发展，新增互联网保险保单61.65亿件，占全部新增保单件数的六成以上，全行业实现互联网保险业务签单保费2 347.97亿元。

技能训练

请登录众安保险、泰康在线或百安保险等官网平台，完成以下训练：
1. 了解互联网保险投保的实际操作流程。
2. 了解上述3家互联网保险公司的特色保险产品。
3. 能够区分互联网保险与传统保险的不同。

知识小结

金融信息化是指将信息系统引入金融活动中并形成在金融系统发展中居主导地位的信息产业，从而推动金融系统协调发展的过程。信息化金融机构是指在互联网金融时代，通过广泛运用以互联网为代表的信息技术，对传统运营流程、服务产品进行改造或重构，实现经营、管理全面信息化的银行、证券和保险等金融机构。信息化金融机构具有三个特点：一是金融服务更加高效便捷；二是资源整合能力更为强大；三是金融创新产品更加丰富。信息化金融机构的运行模式包括传统金融业务电子化模式、基于互联网的创新金融服务模式、金融电商模式三种。

互联网货币基金简称互联网基金，是指互联网公司对接由基金类金融机构开发的货币基金，并通过互联网渠道进行销售的理财产品。按照发行机构的主体类型，互联网基金分为四大类，即"基金系"互联网基金产品、"银行系"互联网基金产品、"第三方支付系"互联网基金产品、"基金代销系"互联网基金产品。互联网基金面临着传统基金本来具有的风险，如信用风险、利率风险、市场风险，除此之外，还面临由互联网信息技术引起的技术风险；由互联网基金运行机制引起的流动性风险；由虚拟金融服务引起的业务风险以及由法律法规滞后引起的法律风险等。为了推动互联网基金行业的健康发展，一要加快互联网金融法律法规建设，完善互联网金融监管体制；二要加强互联网金融企业自身的管理；三要顺应利率市场化改革趋势，不断开发创新型互联网基金产品；四要完善互联网交易平台，通过技术手段保障网上交易安全。

互联网保险，是指保险机构依托互联网和移动通信等技术，通过自营网络平台、第三方网络平台等订立保险合同、提供保险服务的活动总称，是实现保险信息咨询、保险产品选择、保险计划书设计、投保、缴费、核保、承保、保单信息查询、保全变更、续期缴费、理赔和给付等保险全过程网络化的保险新业态。相比传统保险，互联网保险具有以下四个特点：一是客户自主性更强；二是服务更方便、便捷；三是理赔更轻松；四是营利性更强。互联网保险的运营模式包括自营网络平台模式、第三方平台模式、专业中介代理模式、专业互联网保险公司模式四种。我国互联网保险的发展经历了大致四个阶段：第一阶段1997—2000年，萌芽阶段；第二阶段2000—2003年，起步阶段；第三阶段2003—2007年，积累阶段；第四阶段2007年至今，爆发阶段。

知识拓展训练

一、名词解释

金融信息化　信息化金融机构　直销银行　社区银行　互联网基金　互联网保险

二、单项选择题

1. 信息化金融机构的运行模式不包括（　　）。
   A. 传统金融业务电子化模式　　　　B. 金融电商模式
   C. 基于互联网的创新金融服务模式　　D. P2P 模式

2. 下列四个选项中，（　　）不属于按发行机构的主体来区分的互联网基金类别。
   A. 基金系互联网基金　　　　　　　B. 第三方支付系互联网基金
   C. 基金直销系互联网基金　　　　　D. 基金代销系互联网基金

3. 下列四个选项中，（　　）不是第三方支付系互联网基金产品。
   A. 余额宝　　　B. 微信理财通　　　C. 京东小金库　　　D. 工银薪金宝

4. 下列各项"宝宝"类互联网基金的对应关系中，不正确的一项是（　　）。
   A. 余额宝——天弘基金　　　　　　B. 现金宝——汇添富基金
   C. 薪金宝——工商银行　　　　　　D. 活期宝——同花顺

5. 下列四个选项中，不属于互联网保险特点的是（　　）。
   A. 客户自主性更强　　　　　　　　B. 服务更方便、便捷
   C. 理赔更轻松　　　　　　　　　　D. 营利性较弱

三、判断题

1. 信息化金融机构是指在互联网金融时代，通过广泛运用以互联网为代表的信息技术，对传统运营流程、服务产品进行改造或重构，实现经营、管理全面信息化的银行、证券和保险等金融机构。（　　）
2. 全世界最早的直销银行是英国的第一直通银行。（　　）
3. 基金系和基金代销系互联网基金产品都属于第三方机构代销的理财产品。（　　）
4. 在互联网基金产品中，数量最多的是第三方支付系的互联网基金。（　　）
5. 有些互联网基金产品，既可以用来进行刷卡消费，也可以用来还信用卡，还可以用来归还个人贷款。（　　）
6. 互联网基金是最先在我国兴起的货币基金产品。（　　）
7. 我国第一家互联网保险公司是众安保险。（　　）
8. 2003—2007 年是我国互联网保险发展的第三个阶段，即爆发阶段。（　　）

四、简答题

1. 简述互联网货币的特点。
2. 简述互联网货币的风险。
3. 什么是金融信息化？信息化金融机构是什么？
4. 信息化金融机构具有什么样的特点？
5. 请简要回答互联网基金的类别。
6. 请简要回答互联网基金面临的风险及如何进行有效的监管。
7. 试述互联网保险的概念与特点。

五、案例分析

行业竞争加剧，互联网机构加码基金销售

TMT 项目

近年来，随着数字经济的发展，基金销售行业生态也在持续调整，新变化不断涌现。互联网巨头进一步加码基金销售，具有互联网基因的第三方销售机构市场占比不断增长，基金销售市场竞争更趋白热化。

近期，京东 App 上出现了基金销售入口。在京东 App 搜索"基金"，将会直接进入到包括购买基金、浏览市场行情、浏览持仓等功能在内的基金购买平台。同时，京东 App 最下端页面显示，该项基金销售服务由京东肯特瑞基金销售有限公司提供。京东肯特瑞目前已经与超过 120 家基金公司的 12 000 多只产品合作，形成了完整的产品矩阵，并针对不同客户资金规模、风险承受能力、投资理财需求，提供差异化的产品服务。

流量效应加持下，基金代销规模百强榜上已有多家第三方互联网巨头的身影。中基协数据显示，截至 2023 年二季度末，非货公募基金保有规模为 12 667 亿元，位列第 1；腾安基金股混类保有规模为 879 亿元，位列行业第 16；北京度小满基金的股混也进入百强之列。

"第三方机构的入局，会与银行、券商等渠道形成市场份额的竞争。而短视频等互联网属性的加成，可能让第三方机构'如虎添翼'，或将对传统金融机构造成一定冲击。"浙江大学国际联合商学院数字经济与金融创新研究中心联席主任、研究员盘和林表示。具有互联网"基因"的第三方基金销售机构不少都实现了弯道超车。

行业头部效应凸显，"新玩家"的入局和部分不合规"旧玩家"的退场也令市场面临新一轮洗牌。

Wind 数据显示，截至 2023 年 8 月 14 日，全市场基金销售机构共有 408 家。其中，代销基金数量在 5 000 只以上的机构共有 66 家，占比仅为 16%，另有 112 家机构的代销产品数量不足百只。而据不完全统计，2023 年以来，还有 30 多家基金销售机构被基金公司公告终止合作。"实际上，关于中小基金销售机构退出市场的趋势从 2022 年就开始了，体现在牌照注销、业务量减少等方面。与具有品牌效应的大型基金销售机构相比，中小销售机构在渠道、系统等方面都缺乏优势，市场份额也难免出现流失。"黄大智表示，从当前的政策导向来看，公募基金行业降费态势明显，其中除了管理费、托管费外，也包括了销售服务费，而这也意味着未来行业下游销售渠道整体收入或将下降，行业竞争更为严峻。从公募基金销售的整体市场来看，供给端已经完全充足，主要发力还是在需求端。所以根据近些年的发展趋势，基本可以大致判断，未来公募基金销售可能会呈现更为明显的"马太效应"，即形成"强者恒强"的市场格局。"'旧玩家'唯有与时俱进，赶上科技进步的步伐，才能保持基金销售的市场份额。这是基金销售模式发展的大趋势，也是数字经济时代的重要特征。"盘和林表示。

（资料来源：行业竞争加剧，互联网机构加码基金销售。经济参考报，2023 年 8 月 23 日．）

问：数字经济时代，行业竞争加剧，传统金融机构面临的挑战有哪些？他们如何通过互联网破局？对策建议有哪些？

【扩展阅读指南】

《金融 e 时代：数字化时代的金融变局》 作者：万建华	电视节目《对话互联网金融》1~32 期

模块 3
互联网金融安全

第 9 章
熟知互联网金融风险

【知识脉络图】

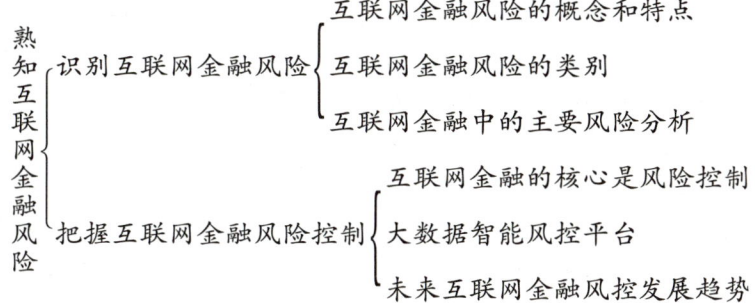

【学习目标】

1. 知识目标

(1) 掌握互联网金融风险的概念、特点和类别。
(2) 理解互联网金融中的主要风险分析。
(3) 熟悉互联网金融的风控方式。
(4) 了解未来互联网金融的风控发展方向。

2. 能力目标

(1) 能够识别互联网金融机构存在的风险类别。
(2) 能够根据所学知识初步判断互联网金融机构常采用的风险控制措施。

第1节　识别互联网金融风险

【导入案例】

"刷脸"很方便，如何保安全

进小区要"刷脸"，上班要"刷脸"，买东西要"刷脸"，坐火车、乘飞机要"刷脸"……近几年，人脸识别技术应用场景逐渐拓展，进一步便利了我们的生活。郑州市公安局一位安全专家说，人脸能替代身份证、账号密码等认证信息，源于它作为生物识别特征具有高度的唯一性。除身份信息认证外，人脸识别还可用于对特定人群的监测和比对。

有人认为，刷脸支付或成为移动支付后的下一个大众支付风口。支付宝、微信支付，以及各种银行App和各平台申请信用卡及小额贷款时，同样也需要用到人脸识别。虽然"刷脸"支付快速普及，但用户对刷脸支付的安全性看法不一。有人认为"刷脸"支付更便捷，能缩短用户的结算等候以及支付时间。消费过程中不需要携带现金、银行卡，用户可以摆脱对手机介质的依赖。但也有人认为"刷脸"支付存在脸部信息泄露、照片视频和其他形式的伪冒、支付场景无法支持高效准确识别等安全风险。

河南警察学院网络安全系副主任孙莉说，在互联网空间，脸部特征正成为打开个人信息的"钥匙"。但如果利用不当，有以下风险：一是一旦利用不当或遭受黑客攻击，"刷脸"可能引发其背后附着的身份、账户等信息泄露的风险；二是在跟踪和监视方面被滥用，会导致个人隐私和权利边界被侵犯；三是一些应用技术不够精准，存在借助照片或硅胶面具就能通过认证的风险。

河南春屺律师事务所张主任认为，人脸识别应用发展很快，当前我国尚缺乏脸部信息采集、使用等标准和监管机制，当务之急是强化立法，从制度层面保护好人们的"面部信息"不被肆意收集和滥用。对安全隐患应预先防范，管理部门、行业和个人都要重视安全风险。此外，必须加强管理和监督，政府应通过建立准入制度、评估制度等手段，尽快设定人脸识别技术的各类标准和公民个人隐私的保护标准。相关行业及企业也应当积极担负起社会责任，进一步规范行业标准，自觉维护所采集、储存的公民隐私数据安全。

（资料来源：河南日报，2020年12月17日.）

讨论：刷脸支付在方便我们生活的同时，也带来了诸多风险。近几年，互联网金融走进大众视野，利用互联网进行支付、理财和借贷等备受欢迎，但随着P2P平台从"爆雷"到清零、第三方支付频遭罚单、比特币过山车般涨跌等事件接连发生，互联网金融暗含的风险越来越引起大家的关注。那么，互联网金融究竟存在哪些风险呢？这些风险

> 来源于什么？对此又应如何进行防控？这些问题关乎着互联网金融机构的生死存亡、用户的个人利益和行业的长久发展。

一、互联网金融风险的概念和特点

（一）互联网金融风险的概念

1. 金融风险

风险是指未来收益的不确定性；金融风险是指金融变量的变动所引起的资产组合未来收益的不确定性。全面认识金融风险的含义，对熟知互联网金融风险具有基础性作用。

金融风险可分为微观金融风险和宏观金融风险。微观金融风险是指微观金融机构在从事金融经营活动和管理过程中，发生资产或收益损失的可能性。这种损失可能性一旦转化为现实损失，就会使该金融机构遭受金融资产的亏损，甚至可能因资不抵债而破产倒闭。宏观金融风险是指整个金融体系面临的市场风险，当这种风险变为现实时，将会导致金融危机，不仅会对工商企业等经济组织产生深刻的影响，对一国乃至全球金融及经济的稳定都会构成严重威胁。

本节内容主要从互联网金融的参与者——企业、个人，即微观层面对互联网金融风险控制予以分析，而宏观层面的控制即对互联网金融的监管将放在第 10 章中详细介绍。

对于金融风险，从不同的角度出发可以划分成不同的种类。一般来看，按照风险来源的不同，金融风险主要分为六种：信用风险、市场风险、流动性风险、操作风险、声誉风险、法律风险。

互联网金融风险与监管

2. 互联网金融风险

互联网金融是传统金融行业与互联网技术全面结合的产物，互联网金融风险是基于互联网金融业务所产生的不确定性和不可控性，并造成损失的可能性。基于互联网技术的特性，决定了互联网金融风险比传统金融风险具有更多的复杂性。

具体来看，互联网金融是互联网技术与传统金融的全面结合，兼具金融与互联网双重行业的性质，所以互联网金融既面临着传统金融风险，又面临着互联网技术风险，同时又因互联网金融的特殊性而具有自身独特的风险表现形式。因此，相较于传统金融风险，互联网金融的创新性、综合性使其风险更为复杂，互联网金融也表现出与传统金融不同的风险特征。

（二）互联网金融风险的特点

1. 金融风险扩散速度较快

无论是第三方支付还是移动支付，包括大数据金融、众筹平台、信息化金融等在内的互联网金融，都是基于互联网技术上的资金融通，因此通过互联网远程提供金融服务，操作更加便捷，资金的流动速度更加快速，资源配置也更加有效。但是，在互联网金融中，高速的数据传输往往同时意味着金融风险的高速传播和扩散，一旦运作过程中出现问题，也同样会通过互联网迅速加快传播速度。

在传统的纸质支付交易结算中，对于出现的偶然性失误或差错还有一定的时间进行纠正，而在互联网金融的网络环境中，纠错和挽回的余地大为减少，因为互联网金融中流通的不仅仅是现实货币资金，更多的是电子货币。因而，当金融风险在短时间内突然爆发时难以及时预防和化解，大大增加了金融风险的波及范围和补救成本。

2. 金融风险监管比较困难

互联网金融中的第三方支付、众筹等模式的业务运作是通过网络实现的，依靠的是互联网技术的虚拟性，交易活动均在网上进行，采用电子记账和电子化业务处理方式，突破了传统的面对面交易模式，使金融业务失去了时间和地理限制，交易对象变得模糊，交易过程更加不透明，金融风险形式也更加多样化。

交易的虚拟化使金融监管者难以准确掌握交易双方的详细信息、交易对象的风险特征以及交易过程的合法性，可以说，开放的互联网为交易双方提供了极大的便捷性，但同时增加了监管者的监管难度，对互联网金融的风险防控和风险化解提出了更高的要求。

3. 金融风险之间交叉传染的概率增加

传统金融监管可以通过分业经营、设置市场屏障或特许经营等各种形式，将金融风险隔离在相对独立的领域。而在互联网金融中这种物理隔离的有效性相对减弱，尤其是防火墙作用可能因网络黑客等破坏而衰减，因此"防火墙"的建设更需要加强。

随着我国多家银行机构综合金融业务的开展和完善，互联网金融业务之间的相互渗入和交叉，使金融机构间、各金融业务种类间、国家间的风险相关性日益增强，由此互联网可能引发的金融危机的突发性较大。

4. 缺乏有效的安全保障

在传统的金融体系中，通常认为，中央银行的最后贷款人制度、金融监管机构的审慎监管、存款保险制度是构成金融安全网的三大支柱。而对于互联网金融来说，由于起步较晚，相关法律法规和监管制度的出台远远跟不上其发展的速度。因此，针对互联网金融这一行业尚未形成有效的安全保障。

【知识拓展】

金融安全网的三大支柱

最后贷款人制度是指在银行体系由于遭遇不利的冲击引起流动性需求增加，而银行体系本身又无法满足这种需求时，由中央银行向银行体系提供流动性以确保银行体系稳健经营的一种制度安排。这种制度的主要目标是防范系统性金融风险，体现了政府作为行政力量在市场经济行为中的一种宏观调控作用。

金融监管机构的审慎监管是指监管部门以防范和化解银行业风险为目的，通过制定一系列金融机构必须遵守的周密而谨慎的经营规则，客观评价金融机构的风险状况，并及时进行风险监测、预警和控制的监管模式，主要涵盖资本充足率、风险管理、内部控制等方面。

存款保险制度是指由符合条件的各类存款性金融机构集中起来建立一个保险机构，各存款机构作为投保人按一定存款比例向其缴纳保险费，建立存款保险准备金，当成员机构发生经营危机或面临破产倒闭时，存款保险机构向其提供财务救助或直接向存款人支付部分或全部存款，从而保护存款人利益、维护银行信用、稳定金融秩序的一种制度。

（资料来源：银行业专业人员职业资格考试办公室. 银行业法律法规与综合能力. 中国金融出版社，2019.）

二、互联网金融风险的类别

互联网金融没有改变金融的本质,是传统金融通过互联网技术在理念、思维、流程及业务等方面的延伸、升级与创新。互联网金融是金融服务,依旧从事资产配置与风险管理,保留着传统金融的风险特征,但是与以往不同,互联网技术带来了技术风险等新型风险。

一方面,金融行业的传统风险并没有消失,信用风险、操作风险、流动性风险、市场风险和法律风险等传统金融风险在互联网金融领域同样存在;另一方面,互联网金融又具有一些新的风险类别,特别是带有互联网特色的技术风险、长尾风险和模式风险等更加突出。

(一)传统风险

1. 信用风险

信用风险就是预期未能实现的可能性,即交易一方违约而无法履行合同义务时给另一方造成损失的概率,是金融市场中最为重要的风险之一。具体到互联网金融中,信用风险是指互联网金融交易在合约到期日不完全履行其义务的风险。

与传统金融机构一样,互联网金融机构同样面临借款人不按期还款或者不还款的违约风险。传统金融机构在信用风险方面研究较多,已经形成了比较完善的信用评估体系。虽然互联网的开放性减少了网络中信息的不对称,但这更多的是在供求对接等资源配置上的效率提升,而在识别互联网金融参与双方信用水平上并没有太大作用。同时,由于互联网本身的特点,互联网金融领域的信用风险较传统金融行业更难控制。在互联网金融的各个业态中,P2P网贷中的信用风险尤为突出,不但问题平台占比高,而且坏账率高,给投资人造成了巨大的损失。

红岭创投
再曝家丑 前员工
涉嫌骗贷1 400万
元已被刑拘

2. 操作风险

高速发展的互联网金融在促进金融业经营转型和服务创新的同时,也衍生出一系列的操作风险。由于不同用户使用不同终端引发的操作失误、金融服务提供商员工操作违规、内部控制失误、系统不完善等由于操作问题而引发潜在损失的可能性,统称为操作风险。由于互联网金融行业发展迅速,而互联网金融企业的内控制度尚不完善、从业人员素质参差不齐,加之投资者安全意识薄弱等原因,导致操作风险频发。在越来越开放、金融衍生品层出不穷、资金流量加速的金融市场上,如何防范操作风险是互联网金融机构面临的重要现实问题。

3. 流动性风险

流动性风险是传统金融最典型最具杀伤力的风险,互联网金融流动性风险则是传统流动性风险在互联网环境下的延伸和变种。具体来看,互联网金融流动性风险是指互联网金融企业无法及时获得充足资金或无法以合理成本及时获得充足资金以应对资产增长或支付到期债务的风险,以及投资群体无法按预期期限和收益标准实现资金与资产转换的风险。流动性风险广泛存在于各类企业当中,是资产和负债的匹配在数量、时限上形成不合理错位,而导致预期收入受到损失。

互联网金融包括传统金融机构依托互联网平台经营的金融活动和互联网从业机构经营的

金融活动，本质仍属金融。互联网金融流动性风险则继承了传统金融流动性风险的主要基因，其生成机理与传统金融高度相关，但由于互联网的虚拟性、复杂性等特征，互联网金融流动性风险又具有其特殊性，因此管理好流动性风险对互联网金融机构来说尤为重要。

4. 市场风险

互联网金融服务提供商的资产价格因包括商品价格、利率、股票价格、汇率等在内的市场价格的变动而变动，由此而导致可能损失的风险称为市场风险。

市场风险是传统金融体系固有的风险。作为互联网技术和金融领域结合的产物，互联网金融的市场风险有其独特的一面。《互联网金融蓝皮书》指出，由于便捷性和优惠性，互联网金融可以吸收更多的存款，发放更多的贷款，与更多的客户进行交易，面临着更大的利率风险。同时也应看到，互联网金融的出现无疑加快了利率市场化的进程，而随着互联网金融的普及率越来越高，未来市场利率的不确定性势必会给其造成较大的风险。

比特币火速
跌破 8 000 美元大关
业内：监管政策
对其产生影响

5. 法律风险

法律风险是指互联网金融企业在日常经营活动中，由于无法满足或违反法律要求，导致不能履行合同、发生争议/诉讼或其他法律纠纷而造成经济损失的风险。互联网金融在迅速发展的同时，必须关注宏观金融政策以及法律制度，防范政策和法律风险，避免踩到红线。我国有关金融的法律法规的规制对象主要是传统金融领域，由于难以涵盖发展很快的互联网金融的众多方面，互联网金融企业极易游走于法律盲区和监管漏洞之间，进行非法经营，甚至出现非法吸收公众存款、非法集资等现象，累积了不少风险。用户在享受互联网提供的金融服务的过程中，也会面临法律缺失和法律冲突的风险，容易陷入法律盲区的纠纷之中，不仅增加了交易费用，还影响互联网金融的健康发展。

想不到！
腾讯京东等发售金
交所产品存合规风险

（二）新型风险

1. 技术风险

互联网金融体现了金融业与互联网技术的高度耦合。因此，技术风险与互联网金融可谓是相生相伴。技术风险是指互联网平台或服务器存在系统漏洞、缺陷或者受到黑客攻击等导致系统无法正常运营及客户信息泄露的风险。互联网推动了金融业的创新，也引发了不可忽视的技术风险。技术风险严格来说属于操作风险的范畴，因为它在互联网金融风险中权重变大，所以放在新型风险中予以单独介绍。

由于企业信息系统的前期研发、风险隔离防火墙的建立都需要投入大量的资金、人力和物力，并且后续的管理和维护需要不断地耗费各种资源，而绝大多数的互联网金融企业并不具备这个实力，因此几乎所有的互联网金融企业的信息系统都是源于外部购买，可想而知，其安全性和稳定性将大打折扣。因此，在具体运行过程中，计算机系统以及网络运行等环节都可能出现问题，严重影响数据的安全性、完整性和保密性，互联网金融行业面临着巨大的安全风险与技术风险。

购买信息后
"撞库"攻破移动支
付账号，三百余人
信用卡被盗刷

2. "长尾"风险

传统金融业信奉"二八定律",而互联网金融以其"连接一切"的特征,来满足普惠金融的要求,使边远地区、小微企业和低收入群体也能享受到方便、快捷的金融服务。互联网金融具有服务长尾化特征,其交易可能性边界扩大,覆盖了大量未被传统金融服务的人群,即"长尾"人群。这部分人群具有以下特征:一是金融知识储备、风险识别能力和风险承受能力相对匮乏,极易受到误导、欺诈等不公平甚至非法的待遇;二是"长尾"人群的投资额度相对较小且分散,单独的个体参与者没有足够的精力和资源去监督自己所投资的互联网金融企业,同时其所承受的成本也很高;三是这部分人群极易出现个体非理性和集体非理性的现象,一旦出现整个互联网金融市场的非理性,容易带来风险的传染,造成金融市场的动荡不安。从"长尾"涉及的人数来衡量,显然互联网金融的潜在风险对社会的负外部性更大。因此"长尾"风险是互联网金融所独有的鲜明风险。

3. 模式风险

【知识传真】

互联网金融风险呼唤加强和完善现代金融监管

党的二十大报告指出,要加强和完善现代金融监管,强化金融稳定保障体系,依法将各类金融活动全部纳入监管,守住不发生系统性风险底线。

现代科技的广泛应用使金融业态、风险形态、传导路径和安全边界发生重大变化。互联网平台开办金融业务带来特殊挑战,一些平台企业占有数据、知识、技术等要素优势,并与资本紧密结合。如何保证公平竞争、鼓励科技创新,同时防止无序扩张和野蛮生长,是我们面临的艰巨任务。数据安全、反垄断和金融基础设施稳健运行成为新的关注重点。监管科技手段与行业数字化水平的差距凸显。

站在新的历史起点,金融监管改革任务非常艰巨。必须以习近平新时代中国特色社会主义思想为指导,坚守以人民为中心根本立场,不断提升金融监管的能力和水平。

(资料来源:党的二十大报告辅导读本.)

近年来,国内外互联网金融模式层出不穷,大部分因为与金融市场环境不相适应、与客户具体需求不相匹配而失败。国内一些互联网金融企业在模仿国外互联网金融业务模式时,由于主观或客观原因,发生扭曲和异化,无法取得和国外同类企业一样的商业成就,在运营过程中面临着模式风险。总的来看,互联网金融的模式风险包括模式创新风险和模式扭曲风险两大类。其中,模式创新风险是指互联网金融某种原创的发展模式过于创新或创新不足,脱离现实社会经济状况,最终因发展瓶颈导致失败的风险;模式扭曲风险是指仿造的互联网金融模式发生扭曲,脱离了互联网金融的真实内涵和实践基础,衍生出许多新的变体,原模式的安全边界被突破,风险不断积累,最终引发危机。

互联网金融的第一次死亡:数银在线走向破产

三、互联网金融中的主要风险分析

前面已经介绍了互联网金融面临的风险类别,包括信用风险、操作风险、流动性风险、技术风险等。那么这些风险的来源是什么？又有哪些表现形式？这节内容将对互联网金融中的主要风险类别进行详细分析。

（一）信用风险

信用风险可以说是金融市场上最古老也是最为重要的一类风险。与传统金融机构不同，在互联网金融模式中，信用风险有其特殊性。究其原因，主要包括以下两个方面：

（1）互联网金融服务模式具有显著的虚拟性。一方面，业务处理过程在虚拟的世界中进行，如交易信息的传递、支付结算等均是在虚拟的网络环境中开展的；另一方面，交易双方身份具有相对虚拟性，由于交易双方互不见面，只通过互联网联系，交易者之间在身份确认、信用评价方面就会存在严重的信息不对称问题，极大地增加了借款人的违约风险。

（2）社会信用体系、安全技术以及规章制度不完善。相对于发达国家来说，我国的这些外围保障方面远远跟不上金融创新的速度，无法给互联网金融提供一个安全、可靠、有序的发展环境。因此，我国金融业要真正迈入互联网金融时代，必须在社会信用体系的建设、信息技术的提升、各项制度的完善等多个方面努力。

（二）操作风险

在量化投资的今天，随着互联网金融市场的不断扩大，在互联网技术支持下，金融业参与机构和人数越来越多，资金量越来越大，操作风险日益受到关注。操作风险主要来源于两个方面：

1. 内部操作风险

从客观上来说，由于互联网金融在我国尚属新兴业态，发展时间较短，历史数据缺乏，并且信息披露不到位、不规范，可靠程度不高，给基于交易信息的产品设计、系统开发等造成困难。主观上，为了追逐市场和利润，存在着互联网金融企业利用政策和监管盲区创造并占有不合规收益的情况，比如，借助股权众筹平台变相集资，非银行支付机构挪用、占用客户备付金，跨界从事不同类型的金融业务等。

内部操作风险主要是由人员因素、内部流程和系统因素所引发的，具体如表9-1所示。

表 9-1　　　　　　　　　　内部操作风险因素分类和具体内容

分类	具 体 内 容
人员因素	员工发生内部欺诈、失职违规，员工知识/技能匮乏，关键人员流失，违反用工法，劳动力中断
内部流程	财务或会计存在错误，文件或合同存在缺陷，产品设计存在缺陷，结算或支付错误，发生错误监控或报告，交易或定价存在错误
系统因素	IT开发不完善，系统（软硬件）失灵或瘫痪，系统功能存在漏洞

（资料来源：银行业专业人员职业资格考试办公室. 银行业法律法规与综合能力. 中国金融出版社，2019.）

2. 消费者操作风险

移动支付的安全性在很大程度上取决于客户的安全意识和行为习惯。操作主体如果未掌握必要的知识和技能，不熟悉操作规范和要求，或者没有养成良好谨慎的操作习惯，包括定期更换密码、随意连接Wi-Fi、扫描不明二维码、下载软件时不注意阅读权责条款等，都会造成不必要的损失。

(三) 法律风险

互联网金融作为一种创新的金融模式，其发展速度远远超越相关法律法规的出台。监管政策的缺乏和法律的滞后，使投资者和金融平台都面临着不确定的风险。具体来说，有以下三个方面：

1. 法律滞后风险

我国有关金融的法律法规的规制对象主要是传统金融领域，而在互联网金融领域，专业性的法律文件仍不够完善，如有关互联网金融市场的企业准入标准、运作方式的合法性、交易者的身份认证、电子合同和电子签名的有效性确认等方面，虽然相关法律法规在相继出台，但尚无详细明确的法律规定。因此，互联网金融在我国发展，首先要关注宏观及金融政策和法律制度，切实防范法律风险，避免踩到红线。

2. 主体资格风险

当前，由于互联网金融在我国发展时间较短，针对该行业出台的法律、法规并不完善，使得该行业一直游离于金融服务行业与互联网行业的"灰色地带"。互联网金融企业从事的金融业务与传统金融机构极其相似；同时，该类企业或部分业务并未得到相关监管部门的正式认同和批准，即可能出现"无照经营"的情况。因此，互联网金融服务的经营主体资格是否合法仍然需要相关的法律法规予以界定。

3. 非法集资、网络洗钱风险

由于互联网金融系统的不完善，尽管实施了实名制规则，一些不法分子仍然有可能将互联网发展成非法集资和洗钱的重要渠道。近年来，一些机构假借投资理财、P2P网络借贷等名义进行非法集资，以高利为诱饵，采取虚构借款人及资金用途、发布虚假招标信息等手段，吸收公众资金后携款潜逃，典型案例如e租宝非法集资案。同样，不法分子也常常利用互联网金融平台的虚拟性和便利性转移赃款、隐匿资金源头，从而达到洗钱的目的。

> 【知识拓展】
>
> **央行拟将非银支付机构、网络小贷、消金公司纳入反洗钱监管范围**
>
> 2020年12月30日，中国人民银行发布《金融机构反洗钱和反恐怖融资监督管理办法（修订草案征求意见稿）》（以下简称《修订草案》），并公开向社会征求意见。《修订草案》包括总则、反洗钱内控和风险管理、反洗钱监督管理、法律责任和附则，共5章40条。主要内容可以分为以下四个方面：
>
> 一是强调风险为本监管思路和工作要求。《修订草案》明确人民银行及其分支机构对金融机构开展风险评估，并及时、准确了解金融机构风险的要求，要求人民银行及其分支机构以风险评估结果为依据，实施分类监管。
>
> 二是新增金融机构反洗钱内部控制和风险管理工作要求。《修订草案》规定金融机构建立与洗钱风险和经营规模相适应的内部控制制度要求，包括建立洗钱风险自评估制度、建立健全反洗钱组织机构和人力资源保障、反洗钱信息系统和技术保障、反洗钱内部检查和审计要求等，同时《修订草案》对金融机构提出洗钱风险管理要求，强调根据机构、客户、业务的风险状况，制定相应的风险管理措施和程序。

> 三是完善监管对象范围。在《修订草案》适用范围增加非银行支付机构、从事网络小额贷款业务的小额贷款公司，以及消费金融公司、贷款公司、银行理财子公司等从事金融业务的机构。
>
> 四是完善反洗钱监管措施和手段。《修订草案》规范了各类反洗钱监管措施的运用条件，同时规范结果反馈和法律文书制作要求。在监管手段方面，增加《监管提示函》，删除质询（含电话和书面），同时强调反洗钱持续监管要求。
>
> （资料来源：国际金融报，2020年12月31日．）

（四）技术风险

对于互联网金融而言，技术完善程度直接决定了其发展的深度。在当前情况下，由于技术问题导致的互联网金融损失比比皆是。对于技术风险来说，最常见的有以下三种。

1. 信息安全风险

信息安全风险是指在信息化建设中，各类应用系统及其赖以运行的基础网络、处理的数据和信息，由于其可能存在的软硬件缺陷、系统集成缺陷等，以及信息安全管理中潜在的薄弱环节，而导致的不同程度的安全风险。大数据技术在互联网金融中的应用将会更加广泛，但不容忽视的是，若对这些海量数据在存储、传输中的管理不当，极易造成信息的泄露、丢失、损坏，一旦被不法分子所窃取，会造成极大的损失。

2. 技术选择风险

互联网金融业务的开展必须选择一种成熟的技术解决方案来支撑。在技术选择上存在技术选择失误的风险。这种风险既来自选择的技术系统与客户终端软件的兼容性差导致的信息传输中断或速度降低的可能性，也来自选择了被技术变革所淘汰的技术方案，造成技术相对落后、网络过时的状况，导致巨大的技术和商业机会的损失。对于传统金融而言，技术选择失误，只是导致业务流程趋缓，业务处理成本上升，但对互联网金融机构而言，则可能失去全部的市场，甚至失去生存的基础。

3. 技术支持风险

由于互联网金融机构受软硬件技术所限或为了降低运营成本而以外部技术支持解决内部的管理难题或技术问题，在此过程中，可能由于外部支持的原因而无法满足要求或中止提供服务，导致技术支持风险。在互联网金融领域，我国具有自主知识产权的设备或技术相对较为缺乏，部分需要从国外进口，这对我国的互联网金融安全带来了技术支持风险。

技能训练

请登录"和讯网"的官方主页，认真浏览网站内容，阅读该网站对问题平台的报道，判断问题平台所面临的互联网金融风险类型，进而分析导致这些平台出现问题的原因。

第 2 节　把握互联网金融风险控制

【导入案例】

P2P 正式退出历史舞台 存量转型路在何方

　　网贷行业的整顿从 2017 年年底逐渐拉开大幕。2019 年 1 月，监管层下发《关于做好网贷机构分类处置和风险防范工作的意见》（整治办函〔2018〕175 号，以下简称"175 号文"）提出网贷机构"能退尽退，应关尽关"。彼时在业内看来，该文也为网贷行业指出了转型的可能方向——获取网络小贷或消费金融公司业务许可资质，成为助贷平台方。

　　"谁转型得早，谁才活下来。"华东一家在美上市金融科技平台资深从业人士表示，其所指的转型，即指原来主营网贷中介撮合业务的平台转身成为金融科技平台，通过与银行等机构合作提供风险准备金，或者单纯依赖风控以及客群运营等技术输出的方式，与机构资金合作助贷来赚取利润分成或业务收入。

　　近日，以信也科技（拍拍贷）、嘉银金科（你我贷）、360 数科等为代表的在美上市金融科技平台相继披露 P2P 业务清零，与此同时，这些平台来自合作银行、信托等持牌金融机构的资产已逼近 100%，这部分业务逐渐贡献了大部分营收。

　　"助贷业务的模式大致分为三种，一是最纯粹的也被称为导流方式，平台方只是提供风控数据、不增信，输出给机构资金方；二是平台方通过多种场景渠道获取用户，并进行初步筛选，结合资产质量、信用记录、场景消费偏好等标签分类后给机构资金方，同时平台还需要以支付一定比例保证金的方式，即融资担保的方式，与机构资金方风险共担；三是市场上理解的联合贷方式，平台方除了是技术输出方之外也是资金方之一，这也可以理解为一种'风险共担'。"该平台人士向《证券时报》记者介绍，此外在助贷业务过程中，平台方一般还会承担客户运营和逾期催收功能。

　　尽管经历了至暗时刻后，部分在美上市网贷平台的业绩曙光已现，但数位金融科技平台方面人士对转型后面临的挑战仍然谨慎乐观。在他们看来，一是在商业银行互联网贷款管理办法、网络小贷"新规"征求意见稿等严合规高压下，机构资金方对于金融科技平台的合作也日益趋严；二是目前银行等机构方与平台方的合作，大多是上述平台人士介绍的第二种模式，即优先/劣后结构＋融资担保的模式，这对于平台方的资本实力、风控及运营等技术能力都提出了高要求。

（资料来源：证券时报，2020 年 11 月 30 日.）

讨论：P2P 平台经历了初始的萌芽，到全线发展、疯狂扩张，最后是行业整顿和出

> 清归零。互联网金融行业的风险频现，尤其是P2P平台的集中爆发，引起了监管层的注意。监管层开始大刀阔斧地对互联网金融企业采取了出台法规、现场检查、清理整顿甚至行业清零等一系列专项整治措施，而对于互联网金融企业来说，也逐渐意识到风险控制的重要性。那么，为什么要把风险控制放在互联网金融的核心地位？应采取哪些风险控制措施？未来互联网金融风险控制将向哪些方面发展？

一、互联网金融的核心是风险控制

互联网金融没有改变金融的本质，是传统金融通过互联网技术在理念、思维、流程及业务等方面的延伸、升级与创新。近些年，互联网金融在快速发展的同时，也暴露出许多由于野蛮发展、法规缺位、监管不力造成的问题和风险，这些风险如果得不到有效的控制，将会带来严重的负面影响，不仅会阻碍互联网金融行业的进一步发展，甚至会波及实体经济。因此，将风险控制置于核心地位是保障其健康发展的客观需要。

（一）金融和互联网的相互融合是大势所趋

互联网金融的兴起是在社会需求、科技进步的推动下经济发展的必然产物。虚拟经济特别是电子商务的快速发展，为互联网金融的发展提供了经济背景；而电子商务对各行各业的渗透，促进了实体经济与网络经济、线上与线下的不断融合，成为互联网金融发展的初始契机。接着，各种新型金融服务模式，包括第三方支付、众筹、互联网理财等，如雨后春笋般涌现，标志着互联网金融时代的开启。由于在发展的过程中，我国金融市场存在效率较低、资金配置错位等情况，在这种市场环境下，互联网金融的产生是必然的。不论是互联网企业开展的金融业务，还是传统金融机构业务的互联网化，都是金融服务于实体经济、服务于大众用户的体现。

依托于计算机技术的强大支撑，银行等金融机构提供的网上银行、手机银行等电子银行产品越来越普及，同时第三方支付、众筹、互联网理财等互联网金融模式也被更多的用户所使用，越来越多的金融行为是通过网络这个渠道完成的。由此可以看到，互联网与金融日渐渗透和融合，互联网金融提供的新型金融服务形式越来越多地被广大用户所接受和使用。

（二）互联网金融的风险频发

互联网金融在快速发展的同时，也暴露出许多由于野蛮发展、法规缺位、监管不力、投资者缺乏相应的金融知识等原因造成的问题和风险。P2P行业的清退清零就是一个典型代表。除此之外，互联网金融的网站安全同样应引起重视。由国家互联网金融风险分析技术平台系统监测结果显示，截至2020年12月底，共发现：

（1）互联网金融网站漏洞1 785个，其中高危漏洞占比63.14%；从漏洞类型看，SQL注入、命令执行和敏感信息泄露漏洞最多；

（2）互联网金融App漏洞2 161个，其中高危漏洞占比30.77%；

（3）针对互联网金融网站的网络攻击达418.48万次，来自境内、境外的网络攻击占比分别为40%、60%，从攻击类型上看，所遭受的木马攻击最多，占比高达80.64%；

第 9 章 熟知互联网金融风险

（4）互联网金融仿冒网页 4.81 万个，受害用户达 13 万人次。同时，该平台自 2016 年 10 月份开始进行系统监测，从每月发布的监测结果来看，互联网金融网站漏洞和 App 漏洞数量一直呈上升趋势，受害用户数量有增无减，具体如图 9-1 所示。由此可见，随着互联网金融的快速发展，风险也如影随形。风险的频发不仅造成投资者资金损失，严重影响了投资者的信心，还扰乱了金融大环境，甚至会给整个经济的运行带来负面影响。

图 9-1 截至 2020 年 12 月底，互联网金融风险分析技术平台监测数据

（资料来源：国家互联网金融安全技术专家委员会官网，http：//www.ifcert.org.cn/.）

【知识链接】

国家互联网金融安全技术专家委员会

国家互联网金融安全技术专家委员会，成立于 2016 年，是由工业和信息化部指导，联合"一行三会"① 等金融监管机构，依托国家互联网应急中心成立的专门针对全国互联网金融风险的分析研判机构。

专委会以"凝聚行业专家智慧，倾听行业声音；发挥中心技术优势，善用互联网+思维；研究互金安全技术，维护互金行业安全；推进互金资源共享，促进互金行业发展"为宗旨，全力打造"国家互联网金融安全风险技术研究的智库、国家互联网金融安全技术交流的平台"，广泛邀请业内知名专家，涵盖政府、科研院所、企业等多个行业。

专委会的职责是按照国家相关部门要求，对互联网金融风险分析技术平台建设提出建议；负责组织有关专家，接受国家相关部门的咨询，从安全技术角度对我国互联网金融风险控制等提出建议；接受国家相关部门委托，对国家互联网金融安全技术标准、规划提出意见和建议；对国际国内互联网金融安全技术问题进行跟踪和超前性研究；积极促进政府、科研院所、企业等机构间的交流，开展互联网金融安全技术发展合作研究。

（资料来源：国家互联网金融安全技术专家委员会官网.）

（三）风控能力是互联网金融企业的核心竞争力

针对互联网金融平台的乱象丛生，相关部门开展了一系列的整治工作。随着专项整治工

---

① 因 2018 年、2023 年机构改革，现称为"一行一局一会"。

作的开展和打击力度的加强，互联网金融企业将逐渐走向合规经营的道路，而整个行业将会出现大洗牌。对于互联网金融企业来说，在监管趋严、竞争加剧的环境中能否长久发展下去，取决于企业的风控能力。比如，对于一家以互联网贷款为主营业务的企业来说，是否有能力做好借款客户的风险管控，把违约率控制在一个较低的水平至关重要，尤其是当业务发展到一定规模时，能否快速高效地筛选出高质量的借款标的，将决定企业的未来发展状况。可以预见，风控能力较强的企业将吸引更多的客户，占领更大的市场；而风控能力较差的互联网金融企业，一旦出现风险事件，若无法及时发现和化解，将会在激烈的竞争中被淘汰出局。

（四）互联网金融的发展需要有效的风控措施保驾护航

互联网金融在我国的创新和发展不仅开始改变我国的金融生态，对监管也提出了新挑战。与传统金融相比，依托于网络技术的互联网金融有着天然优势，能更多地发挥民主金融和普惠金融的强大功能，是引领中国经济增长的新契机。但出现的一桩接一桩风险案件，不仅阻碍了互联网金融的持续发展，更冲击着广大用户对互联网金融的信心。因此，能否让互联网金融充分发挥其优势，则取决于其内在风险是否被有效控制。对于互联网金融企业以及行业监管者来说，需要制定系统、可行的风控措施，以更好地保护投资者的利益，维护互联网金融行业的健康发展。

二、大数据智能风控平台

和传统金融机构一样，互联网金融平台面临的最主要风险依然是信用风险。针对信用风险高发的贷款业务，传统金融机构有着严格而又规范的风控方式，包括让借款人提供担保、现场核实、审贷分离等，以确保贷款资产的安全。而对互联网金融平台来说，传统金融机构的风控方式并不完全适用，互联网金融平台聚焦互联网消费信贷业务场景，依托线上互联网为获客渠道，识别更好的客户群体，为客户提供更高效的响应时效以及更佳的业务体验。线上信贷业务普遍具有流程快捷、实时审批、极速到账等优点，同时服务的客群通常是传统金融不愿意服务的客群，这也对风险控制提出了更高的要求。

互联网金融依托大数据建设智能风控平台，大数据风控即大数据信贷风险控制，是指通过运用大数据构建模型的方法对借款人进行风险控制和风险提示。互联网金融企业通过收集用户在互联网平台上的消费行为、投融资情况和信用记录等基础数据，以大数据分析为平台，可针对性地采取风险控制措施。同时，大数据风控不仅可以通过机器的大规模数据运算，完成大量用户的贷款申请审核工作，提升工作效率，还可以针对业务运行中出现的新情况、新数据进行快速迭代，增强模型的有效性；除此之外，机器和软件可以不间断工作，摆脱了工作时间的限制。

大数据的风控流程如图 9-2 所示。

对于互联网金融企业来说，相较于传统机构，在信息收集过程中有了更多的创新机会，不仅体现在其获取信息的渠道更宽泛，还体现在对数据的利用和处理上更灵活，受到的限制更少。从信息种类上，互联网金融机构将比传统金融机构通过更多的渠道获取更多维度的信息，包括客户的网购记录、投资记录、物流记录等；从获取方式上，互联网金融机构在收集数据时将更加依赖于线上渠道，而且更侧重于主动获取，而非客户被动提交。表 9-2 所示为大数据风控采用的数据信息。

第 9 章 熟知互联网金融风险

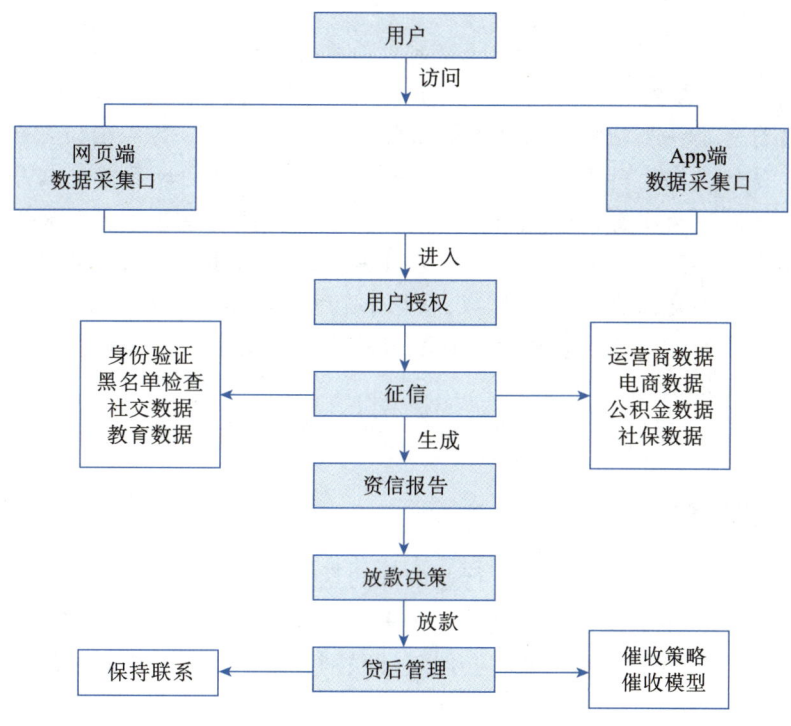

图 9-2 大数据的风控流程

表 9-2　　　　　　　　大数据风控采用的数据信息

信息	内容	信息用途
注册信息	年龄、性别、收入状况等	了解用户的基本情况，验证用户的身份
行为信息	资料的更改、选填资料的顺序、申请中使用的设备等	通过用户的行为来进行特征挖掘
交易信息	用户长久积累的借款记录	判断用户信用状况
来自第三方信息	来自政府、公用事业、银行等机构信息，以及用户在电商、社交平台等互联网应用中留存的数据	从多角度展示用户的特征，利用这些数据进行建模分析，可以找出不同特征与信用水平之间的相关性

（资料来源：曹国岭，陈晓华. 互联网金融风险控制，人民邮电出版社，2020.）

【知识拓展】

微粒贷的"白名单"准入制度

微粒贷是微众银行推出的首款互联网小额信贷产品，2015 年 5 月在手机 QQ 平台上线，9 月在微信平台上线。根据年报公布的数据显示，截至 2022 年年末，"微粒贷"已累计服务超 6 000 万借款客户，年内日均发放贷款超 90 万笔。

作为一款全线上、纯信用小额信贷产品，"微粒贷"采用的是用户邀请制，也就是在符合当期授信条件的用户中随机筛选出白名单用户并邀请使用产品。微粒贷主要定位于中小微企业和个人客户，包括城市年轻白领、都市蓝领等，这类客户群体体量大、

"长尾价值"明显，但由于大多信用记录不完整，更无法提供相应的担保，往往难以获得传统的信贷服务。那么微众银行是如何筛选出"白名单"用户的呢？关键之处就在于数据。

微众银行打造了一套独有的以"传统数据＋互联网数据"为基础的互联网金融风控体系。其中，传统数据主要来自央行的征信数据，这些数据相对易得，只是数据内容有限；互联网数据则更为丰富，既包括公安数据、学历数据等第三方客观数据，也包括生活社交、交易支付甚至兴趣爱好等网络行为数据。微众银行基于以上数据，对客户征信进行打分评级，从而建立白名单数据库，对优质白名单账户，给予适度的额度进行信贷。另外，微众银行还建立了基于大数据技术的反欺诈体系，第三方电子存证管理和数据访问安全管控体系。

（资料来源：根据公开资料及微众银行2022年年报数据整理．）

三、未来互联网金融风控发展趋势

随着互联网金融市场的深入发展、行业内部的竞争加剧以及行业监管日趋严格，互联网金融企业面临的风险逐步暴露，并表现出复杂多变的特征，促使作为核心环节的风险控制，成为行业发展的热点，风险控制领域将会伴随互联网金融的发展呈现新的局面。

（一）体现在对电子信息的利用和保护上

传统金融在风险控制长期的运作过程中，形成了一套成熟的体系，对应这套体系所需求的数据主要集中在企业运营数据、担保物的估值及央行个人信用数据等。对于更加广阔的用户投资行为、消费行为以及互联网使用轨迹等新数据都没能及时覆盖，这势必导致未来风险控制关注领域向更多维度扩展。同时，随着电子信息及个人隐私重要性的提升，用户个人电子资料、网络使用行为、痕迹等信息的法律地位，以及金融机构利用互联网获取这些资料的合法性，都将通过相关监管机构以立法的形式予以确认，为之后互联网金融、互联网风控以及征信行业的发展奠定基础。

（二）风控将发展成独立的行业

随着互联网金融行业发展的日益规范和完善，行业中越来越多的企业将风险控制放在关乎企业兴亡的关键位置。风险控制和互联网征信将作为一个独立的行业，从金融体系中分离出来。在市场上将会产生一定数量的公司，将风险控制作为主营业务，或直接从事征信，或以技术支持的形式，帮助金融企业完成新形势下的风险控制。因此，风控行业的不断壮大将会大力推动互联网金融行业的健康发展。

（三）大数据风控将成为风控手段的新宠

传统风控存在信息不对称、数据获取维度窄、人工采集成本高、效率低等缺点，而大数据风控则凭借固有的优势弥补了传统风控的缺点。目前，大数据风控还在发展初期，未来行业一个可能的演化路径是：一些拥有数据资源和技术算法优势的企业在市场规模上具备了一定实力后，拥有更多的数据资源来支持模型的优化迭代，强化其技术优势，从而可以在控制风险的基础上提高贷款申请的通过率，使自身在技术支持下的交易规模越做越大，整个行业将出现强者恒强的马太效应。除此之外，区块链、云计算、人工智能等信息技术手段都会在这一领域得到应用。

> 【知识拓展】
>
> ## 宁夏银行互联网智能风控平台
>
> 宁夏银行互联网智能风控平台以人工智能、云计算、大数据三大核心技术体系为基础，基于对数据的探索洞察和深刻理解，将深度学习、联邦学习等领先技术与业务场景深度融合，为宁夏银行提供智能分析与决策服务、帮助宁夏银行做出更佳决策。通过对互联网贷款贷前、贷中、贷后风险模型体系的构建，对互联网贷款风险进行数字化识别、数字化分析、数字化评价、数字化监测、数字化预警和处置等，实现流程自动化、决策自动化、智能监测与风险预警，提高风险管理的效能效率。
>
> "互联网智能风控平台"主要采用人工智能、云计算、大数据等技术，宁夏银行根据行内数据、三方数据等进行数据收集分析，以账龄、滚动率、坏账率、数据等维度进行模型设计，以机器学习的算法进行模型拟合开发等，将模型应用于互联网贷款全生命周期管理中，反欺诈模型、申请评分模型可有效识别贷前申请的欺诈风险与信用风险；授信审批模型与风险定价模型可提升授信结果的准确性与合理性，使授信定价符合"低风险人群高额度低利率，高风险人群低额度高利率"原则；风险预警模型可提前发现放贷人群中可能存在的潜在逾期风险，提前做出额度调整或处罚/催收策略；贷后清收模型可预测客户逾期催回概率或预测客户失联概率，从而制定合理催收策略，优化催收队列。同时，根据客群自身性质和模型使用目的不同，按需进行合理的客群细分或业务细分，进一步提升模型与客群契合度，提升模型的预测效果。图9-3所示为宁夏银行风险模型。
>
>
>
> 图9-3　宁夏银行风险模型
>
> （资料来源：中国电子银行网，2022年5月10日．）

(四) 互联网风控将与传统风控相互补充

互联网金融与传统金融并非颠覆或替代的关系，因此传统风控与互联网新型风险控制方式，均会在不同领域发挥作用。在这一过程中，双方的优势及理论会相互渗透、互相改变和融合。未来能够综合运用传统风控手段和互联网风控手段的金融机构，才能最大限度地提高资金使用效率。

技能训练

在互联网金融中，除了互联网金融平台外，另一方参与者——个人投资者同样面临着极大的风险，一旦风险事件发生，投资者将会面临投资收益受损，甚至本金都无法收回的遭遇。请利用搜索工具查找相关信息，并分组讨论个人投资者应采取哪些措施来防范投资风险。

知识小结

互联网金融是互联网技术与传统金融的全面结合，兼具金融与互联网双重行业的性质，一方面表现出与传统金融不同的风险特征，主要包括扩散速度较快、监管比较困难、风险之间交叉传染的概率增加和缺乏有效的安全保障；另一方面风险表现形式复杂多样，不仅有传统金融风险，包括信用风险、操作风险、流动性风险、市场风险和法律风险，还有新型金融风险，包括技术风险、长尾风险、模式风险。

互联网金融的本质仍然是金融，因此其发展的核心是风险控制。在风险要素上，传统和网络信息同等重要，而在风险控制方式上，对于互联网金融各种模式来说，形成了一套适合自身的风控方式，即消费闭环中强化对风险的控制。未来互联网金融风控的发展，将在对用户电子信息的保护、风控行业的发展和风控手段的采用等方面大有作为。

知识拓展训练

一、名词解释

互联网金融风险　信用风险　操作风险　流动性风险　市场风险　法律风险　技术风险　微观金融风险

二、单项选择题

1. 下列四个选项中，（　　）不属于互联网金融风险的特点。
A. 金融风险扩散速度较快

B. 金融风险监管比较困难
C. 金融风险之间交叉传染的概率增加
D. 已经形成了金融安全网作为风险防范的安全保障

2. 以下四项中不属于互联网金融传统风险的是（   ）。
   A. 信用风险　　　　B. 操作风险　　　　C. 长尾风险　　　　D. 市场风险

3. 下列各项中，不属于信用风险产生原因的是（   ）。
   A. 业务处理过程的虚拟性　　　　　　B. 交易双方身份的虚拟性
   C. 不完善的社会信用体系　　　　　　D. 消费者操作失误

4. 互联网金融服务的对象覆盖了"长尾"人群，对这部分人群所具有的特征描述不正确的是（   ）。
   A. 风险识别能力和风险承受能力较强
   B. 投资额度相对较小且分散
   C. 极易出现个体非理性和集体非理性的现象
   D. 极易受到误导、欺诈等不公平待遇

5. 内部操作风险主要是由人员因素、系统因素和内部流程所引发的。其中，下列（   ）属于人员因素。
   A. 产品设计缺陷　　　　　　　　　　B. IT开发不完善
   C. 员工发生内部欺诈　　　　　　　　D. 文件/合同缺陷

6. 信息安全风险属于（   ）。
   A. 市场风险　　　　B. 信用风险　　　　C. 技术风险　　　　D. 流动性风险

7. 互联网金融服务提供商的资产价格因包括商品价格、利率、股票价格、汇率等在内的市场价格的变动而变动，由此而导致可能损失的风险称为（   ）。
   A. 法律风险　　　　B. 信用风险　　　　C. 市场风险　　　　D. 技术风险

8. 一些不法分子利用互联网金融平台进行非法集资、网络洗钱等非法活动，这说的是互联网金融存在（   ）。
   A. 操作风险　　　　B. 市场风险　　　　C. 法律风险　　　　D. 技术风险

三、判断题

1. 风险是指未来收益的不确定性。（   ）
2. 微观金融风险是指整个金融体系面临的市场风险。（   ）
3. 金融安全网的三大支柱包括最后贷款人制度、金融监管机构的审慎监管和存款保险制度。（   ）
4. 与互联网金融机构一样，传统金融机构也面临着"长尾"风险。（   ）
5. 模式创新风险是指仿造的互联网金融模式发生扭曲，脱离了互联网金融的真实内涵和实践基础，衍生出许多新的变体，原模式的安全边界被突破，风险不断积累，最终引发危机。（   ）
6. 随着监管力度的加强和竞争程度的加剧，风控能力将成为决定互联网金融企业生死存亡的核心竞争力。（   ）
7. 大数据风控技术将会被互联网金融企业广泛采用。（   ）

四、简答题

1. 试述互联网金融风险的概念与特点。
2. 请简要回答互联网金融的主要风险。
3. "长尾"人群具有哪些特征?
4. 操作风险主要来源于哪些方面?

五、案例分析

金融创新呼唤监管转型

党的二十大报告提出,要"深化金融体制改革,建设现代中央银行制度,加强和完善现代金融监管,强化金融稳定保障体系,依法将各类金融活动全部纳入监管,守住不发生系统性风险底线"。

近日,中国政法大学法与经济学研究院院长李曙光接受证券时报记者专访,指出现代金融监管的理念应当适应现代金融发展需要,更加注重宏观审慎监管、功能性监管、穿透式监管。

李曙光表示,现代中央银行在加强金融稳定保障体系建设过程中,应当发挥牵头人角色,加强统筹协调,其他监管机构则执行防范化解金融风险的具体职能。

现代金融发展有很多创新,推动各类金融业务快速发展,比如债券市场、平台金融、数字金融,这都是过去五年、十年前没有或规模很小的业务领域,但现在已经发展壮大。现代金融监管体系要应对新的金融业态、金融市场、金融机构、金融产品的出现,特别是在数字经济、数字金融出现之后,监管转型需要加快——既要有针对传统线下金融市场、金融基础设施、金融机构的监管,又要有针对数字经济、数字货币去中心化的监管。

其次,金融监管理念也要发生变化。现代金融市场联动性、共享性很强,针对这种金融市场,不能再用传统分业监管的理念,而要有宏观审慎监管、功能性监管、穿透式监管等理念。由此,金融监管体系、监管机构职能需要随着这些监管理念的变化而做出改变,不能各管一块。

现代金融监管还有一个最重要的改变就是统筹协调。金融市场内部涉及包括银行、证券、保险、信托、基金等多个行业,这些行业内部的问题可能通向其他市场,所有资本流动性比较大的行业都是高度关联,所以需要加强统筹协调,不能单边突进。

党的二十大报告提出要"加强和完善现代金融监管""依法将各类金融活动全部纳入监管"。金融监管就不能有遗漏和死角,比如现在对个人金融数据、个人金融信息收集和使用的监管,是由相关金融监管部门,还是网信监管部门,或公安机构来管,应明确职责。

(资料来源:秦燕玲. 金融创新呼唤监管转型 构建多层次金融稳定保障资金体系,证券时报,2022年11月18日.)

问:当前主流的互联网金融模式主要存在哪些风险?在推动互联网金融监管转型中如何贯彻落实党的二十大精神提出的新要求。

【扩展阅读指南】

李保旭,韩继炀,冯智. 互联网金融创新与风险管理. 机械工业出版社,2019.	陈晓华,曹国岭. 互联网金融风险控制. 人民邮电出版社,2016.

第 10 章
审视互联网金融的监管

【知识脉络图】

审视互联网金融的监管
- 熟知互联网金融监管的理论基础
  - 互联网金融监管的概况
  - 互联网金融监管的原则
- 对比各国互联网金融监管的现状
  - 美国互联网金融监管
  - 欧盟互联网金融监管
  - 我国互联网金融监管
  - 互联网金融监管的国际经验
- 直面互联网金融下的机遇与挑战
  - 互联网金融的发展机遇
  - 互联网金融面临的挑战
  - 互联网金融的未来发展方向

【学习目标】

1. 知识目标

（1）掌握互联网金融监管的特点、原则。
（2）了解美国、欧盟互联网金融监管的现状。
（3）熟知互联网金融监管的国际经验。
（4）了解互联网金融的发展。

2. 能力目标

（1）能够对互联网金融监管的现状进行分析。
（2）能够根据所学知识初步判断互联网金融监管应采取的手段。

第1节　熟知互联网金融监管的理论基础

【导入案例】

开创全方位统筹性金融监管新格局

2023年11月10日,中国机构编制网发布了《国家金融监督管理总局职能配置、内设机构和人员编制规定》,标志着本轮党和国家机构改革中新组建的国家金融监督管理总局"三定"方案公布,我国全新的金融监管体制已然成形。结合此前中央金融工作会议上对于全面加强金融监管,有效防范化解金融风险的强调,可见我国正在加大对金融监管的重视程度和政策力度,努力开创全方位统筹性金融监管的全新格局。

一、金融监管统筹性改革的背景

(一)我国金融发展势头正盛

11月8日,国家金融监督管理总局党委书记、局长李云泽在2023金融街论坛年会上表示,经济兴、金融兴;经济强,金融强。中国经济基本面好、潜力足、回旋余地大,为金融业持续健康发展奠定了坚实基础。同时,他还指出我国的银行业发展稳中向好,保险业潜力巨大,这充分说明了我国金融行业发展势头正盛。在这样关键的时期,就更需要加强对于各相关行业的监管来为金融发展保驾护航。为保证我国金融稳健有序发展,中央通过出台几大相关政策和召开重要会议的方式明确加强党中央对于金融行业的强监管,最终促成了此次统筹性改革。

(二)国内原有分业监管体系需要根据实际情况调整

受限于历史因素,国内原有的分业监管体系,是借鉴了发达经济体,特别是美国金融监管体系而建立。但是随着我国金融体系的不断发展,金融规模不断扩大,再结合国内金融体系现实以及部分金融机构混业经营,这一体系需要根据实际情况进行调整。在原有分业监管体系下,各监管机构负责各自的业务领域,银行业由原银监会进行业务监管、证券业由原证监会进行业务监管、保险业由原保监会进行业务监管。这种模式下,各监管机构之间各司其职、各自为政。但同时,这也导致了监管协调不畅,重复和脱节频发的弊病。在分业监管缺乏整体性、统筹性的现实情况下,此次改革有效地改善了上述问题。

(三)金融监管体制内尚存在盲区和空白

尽管我国的原有金融监管体系已经非常成熟,但我国金融业蓬勃发展,瞬息万变,体制内出现监管盲区和空白仍然难以完全避免。我国金融监管机构多、分工细,部分个体的风险行为可能会落入"三不管"地带,这对于金融行业的公平性以及金融消费者的利益都造成了极大的损害。而设置中央机构负责金融稳定和发展的顶层设计、统筹协调、整体推进、督促落实，研究审议金融领域重大政策、重大问题就显得尤为重要。

二、全新监管格局下的重点方向

（一）加强中央对于地方金融监管的指导

此次改革明确了中央对于地方的强领导、强监管基调。在10月30日至31日召开的中央金融工作会议上充分明确了党中央在金融工作中的重要领导作用，明确了中央金融委员会和中央金融工作委员会的职责。而此次"三定"方案的出台，金融监管总局的职能配置、内设机构和人员编制彻底确定。中央金融委员会办公室将接手国务院金融稳定发展委员会职责，标志着我国金融监管体系整体上将更加趋向于集中统一。在这样的政策安排下，我国金融监管的工作重心之一自然是要实现央地协同监管的全面强化。

（二）逐步实现各机构由旧到新的职能转变

由于本次改革对于我国原有各大金融监管机构的具体设置以及职能分配做出了较大程度的调整，各级机构需要努力明确工作，找准定位，尽快实现由旧到新的转变。例如，在证监会最新发布的"三定"方案中，内设机构名称出现明显调整，由"部"变为"司"，同时由原有的机关内设20个职能部门，1个稽查总队，3个中心调整为19个正司局级内设机构和设立作为直属行政机构的稽查总队。国家金融监督管理总局也进行了一定规模的机构裁撤和新增，并将原有的各项工作重新洗牌下放。面对职能变化，各部门应当加强统筹联络，迅速完成相关材料手续的交接工作，并力求平滑过渡，尽快投入到新的工作当中。如何能变得快，改得少，找得准，也是现阶段我国金融监管需要注意的重点方向。

三、下一步的工作思路

（一）各级机构依据职能各司其职

在改革后的很长一段时间中，各级机构部门要根据新的组织架构各司其职，有序开展工作。在中央层面，国家金融监督管理总局统一负责除证券业之外的金融业监管，强化机构监管、行为监管、功能监管、穿透式监管、持续监管，统筹负责金融消费者权益保护，加强风险管理和防范处置，依法查处违法违规行为。同时将中国人民银行对金融控股公司等金融集团的日常监管职责、有关金融消费者保护职责，中国证券监督管理委员会的投资者保护职责划入国家金融监督管理总局。不再保留中国银行保险监督管理委员会。在地方层面，持续深化地方金融监管体制改革，地方金融监管机构将充分发挥自己的属地监管责任。建立以中央金融管理部门地方派出机构为主的地方金融监管体制，统筹优化中央金融管理部门地方派出机构设置和力量配备。地方政府设立的金融监管机构专司监管职责，不再加挂金融工作局、金融办公室等牌子。我国金融监管体系将做到上下一心，中央和地方金融监管将联系更加紧密，体制更加完善，从而增强金融治理能力、改善各类金融乱象，最终助力于打造规则统一、监管协同的金融市场。

（二）进一步弥补制度短板和监管空白

作为一个新的金融监管体系，其科学性和合理性较之于前已经有了很大程度的进步。但在具体实行过程中，仍然可能存在制度与现实情况之间的偏差。这就要求相关机构在具体实践过程中及时发现并反馈问题，同时及时做出调整。例如，对于监管过程中出现的现有制度未明确规定的灰色地带，监管部门应当力争及时将问题反馈上报，并通过机构间的联合工作首先保证金融系统的稳定性不受破坏。随着工作的不断召开，政策将在实践中得以不断完善补充。秉持查漏补缺的工作思路，金融体系才能行稳致远。

随着近期中央文件的不断出台和几大重要会议的不断召开，我国的金融监管格局的全面革新已经颇具规模。"三定"方案明确指出，国家金融监督管理总局负责贯彻落实党中央关于金融工作的方针政策和决策部署，把坚持和加强党中央对金融工作的集中统一领导落实到履行职责过程中。相信在后续政策的进一步完善下，我国金融监管体制新格局将呈现出全方位、高效率、强统筹性的崭新面貌。

（资料来源：未央网——专栏作者：王鹏）

讨论：为了推动互联网金融行业健康持续发展，包括我国在内的各国金融管理机构都在出台相关法规政策从而防范各类风险的发生。那么，监管部门如何实现全面严格又包容的管理形式呢？

一、互联网金融监管的概况

（一）互联网金融监管的概述

互联网金融的迅猛发展，日益成为国家发展战略的重要部分。然而，互联网金融潜在的风险，与传统的金融业相比，更加复杂和隐蔽，因此对互联网金融的监管比对传统金融业的监管更具有挑战性。对于金融创新，除了鼓励之外，更要实施科学有效的监管。监管的内容主要包括四个方面：

1. 准入监管

互联网金融的平均利润水平和技术水平是不断变化的，准入监管的标准是跟随市场的变化动态调整的。准入监管的目的不仅可以防止出现过度垄断和恶性竞争的政府失灵、市场失灵，通过准入监管形成垄断与竞争均衡的市场结构，还可以保障参与互联网金融者的资金安全，规避网络技术和管理落后的企业进入互联网市场。

互联网金融回顾与展望

2. 资金监管

现阶段的互联网金融融资方式，大多数都是没有资金准备金制的监管，但相较于银行融资更具有竞争力，这样一方面使银行处于不公平竞争状态；另一方面也使互联网金融缺少最后贷款人的保护机制。如果一旦出现资金链断裂，就会立即陷入无法兑付的危机。所以，资金监管的目的：一是可以维持公平竞争的宏观市场环境；二是通过资金监管，互联网金融企业将吸收的资金按照法定比例上缴中央银行，为互联网金融企业提供最后贷款人的保障。

3. 风险指标监管

从市场监管角度来看，根据互联网金融业发展的实际情况，制定全面规范的互联网金融风险监管的指标体系，能够为互联网金融市场预测风险。风险指标监管的目的一方面可以预警互联网金融的市场风险，并提出应对措施，避免危机的爆发；另一方面对互联网金融的技术安全进行警戒，防范黑客攻击，并形成一系列互联网金融安全运营网。

4. 法律规范监管

市场经济不单是自由经济，也是法治经济，不过经济法律的制定具有相对滞后性。因为人们对经济发展规律有一定认识后，才能制定出促进生产力发展的法律规范。由于互联网金融是一个发展迅猛的新生事物，相关的法律规范基本处于空白状态。因此，针对目前互联网金融的发展状况，首先制定粗线条的互联网金融法规条款，然后在日后实践中逐步完善，最终形成系统的、精细的、完善的互联网金融监管法律体系。

在理性的金融市场中，各参与者追求自身利益最大化，并使市场达到均衡状态，即均衡市场价格包含了市场上所有信息，信息不对称是不成立的。但是，互联网金融市场是无法达到这种完全理想有效状态的，它存在一些非有效因素的制约，比如，信息不对称、交易成本问题等，而且互联网金融市场还存在着各种不确定性和特有风险，所以对互联网金融的监管是必要的。

（二）互联网金融监管的特点

1. 监管具有功能性

面对互联网金融的创新发展和演变趋势，对其监管是基于风险功能监管，将鼓励创新和重视风险监管两者相互兼顾。监管者允许被监管者做出判断和决策，使被监管者的预期目标与监管要求结合起来。

2. 监管具有宏观审慎性

金融监管当局为了降低金融危机发生的可能性及其可能造成的严重影响，对金融体系的整体风险进行监管。从宏观上看，金融市场普遍存在信息不对称，而互联网金融创新可能会将这一缺陷放大，由此带来道德风险、逆向选择、金融诈骗，甚至引发金融危机，影响金融稳定。

3. 监管具有全面性

有效的互联网金融监管是市场动态平衡的持续性结果。互联网金融监管机构要求，各个金融机构应进行全面充分的信息披露，同时，完善监管机构体制。

二、互联网金融监管的原则

（一）体现适当的风险容忍度

对于互联网这类新出现的金融业态，需要留有一定的试错空间，过早、过严的监管会抑制创新。整个互联网金融行业可以在摸索中寻找道路，但不能犯致命性错误，整体风险必须在可控范围内。因此，监管的良好目标是：既避免过度监管，又防范重大风险。

（二）维护市场公平

市场经济条件下，公平竞争是保证市场对资源配置的基本要求。突破传统金融模式的互联网金融行业也不例外，任何市场参与者都要遵守基本的法律法规、行业规则，维护市场公平性。因此，在设计互联网金融监管的规则时，应确保两个"一致性"，一是无论是互联网企业还是传统的持牌金融机构，只要从事的金融业务相同，原则上应受到同样的监管；二是对互联网金融企业的线上、线下业务的监管应当具有一致性。

金融科技的风险隐忧

（三）协调创新与监管

互联网金融横跨多个行业和市场，交易方式广泛、参与者众多，有效控制风险的传染和扩散，离不开有效的监管协调。坚持原则性监管，既要防范风险的过度聚集，同时又要加大互联网金融创新的扶持力度。既要着手完善相关规章制度，预备纠偏纠错手段，谨防重大风险，又要掌握好监管尺度，避免行政管控过早、过严，限制行业发展。

（四）注重消费者教育和保护

引导消费者厘清互联网金融业务与传统金融业务的区别，促进公众了解互联网金融产品的性质，提升风险意识。同时，在权益的分配方面消费者处于弱势地位，是互联网金融的风险承受载体之一，更是市场得以运行的基础。因而，监管者应格外注重对消费者权益的保护，维持金融市场的信心。

第2节 对比各国互联网金融监管的现状

【导入案例】

美国金融稳定监督委员会发布年度报告，鼓励金融科技负责任的创新

2010年，美国政府通过《多德－弗兰克华尔街改革和消费者保护法》（Dodd－Frank Act），授权组建金融稳定监督委员会（Financial Stability Oversight Council，FSOC），主要职责有：

（1）识别可能由大型、相互关联的银行控股公司或非银行金融公司的重大财务困境、失败或正在进行的活动引起的美国金融稳定风险，或者可能在金融服务市场之外产生的风险；

（2）通过消除此类公司股东、债权人和对手方对政府救市帮助其挽救损失的期望来规范市场纪律；

金融稳定理事会

（3）应对美国金融体系稳定面临的新威胁。2020年12月3日，美国财政部发布了本年度的金融稳定监督委员会（FSOC）报告（2020 Annual Report），而有关金融创新的讨论在其中占据了重要篇幅。报告指出：

"金融创新可以满足未满足的或新兴的需求，降低服务成本，为消费者和企业带来可观收益，但也可能带来新的风险和脆弱性。例如，数字资产的数量和类型有所增加，其中许多的价值也在增加。就像传统资产一样，数字资产也可能面临操作和交易对手的风险，进而威胁用户和整个数字资产生态系统安全。此外，近年来金融公司对金融科技创新的应用量不断增加，这可能会增加与金融机构第三方服务提供商相关的运营风险；

如果将关键服务外包，则关键服务提供商的运营故障可能会破坏多个金融机构或金融市场的活动。"

关于数字资产，FSOC 建议在遵守适用法律的情况下开展"负责任的创新"。报告指出：

"……如果稳定币被广泛用作支付或存储价值的手段，那么与任何支付或价值体系一样，稳定币系统的破坏可能会影响金融体系和整个经济，需要进行更严格的监管审查。传统或新的支付或价值系统中涉及的资产价值下降可能导致通过金融机构敞口、所涉及的支付系统的风险、财富效应和信心效应将风险转移至金融部门。考虑到运作良好的支付系统在促进商业活动中的重要性，支付系统的风险如果管理不当，可能会带来金融稳定性风险。"

除此之外，FSOC 还建议美国联邦和地方监管机构持续加强对金融机构、金融基础设施相关网络风险的监控，尤其是新型冠状病毒感染疫情导致的各类新型网络风险。

（资料来源：未央网，2020 年 12 月 14 日.）

讨论： 全球性的金融组织、国家政府、监管当局都日益重视互联网金融的发展，同时也注意到在其发展过程中对金融科技的依赖，以及各类风险对金融稳定性的影响。请试着分析国际组织、各国政府或监管机构该如何应对这些问题与挑战。

从各国互联网金融业发展状况来看，虽然我国互联网金融发展速度快，但是由于起步时间较晚，市场的成熟度也低于欧美发达国家。而且，美国、欧盟以及一些亚洲发达国家或地区对于互联网金融监管的经验都比我国丰富。因此，通过分析其他国家或组织的监管方式，我们可以得到一些宝贵的经验和借鉴意义。

一、美国互联网金融监管

（一）第三方支付的监管

美国是最早出现互联网第三方支付的国家之一。但是，在诞生初期，美国相关法律规范并没有对其进行限制和监管。后来，随着第三方支付市场的不断壮大，用户数日益增多，从 20 世纪 90 年代开始，逐步地制定并完善了对第三方网上支付的监管措施。

美国并没有专门制定针对第三方支付的法律规范，而是通过对现有法律的具体条例进行增补，从而达到监管目的。它的第三方支付业务被划入货币转移业务，本质上属于传统的支付服务业务，因此不需要获得银行业务许可证。

根据美国国情，美国实行的是联邦和州分管的金融监管体制，由联邦存款保险公司（Federal Deposit Insurance Corporation，FDIC）负责监管，但 FDIC 指出，各个州的监管机构可以在不违背本法律的前提下，对第三方支付业务制定具体对业务监管的细则。美国法律明确将第三方支付业务的沉淀资金定义为一种负债。FDIC 规定必须将其平台的沉淀资金存放于 FDIC 在商业银行开立的无息账户中。

（二）P2P 信贷平台的监管

美国将 P2P 业务纳入证券业监管，其监管主体是美国联邦证券交易委员会（以下简称

SEC)。根据 SEC 规定，P2P 信贷平台需要注册成为证券经纪商，并定期提交报告，履行信息披露义务。SEC 严格的注册登记制要求提高了 P2P 信贷市场的准入条件，有利于防范平台负责人"跑路"的风险，维护 P2P 市场安全。

然而，过于严格的登记制度增加了平台运营成本，不利于市场的充分竞争；频繁的信息披露不仅提高了行业门槛，也抑制了行业创新，更可能引发用户信息泄露的风险。再加上在 SEC 注册成本非常高，有许多 P2P 信贷平台并没有选择美国市场，所以在一定程度上阻止了潜在竞争者的加入。

除了 SEC 外，金融消费者保护局也对 P2P 借贷行业实施监管。金融消费者保护局具有立法权、执法权，有权不顾其他监管部门的反对，推进 P2P 信贷领域立法；可以自主豁免原来受监管的市场主体；对于 P2P 信贷市场中的不公平、欺诈等行为，可以进行民事诉讼、召开听证会、做出行政裁决。

（三）众筹的监管

为了针对众筹蓬勃发展的态势以及发展中存在的问题，2012 年美国通过了《促进创业企业融资法案》（简称 JOBS 法案），正式将众筹合法化。它是通过法律的形式放开了众筹股权融资，而且在保护众筹投资者利益等方面做出了完整细致的规定。主要有以下两点：一是适当放开众筹股权融资；二是注重保护众筹投资者的利益。JOBS 法案还从众筹业务准入、行业自律、资金转移、风险提示、诈骗行为预警等具体方面对众筹融资平台进行相应规定，大力促进众筹融资发展，同时也保证众筹在法律规范监督下健康发展，从而提升了美国中小企业的活力并解决了美国的就业问题。

美国 JOBS 法案

JOBS 法案对美国个体投资者而言，过去只有高净值人群可以投资，而随着众筹的出现投资的门槛大大降低，大众也可以进行投资，真正体现小额大众的众筹核心属性。

【知识拓展】

美国 JOBS 法案对中国众筹立法的意义

1. 美国 JOBS 法案对中国立法的启示

2012 年 4 月 5 日，美国总统奥巴马签署 JOBS 法案（英文全称：Jumpstart Our Business Startups Act，中文名：乔布斯法案），使其成为法律。JOBS 法案的目的是为小企业提供更便利的融资渠道。

其中，众筹是 JOBS 法案的核心内容之一。通过众筹，小企业将能够利用互联网向更多投资者出售企业股份。以前只有资金充足的合格投资者可以投资于私有公司。法案施行后允许小企业以众筹形式向社会公众出售股份。根据这项规定，小企业不必向美国证券交易委员会（SEC）注册，可以在一年时间内通过众筹筹集 100 万美元以内的资金。所有众筹交易都必须通过注册的中介人，这些中介人通过网站将发行人和潜在投资者联系在一起。

法案规定，对每一个项目来讲，其融资规模在 12 个月内不能超过 100 万美元；同时，也限制了每一个特定投资人的融资规模，不可超过其年收入的5%。美国证券交易委员会也在JOBS法案中采取了另一行动：允许企业向合格的投资者推行私募发行。2013年7月，美国证券交易委员会解除了关于公开招股的禁令。

得益于2012年生效的JOBS法案，越来越多的企业公开上市。这项法案放宽了对于新兴成长型企业的监管要求。例如，这些公司可以保密的形式提交首次公开募股（IPO）的注册声明，这样，他们就可以在面对公众的检验之前，做好充分的准备。大量的新兴成长型公司在2013年享受了IPO跑道的好处——其中包括Twitter。结果，近240家公司在2013年挂牌上市，达到自2007年以来最高数量的IPO。

2. 中国版JOBS法案畅想

虽然中国不可能完全照搬美国版JOBS法案，但是具有一定的借鉴意义。据报道证监会已经开始对股权众筹的模式进行调研，未来不久中国版的JOBS法案也许就会出台。结合中国公司法、证券法的规定及中国实际情况，中国的JOBS法案可能会偏保守，比如股东人数，不大可能学习美国大幅度提高上限，但可能会有突破。

总体来看，未来对于众筹的监管可能会从以下几个方面进行规范：

（1）众筹平台市场准入制度。未来可能会对众筹平台实施市场准入制度，具体的做法可能设置一定的条件，采取备案或许可制，使符合条件的众筹平台从事众筹业务。

（2）规定众筹发起人的资质与责任。未来保证众筹项目的规范运作，会对众筹发起人做出严格的约束。

（3）对投资人人数及投资额度做出规定。为了避免众筹风险给部分投资人带来的损害，未来会对众筹的投资人的数量及投资额度做出严格规定。

（4）对众筹募集资金数额和次数做出限定。为了避免众筹融资风险，未来会对众筹发起人募集资金的数额与一个年度内的募集次数做出规定。

（5）对众筹规则和流程做出明确规定。为了监管众筹流程，未来会对众筹的规则及流程进行明确规定。

（6）会对众筹各个主体的权责做出明确规定。总体而言，未来众筹一定会规范，会受到监管。规范与监管使我们可以清楚地看清合法与非法的界限，规范众筹与非法众筹的区别，培育良好的众筹市场，这更有利于中国众筹的长期健康发展。

二、欧盟互联网金融监管

（一）第三方支付的监管

和美国的监管方法不同，欧盟将第三方支付归入金融类企业的监管中，对第三方支付企业的监管按照分类属于机构监管，同时对第三方支付机构给出明确的定义。欧盟的监管可以分为两个方面。

1. 立法方面

欧盟明确地规定了第三方支付服务供应商必须是银行机构，而非银行机构只有取得与银行业务有关营业执照才可以开展第三方支付服务。同时，欧盟监管机构还规定了关于资本金的要求，具体有：第三方支付机构初始资金不少于100万欧元；第三方支付机构在长时间内应该持续拥有自有资金；也对资金的最低限额做出了相应规定。

2. 沉淀资金管理方面

欧盟要求每一个第三方支付平台必须在中央银行开设一个专门账户，专门用于存放沉淀资金。这些沉淀资金将会受到严格管控，防止第三方支付机构将其挪作他用。

（二）P2P 信贷平台的监管

为了维护消费者的合法权益，欧盟细化了 P2P 信贷平台监管要求。对于监管 P2P 信贷平台主要的指引性文件涉及消费者信贷、不公平业务操作、不对等交易等方面，不过，并不属于硬性规定（如最低资本规模等的限制），只是对 P2P 信贷合同缔约之前借贷双方提供的信息以及交易双方必须承担的义务进行约束。

（三）众筹的监管

整体上看，欧盟并没有出台统一的针对众筹的法律法规，但是欧盟许多成员国已开始对众筹开展专项立法工作。目前，从众筹市场份额看，法国、意大利等国位于整个欧盟的前列，并且这几个国家均已出台不同程度的法律法规。

法国是欧盟各国中最早进行众筹相关法律研究的国家之一。2013 年法国金融市场管理局对外颁发了一份咨询文件——《战略 2013—2016——使金融重获意义》，该文件指出法国应当利用众筹融资为中小微企业融资提供帮助。

总体来看，欧盟各国在现行金融与投资法律框架下，对众筹行业涉及的问题都分类进行监管。互联网金融服务监管由欧盟各国金融管理部门依据欧盟《投资服务指令》《金融工具市场指令》《说明书指令》和各国转化后相应的国内法负责。

三、我国互联网金融监管

（一）我国互联网金融监管现状

自 20 世纪 90 年代中期开始，互联网金融在中国迅速发展，但金融监管目前尚处于探索阶段，滞后于互联网金融的创新速度。从法律监管上看，我国现有民商法、刑法、合同法等法律法规是属于基础性规范、监管条例，缺乏的是专门针对互联网金融的法律条文。直到 2015 年 7 月 18 日，经党中央、国务院同意，由人民银行、原银监会、证监会、原保监会、工信部、公安部、工商总局等 10 部委联合发布《关于促进互联网金融健康发展的指导意见》（银发［2015］221 号）（以下简称《指导意见》），《指导意见》中提到要"健全制度，规范互联网金融市场秩序"，国家开始从法规上正式确认互联网金融的重要地位，并且对互联网金融行业的监管给出了指导性建议，将大大提升金融服务质量和效率，引导民间金融走向规范化，扩大金融业对内对外开放。

根据《指导意见》，总结了各类互联网金融业务需要遵守的规则要求和对应的监管部门，具体如表 10-1 所示。

表 10-1　　　　　　　　　　互联网金融业务规则要求与监管部门

互联网金融业务	规则要求	监管部门
互联网支付	对第三方支付实施牌照管理，建立风险隔离机制和客户权益保障机制	中国人民银行
消费金融	平台不得提供增信服务，不得非法集资	国家金融监督管理总局
股权众筹融资	中介机构向投资人披露信息，不得误导或欺诈	证监会
互联网基金	严格遵守客户备付金、基金销售结算资金等项要求	证监会
互联网保险	强调线上与线下标准一致	国家金融监督管理总局
互联网信托、消费金融	各公司严格遵守监管规定，国家金融监督管理总局与工商局监管配合	国家金融监督管理总局

（二）互联网金融行业协会

1. 协会概况

中国互联网金融协会（National Internet Finance Association of China，NIFA）是按照 2015 年 7 月 18 日，由人民银行、原银监会、证监会、原保监会、工信部等 10 部委联合发布的《关于促进互联网金融健康发展的指导意见》要求，由中国人民银行会同原银监会、证监会、原保监会等国家有关部委组织建立的国家级互联网金融行业自律组织。2015 年 12 月 31 日，经国务院批准，民政部通知中国互联网金融协会准予成立。2016 年 3 月 25 日，中国互联网金融协会在上海黄浦区召开成立会议暨第一次全体会员代表大会，时任上海市市长杨雄和中国人民银行副行长潘功胜共同为协会揭牌。第一次全体会员代表大会审议和表决通过了《中国互联网金融协会章程》《中国互联网金融协会会员管理办法》《中国互联网金融协会会费管理办法》等基础制度，签署了《中国互联网金融协会会员自律公约》《互联网金融行业健康发展倡议书》，同时选举产生了第一届理事会和监事，李东荣当选为首届协会会长。

2. 协会职责

（1）组织、引导和督促会员贯彻国家关于互联网金融的相关政策方针，遵守相关法律、法规以及监管部门发布的规章和规范性文件，规范经营行为。

（2）制定并组织会员签订、履行行业自律公约，提倡公平竞争，维护行业利益。沟通协商、研究解决互联网金融服务市场存在的问题，建立争议、投诉处理机制和对违反协会章程、自律公约的处罚和反馈机制。

（3）协调会员之间、协会及其会员与政府有关部门之间的关系，协助主管部门落实有关政策、措施，发挥桥梁纽带作用。

（4）组织开展行业情况调查，制定行业标准、业务规范，提出本行业中、长期发展规划的咨询建议。收集、汇总、分析、定期发布行业基本数据，开展互联网金融领域综合统计监测和风险预警，并提供信息共享及咨询服务。研究互联网金融行业创新产品和创新业务。

（5）积极收集、整理、研究互联网金融服务领域的风险案例，及时向会员和社会公众提示相关风险。

（6）制定互联网金融领域业务和技术标准规范、职业道德规范和消费者保护标准，并监督实施，建立行业消费者投诉处理机制。

（7）根据行业发展需要，对从业人员进行持续教育和业务培训，提高互联网金融从业人员的素质。

（8）发挥行业整体宣传推广功能，普及互联网金融知识，倡导互联网金融普惠、创新的理念。

（9）组织会员业务交流、调解会员纠纷、检查会员业务行为。

（10）代表中国互联网金融服务组织参与国际交往，加强国际交流与合作。

四、互联网金融监管的国际经验

（一）转变监管理念

由于监管缺位，各国互联网金融初期野蛮发展，均出现了诸多风险事件和群体性事件。要建立监管机构与市场之间的信息互动共享机制，监管机构和金融服务提供商之间应定期进行知识共享；建立互联网金融风险监测和预警机制，主动识别和防控金融科技整体风险和个别高风险领域；实施监管机制创新，设立"监管沙盒"，即实施主动式、包容性监管。

（二）将互联网金融监管纳入监管体系

互联网金融监管一直是各国金融管理局重视的问题，由于是一种新型金融形态，不管是国内还是国外都没有直接经验。目前，各国都强调，应尽快设立对应法律法规，涵盖互联网金融的各种形式。这是金融发展和交易的重要制度基础。

（三）监管手段可采用注册登记和强制信息披露

互联网金融监管本质上是保护市场消费者和投资者的权益，因此，监管手段上应当要求各金融服务平台注册登记和强制充分披露产品和服务的信息，严格审核市场参与者的信誉情况，增强交易双方的信息透明度。

（四）扩大征信体系，进一步提高信息透明度

建立互联网金融征信体系，既可以促进信息沟通，又可以增强信息透明度，从而实现企业对风险的控制。如美国、英国等已经利用市场化的征信公司建立较完善的征信体系。该体系可以向市场参与者提供准确的信用记录，实现机构与客户之间的信息对称、获取、交流。

（五）协调创新与监管

互联网金融横跨多个行业和市场，针对互联网金融呈现出的业务多样、主体多元、风险交叉、高度关联的特征，监管部门要着眼于金融安全的大局。坚持原则性监管，即防范风险的过度聚集。加强顶层设计，明确各部门监管边界和业务职责，对相同或相似业务采取统一的监管标准，减少监管主体的冲突，避免监管重叠或空白。同时又要加大互联网金融创新的扶持力度，推进金融基础设施建设，实现监管部门信息全方位共享，增强监管的协调性和联动性，加强部门的相互合作，建立起相互促进、沟通有效非对抗性的监管格局。

【知识链接】

中国"监管沙盒"的优化演进

2019年年底人民银行启动金融科技创新监管试点（即中国版"监管沙盒"），在北京首先推出后，稳步向其他地方纵深推进。截至2020年8月，9个金融科技创新监管试点（监管沙盒）已全部落地，覆盖北京、上海、成都、广州、深圳、重庆、雄安、杭州、苏州9个城市，90多家金融机构和科技公司以单独申报或联合申报的方式，产生60个项目进入沙盒测试。作为金融数字化和金融科技创新的重要协同机制，中国版监管沙盒在提升监管质效、促进金融创新、改善金融服务等方面取得良好成效。

1. 沙盒目标：从促进金融科技创新拓展至全面提升金融服务质效

金融体系与实体经济同存共荣，提升金融创新监管质效与改善金融服务质效在底层，长期具有内在统一性。在当前的试点阶段，入盒测试项目多是技术和流程创新性方面的，例如，对供应链、信贷流程和服务、移动支付服务产品的优化，聚焦中小微企业融资问题和普惠金融，主要在金融服务补短板的项目上发力，而关于金融服务业务模式创新的较少。

"监管沙盒"的创新测试关注可以从推动金融服务补短板方面，进一步拓展到金融服务"增量、扩面、提质、降本"上。当前中国金融体系的存量资产和业务规模已经很大，监管沙盒的测试项目既要注重对增量业务创新的助推作用，也应注重对存量业务数字化改造的促进作用，从而更好、更多、更快地促进金融高质量发展，在更高水平上实现金融服务实体经济和防控金融风险的平衡。

国外监管沙盒的目标定位也从最初的改善金融创新监管向全方位提升金融服务质效改变。英国首先在全球范围内创新性地推出监管沙盒，帮助创新企业更容易获得融资，减少将创新理念推向市场的时间和成本。同时，英国监管沙盒测试对象广泛，包括金融机构、金融科技企业和第三方技术公司、风控服务商等；机构业务中，占比最高的是零售银行业务，其次是保险业务、批发、投资、网络借贷、养老金服务；机构规模大小中，初创企业占比80%以上，其次是大型公司、中小企业。新加坡监管沙盒在增强消费者福利、刺激投资、创造就业机会等方面与英国具有共通性，并创新性应用监管沙盒加快金融数字化转型，推动银行、保险、基金等金融业务与金融科技、信息通信等技术相融合，推动"非接触"服务更加便捷，降低金融成本，推动小微金融和普惠金融发展。

2. 沙盒实施：明确入盒测试规则和提升沙盒机制实施的确定性

随着中国9个金融科技创新监管试点60个惠民利企创新项目的落地和开展测试，未来应积极总结"监管沙盒"的经验，明确未来的监管发展方向：在中央金融监管和地方金融监管的协调、测试主体的范围、风险处置和消费者保护机制、沙盒退出安排等沙盒测试的各个流程环节，公开披露规范要求，引导市场主体对"监管沙盒"形成确定性预期，从而更好地开展金融科技创新。

当前，北京市在金融科技创新监管试点方面走在全国前列，已经开展了两批监管沙盒试点。在2020年1月14日的第一批监管沙盒创新试点中，央行和北京市金融监督管理局明确了持牌金融机构可以单独申请，非持牌机构和科技公司只能合作申请的模式，并提出防控金融风险和保护消费者权益的底线，测试项目主要集中在改善银行业金融机构信贷、支付等服务上，助力小微金融、普惠金融。在 6 月 2 日央行公布的第二批监管沙盒试点应用项目中，监管明确金融机构和科技企业均可以单独申请沙盒测试。此后在广州、成都、苏州等地公开披露的首期金融科技创新监管试点应用中，主要以金融机构或金融机构和科技企业联合申请的方式，下一步可能逐步放宽申请主体限制。沙盒测试内容涵盖金融科技、普惠金融、供应链金融、跨境贸易结算、智能交互、线上半自助式金融服务、智能风险监控平台、线上门店经营等，综合运用人工智能、区块链、云计算、大数据、生物识别、5G、自动驾驶、物联网、联邦学习等多种创新技术，探索线上非接触式等改善业务流程和推动产品创新的服务。后续还需要在准入规则、测试要求、评估规则等方面制定确定性的操作指引，提升沙盒测试的预期，增加创新和消费者保护的确定性。

国际监管沙盒的实施非常注重明确规则、实施评估和经验反馈等环节，引导市场参与者形成确定性预期。在确定性的基础上，监管沙盒不断迭代优化，填补漏洞、开发新功能，提高沙盒的便捷性、可操作性和预期确定性。英国于 2018 年 2 月推出"全球沙盒"构想，并以"全球金融创新网络（GFIN）"的形式落地，目前吸纳了包括主权国家监管当局、国际金融组织、跨国企业机构等在内的 50 多家主体，明确金融科技跨国别的创新和监管协作规则。新加坡 2020 年 1 月推出"快捷沙盒（Sandbox Express）"，明确为规模较小和高频交易的创新主体提供快速便捷、安全高效的 21 天"预定义"沙盒场景。

3. 沙盒应用：推动监管规则、工具根据新兴技术、业务创新动态优化

监管沙盒在吸收金融科技创新测试的同时，可以尝试将监管规则和监管工具纳入沙盒作为测试的对象，探索基于信息技术迭代的监管科技（Suptech）和合规科技（Regtech），通过健全金融科技监管规则体系、探索穿透式监管、监管规则的数字化翻译等应用，推动监管理念、监管技术和监管手段的革新，增强金融监管的适应性和有效性，打造金融技术业务模式创新与金融监管规则工具模式适配性的检验机制。

金融科技创新和监管科技创新同步推进，是国际上大多数国家和国际组织的主要做法。国际清算银行（BIS）针对监管科技创新尤其是区块链金融监管框架的探索，2019 年 9 月提出了"嵌入式监管（Embedded Supervision）"的监管理念，将分布式账本技术嵌入区块链金融体系兼顾区块链金融创新、通证经济和穿透式监管；英国行为金融监管局（FCA）2019 年加快探索数字化报送、监管规则数字化翻译等监管政策工具的测试步伐，同时联合金融机构、金融科技企业和高校合作测试 KYC、反洗钱、交易监控等合规科技创新应用；美国货币监理署、证券监督管理委员会、证券期货交易所等监管机构提出"负责任创新"的金融科技创新和监管框架，计划在监管沙盒场景中探索人工智能、大数据、区块链等技术在客户识别、智能投顾、异常交易监测、反洗钱等方面的应用。监管沙盒作为金融监管部门、金融市场主体、金融技术创新之间良性互动的重要桥梁和渠道，能够有效提升金融监管和金融创新的适配性。

金融科技和金融创新快速发展，我国监管沙盒机制可在目标、实施和应用层面持续迭代升级，拓展优化沙盒的覆盖范围、实施效率和功能作用，以更好地推动我国金融创新监管规则和治理体系的持续优化，实现金融创新和金融监管的良性互动，为金融供给侧结构性改革和高质量发展打下坚实基础。

技能训练

想一想，我国的企业征信信息查询，除了通过中国人民银行征信中心，还有哪些方法。

第3节 直面互联网金融下的机遇与挑战

【导入案例】

BATJ开启赋能新时代，互联网金融如何告别陷阱与寒冬

经历了互联网时代的洗礼，金融行业的发展开始抛弃仅仅只是搭建平台撮合出借人和借款人达成交易的问题，转而开始追求深度参与到金融行业的实际运作过程当中。我们看到越来越多的互联网金融平台开始通过加入到金融行业的实际运作过程当中来寻找破解互金行业痛点和难题的方式和方法。

随着以大数据、云计算、人工智能和区块链为代表的新技术不断落地，我们在改变金融行业本身痛点和难题的问题上，将会有更多新的可能性，由此将会把处于寒冬期的互联网金融带入到一个全新阶段。

向新技术要动力、向新模式要效益、向新功能要成长，一个以互联网金融为基础的金融新进化的画卷正在徐徐展开。告别了对于流量和资本的迷恋，抛弃了割韭菜的妄想，金融行业的发展正在进入到精耕细作期。其中，借助新技术对金融行业进行赋能，从而改变金融行业的传统架构，正在成为以BATJ为代表的互联网巨头的新选择。值得注意的是，在产业互联网时代的风潮下，以新技术赋能金融行业似乎是一种"政治正确"。

1. 赋能金融行业，互联网金融开启新进化？

以BATJ为代表的互联网巨头不断将用户目标定位到金融行业身上，让外界简单地认为所谓的互联网金融再进化就是借助新技术对金融行业进行深度赋能，从而改变传统金融行业的运作逻辑，破解当下互金行业面临的痛点和难题。

简单地进行赋能，并不能够改变金融行业的本质痛点和难题。我们现在看到的比较多的赋能方式是将新技术应用到金融行业的实际运作过程当中，无论是以大数据为基础的信用体系的建立，还是以人工智能为代表的智能客服系统的建立，其实都是在用新技术去代替人的工作。从降低成本的角度来看，这种赋能方式的确可以在一定程度上节省成本，但是，由于这些新技术尚未成熟，最终导致一些赋能并不能够真正提升效率，所谓的用新技术代替人力的尝试变得得不偿失。

从这个角度来看，以新技术的应用为噱头的简单相加并不能够真正改变金融行业本身，甚至还有可能影响到金融行业的运行效率。当赋能不能从根本上改变金融行业的难题，而是一种概念的时候，那么，所谓的金融行业的赋能或许仅仅只是一个概念，并不具备真正实质性的内涵与意义。

我们看到当下市场上几乎所有的赋能方式都是在让传统金融机构的投资和理财的功能和属性的运行效率更快、更有效率。当流量红利存在的时刻，一味地激发金融行业的传统功能和属性是有效的。一旦流量红利不再，人们对于金融行业的传统功能和属性失去了原有的兴趣，一味地激活投资和理财的属性，只会把金融行业的发展带入到新的困境里。从这个逻辑来看，我们几乎可以断定的是无法改变传统金融的功能和属性的赋能只不过是一场空谈而已。

2. 漩涡与寒冬之下，互联网金融如何有效进化？

当监管日趋深入，市场进入资本寒冬，互联网金融无疑正在从当初的野蛮生长进入到了寒冬期。对于互联网金融来讲，只有不断进化，告别以流量和资本为主要驱动力的模式，才能真正进入到一个全新的发展阶段。当漩涡与寒冬不断考验互联网金融，以赋能为主要脉络的进化进入瓶颈期，互联网金融如何才能实现真正意义上的有效进化呢？

挖掘金融行业的新功能和属性，找到金融行业发展的新模式和新方式，对于进入到新进化阶段的互联网金融来讲非常重要。拒绝以赋能为噱头的投资金融行业的投资和理财的功能，通过社交、社群和电商等方面的功能挖掘，我们可以找到金融行业再度发展的新动力。

通过将新技术与金融行业进行深度融合，最终让结合之后的产物变成一个具有鲜明金融色彩的存在，所谓的金融行业的再进化才能告别噱头，真正进入到有本质改变的全新时代。当新技术与金融行业深度融合，并且外化为一种全新的金融形态，这样的融合才有意义，这样的进化才是真正意义上的互联网金融再进化。

当互联网金融的发展陷入陷阱与寒冬之中，我们需要的是借助新的赋能方式去消除那些互金时代的痛点和难题，而不是对于痛点和难题置若罔闻，仅仅只是把噱头看成是一个概念。因此，真正能够将新技术应用到破解金融行业固有痛点和难题的过程当中，而非避重就轻地一味回避，所谓的新赋能或许只有如此才有真正的意义。

以BATJ为代表的互联网巨头不断将发展的目光转移到赋能身上让我们看到了金融行业的再进化的可能性，然而，为了赋能而赋能，只会把互联网金融的发展带入到全新的困境之中。告别互联网思维的影响，跳出简单相加的底层逻辑，真正改变金融行业本身，所谓的赋能才不会仅仅只是一句口号，而是变成一个新金融时代来临的重要标志。

（资料来源：根据网络资料整理.）

讨论：BATJ该如何迎接新互联网金融时代的到来？

一、互联网金融的发展机遇

互联网金融发展潜力巨大,市场实际需求是推动互联网不同领域金融发展的重要动力,可以产生良好的社会效益。随着互联网金融从"野蛮生长"逐渐走向理性发展,竞争的核心也逐渐从单纯的"流量+背景"双核心,转变为多元化角逐,在今后数年内行业内"马太效应"将逐渐显现。同时,互联网底层的技术架构变革也在深刻地改变着互联网的金融行业。因此未来的发展之路充满机遇。

认识云计算

(一)互联网技术的迅猛发展

互联网尤其是移动互联网的快速发展,为互联网金融提供了发展的技术条件。其中,移动互联网技术的出现不仅降低了顾客的消费成本、减少了资金供求和买卖方的信息不匹配程度,而且降低了金融企业的经营成本,减少了人力、物力的损耗。

以支付宝、微信支付为代表的互联网支付方式的出现让人们真正告别了以现金或刷卡为代表的主流支付方式,最终让人们的生活能够在互联网上完成;以消费金融、众筹、网络信贷为代表的理财方式和借贷方式的出现,让人们告别了以银行、基金、证券等传统金融机构为代表的传统金融运作方式;以各种互联网金融App为代表的新的操作方式的出现让人们彻底告别了以银行柜台为主体的操作方式……正是由于以互联网+金融为代表的金融科技化时代的到来,我们才在互联网上找到了虚拟与现实联通的出口,并真正将我们的生活全部聚焦在了互联网上。

(二)实体经济引发新的金融需求

传统金融受制于信息不对称、安全问题以及时空限制等,在为实体经济服务方面有着许多难以逾越的障碍。随着科技、交通、通信及计算机技术的发展,实体经济的生产经营模式也在发生改变,而金融业是服务于实体经济的特殊行业,因此它的经营模式也必然会随着实体经济经营模式的改变而改变。实体经济在变化的过程中衍生出一大批的金融需求,随着电子商务的大力发展,大量的网上交易产生为互联网金融的发展奠定了基础。

实体经济中的一些传统部门,在生产方面,更应发扬严谨的工匠精神和富有进取心的创新精神。面对日益提高的消费需求,既要从精心提高产品质量入手,以高质量的产品来吸引消费者,也要高度重视技术、产品创新,以创新型的产品来引领消费趋势、创造新的需求;同时,加快让"互联网+"渗透到日常经营管理的方方面面中,以适应互联网时代企业发展的新要求。

(三)传统金融业的服务不到位

在利率市场并未完全自由的条件下,商业银行等传统金融机构"惜贷""慎贷",为获取更大的收益,减少成本,一般是不会考虑贷款给中小企业,而只做大中额的贷款。因此,小微企业难以得到大型金融机构的资金支持,贷款困难,以至于很多业务无法顺利进行,其发展愈加困难,导致了金融和实体经济之间出现断裂。

传统银行如何应对互联网冲击

互联网金融却可以在服务高中低端不同客户时，实现成本无差异化，或极小的差异，从而弥补了传统金融业不愿意为低端客户提供金融服务的缺陷。再者，传统商业银行因复杂的程序、手续费费用高等原因导致其金融服务不可能面面俱到，更重要的是现在的传统商业银行无法提供许多交易量小而散的支付服务，导致金融市场出现服务空白，而类似支付宝的第三方支付工具则填补了这项空白。

二、互联网金融面临的挑战

随着互联网"新金融"的快速发展，金融服务门槛大幅降低，越来越多的人参与其中。不断出现的新兴网络金融服务给监管者提出了一个难题。如何"顺势而动"，不限制互联网金融的发展，又能切实保护参与者的利益、确保资金和信息安全。从当前金融发展创新来看，仍留有一些问题需要解决。

（一）金融监管体系的完善

目前，世界各国的互联网金融并没有像传统金融业一样，形成全面完善的监管体系。因此，各国普遍致力于完善互联网监管体系。通过建立完善的互联网金融运营模式，促进互联网金融的程序化。例如，规范业务操作，重视从业人员培训，提高从业人员素质，同时不断规范互联网的评价、信用度等，科学完善个人信用平台，注重互联网交易中的信息公开度，尽可能降低交易风险，避免互联网金融发展中问题的出现和扩大。

（二）监管机制的创新

通过构建一个金融创新的安全空间，创新监管新机制。在这个安全空间内，金融科技企业可以测试其创新的金融产品、服务、商业模式和营销方式。监管者在保护消费者权益、严防风险外溢的前提下，通过主动合理地放宽监管规定，减少金融科技创新的规则障碍，从而实现金融科技创新与有效管控风险的双赢局面。同时，使用并强化监管科技，提升监管体系的技术水平和监管效率。

人工智能在金融行业中的应用

（三）行业交流的加强

加强行业之间交流的本质是注重互联网金融发展过程中的资源整合。通过金融网络数据库建设、共享平台建设等途径提高互联网金融活动中资源的利用效率。同时，协调各部门职能，统一政令，提高行业间的交流和沟通，推进利率市场化，促进互联网金融的健康发展。

（四）发展渠道的补偿

积极探索互联网金融发展中的补偿渠道，降低所有参与者的风险承担，同时补偿渠道也能对互联网发展中的一些不良行为起到一定的震慑作用，以此促进对互联网金融的监管效率。

三、互联网金融的未来发展方向

互联网金融行业的创新为金融业注入新的发展动力。互联网开放、包容、简便和高效的特质，降低了金融服务的成本，使许多传统金融难以覆盖的单位或个人群体也体验到了金融服务。互联网金融作为一个新生事物，从出现起，就不断经历着变革、创新、发展。互联网金融的未来发展基本呈现以下趋势。

（一）保障金融体系全面发展

互联网金融作为金融体系中逐渐壮大的重要分支，在整个市场中占有十分大的比重，并且以一个惊人的速度蓬勃发展，互联网金融是否在未来取代传统金融业也是业界十分重视的问题。现今各大机构在发展互联网金融的同时，也非常注重实体金融业的发展，保障金融市场的稳定，所以，保障金融体系全面发展，借助互联网平台做到互利互惠服务群众，是互联网金融发展的重要目标之一。利用互联网金融平台，借助部分金融业务的基础设施，可以支持部分经济不发达地区的建设与发展，这将会是互联网金融保障金融体系效用有效性的重要一环。

（二）互联网金融与传统金融将进一步互补

在我国互联网金融发展模式不断改革创新的带动下，传统金融业务发生了巨大变化，不仅能够保证金融行业快速实现转型、升级目标，而且还能使传统意义上的金融生态圈理念得到进一步完善。

自媒体

例如，我国许多银行在落实创新发展措施实现改革目标的过程中，先后推出了种类多元、内容丰富的互联网形态理财产品，这些创新和改变使我国互联网金融市场的发展空间不断扩张。

对此，相关企业应该不断丰富自身的专业知识，借助现代化理念和多元化措施，加强对传统金融方式以及互联网金融方式的充分整合，通过为用户提供更加全面、完善、人性化的金融服务，提高用户对互联网金融和传统金融的接受度，从而使我国金融行业未来朝着综合化、多元化、集成化的方向不断发展。

（三）互联网金融将实现去重量化目标

互联网技术使金融服务行业拥有无限的发展空间，不仅能够确保金融产品实现实体服务，而且还在潜移默化中，逐步实现去重量化目标，借助网络平台，为用户提供真实的售后服务，确保高端优质产品的竞争优势不断提升，低端劣质产品逐渐退出竞争舞台。

比如，传统影像录像模式，不仅经营成本较高，而且包装、运输、销售环节涉及的流程较为复杂。互联网时代背景下，这些复杂的流程被有效去除，通过对数字化文件的全面打造，同样能够实现工作目标，而且成本大幅度降低，工作效率全面提升。由此可见，互联网金融具有明显的去重量化优势，这些优势也会在未来众多行业中逐步呈现。

网络数字化转变能够使传统可视化的文字、图片、音频、视频等信息转变为数字化信息，因此，社交领域的支付和购买行为，也会呈现明显的去重量化优势。互联网金融涉及的各项支付模式不仅流程简单，而且成本较低，能够使金融业务各项工作效率全面提升，是未来我国互联网金融的主要发展方向。

（四）互联网金融将呈现多元化发展趋势

目前，互联网金融发展已经进入了新阶段，正在推动着传统金融业的转型升级。对传统金融业而言，互联网金融为其带来的冲击是颠覆性的，传统金融机构必须适应互联网金融发展带来的变化，加快创新转型。首先，互联网金融业务将呈现多元化发展趋势。在业务模式方面，传统金融业将与互联网企业展开更加广泛的合作，将业务触角伸向更多领域。在经营方式方面，互联网金融将推动金融机构从"以产品为中心"向"以客户为中心"转变。在风险管理方面，传统金融业将建立健全大数据征信体系和风险防控机制。在运营模式方面，传统金融业将更加注重科技创新与运用，进一步提升客户体验与服务水平。其次，传统金融业将加快进行业务创新。在新形势下，互联网金融业务创新不再仅仅是简单地依靠互联网平台或移动终端进行操作，而是与传统金融产品、服务结合起来。例如，银行借助互联网技术和大数据分析开展客户分层、产品细分、精准营销等，保险公司利用互联网技术和大数据分析开展新型保险业务等。

（五）互联网金融监管将更严格化

为了进一步规范互联网金融市场的发展，进一步促进互联网金融稳定运行，加强对互联网金融市场主体监督管理势在必行，必须通过法律法规、政策文件、行业规范等来明确互联网金融主体的市场权利和义务，以此来保障人民群众的财产安全。党的二十大报告中10次明确提到"金融"，可见党和国家对金融发展的重视程度。对此，互联网金融监管必须做出积极响应，必须积极作为，聚焦"作示范、勇争先"的目标要求，加强对互联网金融市场主体的监督和管理，进一步扫清互联网金融风险，有序推动互联网金融网贷机构转型发展，健全地方互联网金融风险监测预警平台，切实发挥互联网金融监管作用。这一趋势表明，互联网金融市场监管更加严格，其粗放式模式一去不复返，必须合法合规地经营发展。

数字货币

知识小结

互联网金融是互联网技术与金融服务功能深度融合形成的新型金融业态。互联网金融企业借助网络平台客户流量的先发优势，在第三方支付、众筹等领域占据主导地位。互联网金融要真正实现健康成熟的发展，并最终服务实体经济，离不开完善全面的监管。结合国外互联网金融监管经验、教训，探索并形成符合我国互联网金融发展路径的监管体系是今后互联网金融研究不可或缺的一部分。创新和监管适度、机遇和挑战并重，将伴随着互联网金融的发展。

知识拓展训练

一、单项选择题

1. 下列四个选项中，不属于互联网金融监管内容的是（　　）。
A. 准入　　　　　B. 注册　　　　　C. 法律规范　　　　　D. 资金

2. 美国实行的金融监管体制是（   ）。
   A. 联邦和州分管　　　　　　　　B. 联邦统一监管
   C. 各州自行监管　　　　　　　　D. 分业监管
3. 欧盟暂未出台统一的针对众筹的法律法规，但许多成员国已经开展立法工作。下列属于相关法律规章的是（   ）。
   A.《促进创业企业融资法案》　　B.《平等信用机会法案》
   C.《公平信用报告法案》　　　　D.《战略2013—2016——使金融重获意义》
4. 我国第三方支付业务的监管机构是（   ）。
   A. 中国人民银行　　　　　　　　B. 国家金融监督管理总局
   C. 证监会　　　　　　　　　　　D. 财政部
5. 我国股权众筹的监管机构是（   ）。
   A. 中国人民银行　　　　　　　　B. 国家金融监督管理总局
   C. 证监会　　　　　　　　　　　D. 财政部

二、判断题

1. 互联网金融监管包括政府、行业监管两个方面。（   ）
2. 美国P2P业务被纳入证券业监管，其监管主体是美国联邦证券交易委员会。（   ）
3. 美国JOBS法案的颁布主要是为了大型企业融资提供便利。（   ）
4. 欧盟第三方支付业务被纳入金融类企业监管，对第三方支付企业的监管属于机构监管。（   ）
5. 我国互联网保险的监管机构是国家金融监督管理总局。（   ）

三、简答题

1. 互联网金融监管的特点是什么？
2. 互联网金融监管应坚持哪些原则？
3. 简单介绍NIFA。
4. 国外的监管措施给我国提供了哪些国际经验？
5. 简述互联网金融监管的未来发展方向。

四、案例分析题

2016年3月25日，中国互联网金融协会在上海举办成立大会暨第一次会员代表大会。中国人民银行前副行长李东荣担任第一任会长。协会首批会员共有431家。在会员大会上，选举产生了142家理事单位、3家监事单位，涵盖了互联网金融各个具体业态。

问题：请通过检索中国互联网金融协会会员名单，综合本章节及本书所学，将表10-2填写完整。

表 10-2

业态分类	会员单位名称	监管部门
互联网支付	上海盛付通电子支付服务有限公司	
股权众筹融资		证监会
互联网银行		
互联网证券	平安证券股份有限公司	
互联网保险		国家金融监督管理总局
互联网基金	富国基金管理有限公司	

参 考 文 献

[1] 赵永新,陈晓华. 互联网金融概论 [M]. 人民邮电出版社,2016.
[2] 许伟,王明明,李倩. 互联网金融概论 [M]. 中国人民大学出版社,2016.
[3] 陈勇. 中国互联网研究报告 [M]. 中国经济出版社,2015.
[4] 李强. 互联网金融的用户选择行为实证研究 [J]. 上海财经大学学报,2015.
[5] 范小云,刘澜飚,袁梦怡. 互联网金融 [M]. 人民邮电出版社,2016.
[6] 姚文平. 互联网金融 [M]. 中信出版社,2014.
[7] 许婷. P2P网络贷款平台潜在风险分析及对策 [N]. 实物. 信息化论坛,2013 (6).
[8] 黄震. P2P网络借贷平台的法律风险及防范 [N]. 金融电子化,2013 (2).
[9] 曹国岭,陈晓华. 互联网金融风险控制 [M]. 人民邮电出版社,2016.
[10] 董莉. 光大银行:打通社会化大数据库 [J]. IT经理世界,2012.
[11] 新浪财经. 互联网金融 [M]. 东方出版社,2014.
[12] 谢平,邹传伟,刘海二. 互联网金融手册 [M]. 中国人民大学出版社,2014.
[13] 徐志进. 大数据金融存在哪些问题 [EB/OL]. http://www.chinalawedu.com/web/23217/wl1508102346.shtml.
[14] 宿思. 浅析四大金融行业的大数据交易现状 [EB/OL]. http://news.cbdio.com/BigData/2015-11/17/content_4162859.htm.
[15] 冯科,宋敏. 互联网金融理论与实务 [M]. 清华大学出版社,2016.
[16] 郭福春,陶再平. 互联网金融概论 [M]. 中国金融出版社,2015.
[17] 谢平. 迎接互联网金融模式的机遇与挑战. 21世纪经济报道 [N]. 2012.
[18] 肖本华. 美国众筹融资模式的发展及其对我国的启示 [J]. 南方金融,2013 (1).
[19] 张晓朴. 互联网金融监管的原则:探索新金融监管范式 [C]. 中国银行业监督管理委员会工作论文,2014.
[20] 张艳玲. 浅议我国互联网金融的风险及监管建议 [J]. 科技经济市场,2014 (5):138-143.
[21] 张军. 我国互联网金融发展及监管研究 [J]. 西部金融,2014 (8):8-12.
[22] 胡晓栋. 完善金融监管协调机制 促进金融业稳健发展 [J]. 金融时报,2014.